基于BIM的长大砂质板岩隧道快速施工及控制爆破技术

闫铁钢　马利鹏　王成功　罗鸿昌　曹淞
王振华　张晓鹏　杨学营　尹紫红　温楷和　著

西南交通大学出版社
·成都·

图书在版编目（CIP）数据

基于 BIM 的长大砂质板岩隧道快速施工及控制爆破技术 / 闫铁钢等著. —成都：西南交通大学出版社，2020.9

ISBN 978-7-5643-7659-8

Ⅰ. ①基… Ⅱ. ①闫… Ⅲ. ①铁路隧道－板岩－隧道工程－快速施工②铁路隧道－板岩－隧道工程－预裂爆破－爆破技术 Ⅳ. ①U459.1

中国版本图书馆 CIP 数据核字（2020）第 182086 号

Jiyu BIM de Chang-da Shazhi Banyan Suidao Kuaisu Shigong ji Kongzhi Baopo Jishu

基于 BIM 的长大砂质板岩隧道快速施工及控制爆破技术

闫铁钢　马利鹏　王成功　罗鸿昌　曹　淞
王振华　张晓鹏　杨学营　尹紫红　温楷和　　著

责 任 编 辑	姜锡伟
助 理 编 辑	韩洪黎
封 面 设 计	何东琳设计工作室
出 版 发 行	西南交通大学出版社 （四川省成都市金牛区二环路北一段 111 号 西南交通大学创新大厦 21 楼）
发行部电话	028-87600564　028-87600533
邮 政 编 码	610031
网　　　　址	http://www.xnjdcbs.com
印　　　　刷	四川森林印务有限责任公司
成 品 尺 寸	170 mm × 230 mm
印　　　　张	17.5
字　　　　数	278 千
版　　　　次	2020 年 9 月第 1 版
印　　　　次	2020 年 9 月第 1 次
书　　　　号	ISBN 978-7-5643-7659-8
定　　　　价	160.00 元

图书如有印装质量问题　本社负责退换
版权所有　盗版必究　举报电话：028-87600562

前言

PREFACE

近年来，我国铁路修建数量不断增加，其中高速铁路的发展尤为迅速。铁路的建设避免不了要穿越山区，为了缩短路线长度并提高运输速度，必须依赖隧道工程的建设，这对我国隧道修建理论及技术的进步是一个很大的机遇。同时，大量隧道工程的修建也带来了巨大的挑战，如 2006 年开通的兰新线乌鞘岭隧道长 20 050 m，最大埋深 1 030 m，隧道穿越了四条大区域性断层，均处在 7 535 m 长的越岭段，断层带累计长 1 565 m，其中 F7 大断层属压性断层（地震带），全长 852 m，地质极为破碎，是乌鞘岭隧道施工中最为复杂的地质地段，施工中可能发生围岩失稳、突水、涌泥、岩爆、热害等地质灾害。2010 年通车的宜万铁路，全线有隧道 150 多座，其隧道工程的主要地质问题有暗河、岩溶及岩溶水、岩堆、断层破碎带、煤层、瓦斯、高地应力和天然气等，其中岩溶及岩溶水处治难度最大，施工风险极高，是目前国内外已建和在建工程中地质条件最为复杂的工程之一。这些隧道的修建，让广大的隧道工作者从中获得了很多复杂地质条件下隧道设计与施工的宝贵经验。

本书以昌赣 9 标万安隧道为研究对象，该隧道全长 13 927.78 m，地质复杂，全隧穿越 18 条断层、15 条节理密集带及 1 处褶皱、5 段强富水区段、8 段中富水区段，最大涌水量预测为 77 904.39 m^3/d。隧道穿越地区重峦叠嶂、地形险峻、沟谷狭长。洞身基岩主要为砂质板岩、碳质板岩、夹变质砂岩，岩体坚硬，成板状结构，层理及节理较发育，弱风化，完整性较好，其中Ⅲ级围岩 2 710 m，占整个工点洞身围岩的 71%。

针对万安隧道岩质软硬差别大、风化不均、岩浆活动强烈、断裂纵横交错、岩体切割破碎、节理裂隙发育、岩爆发育等特殊地质条件和长大隧道建设的工程难点，为确保超长隧道的施工质量和安全，加快施工进度，减少开挖风险，工程中综合运用了多种施工技术，本书将其中的砂质板岩快速施工及岩爆控制技术、Ⅲ级围岩隧道光面控制爆破施工技术、长大隧道多工区多工作面施工组织管理技术、超长掘进隧道施工通风技术、富水破碎地质条件下安全施工技术、隧道 BIM 综合信息化施工技术，以及基于 BIM 的隧道 CRTSⅢ型无砟轨道施工控制技术等作了重点介绍。

本书由闫铁钢主笔，尹紫红统稿，马利鹏、王成功、罗鸿昌、曹淞、王振华、张晓鹏、杨学营、温楷和等审核全稿，并提出修改意见。书中插图及照片由中铁三局集团广东建设工程有限公司有关同志提供，一并致以诚挚的谢意。由于作者水平有限，不足和疏漏之处在所难免，恳请广大读者批评指正。

作　者

2020 年 3 月

目录
CONTENTS

第1章　绪　论 ··· 001
  1.1　长大铁路隧道的定义 ··· 001
  1.2　国内外发展现状 ·· 002
  1.3　工程概况 ··· 021
  1.4　关键技术 ··· 027

第2章　砂质板岩快速施工及岩爆控制技术 ························· 034
  2.1　岩爆影响因素 ··· 034
  2.2　快速施工及岩爆控制施工方法 ···································· 037
  2.3　本章小结 ··· 041

第3章　Ⅲ级围岩隧道光面控制爆破施工技术 ······················· 043
  3.1　光面爆破工法 ··· 043
  3.2　质量控制 ··· 058
  3.3　环保措施 ··· 060
  3.4　本章小结 ··· 060

第4章　长大隧道多工区多工作面施工组织管理技术 ············ 062
  4.1　长大隧道施工安全管理技术 ······································· 062
  4.2　长大隧道施工质量管理技术 ······································· 073
  4.3　长大隧道施工进度管理技术 ······································· 096

4.4 本章小结 ··· 109

第 5 章 富水破碎地质条件下的安全施工技术 ············ 111
5.1 安全风险评估 ·· 111
5.2 爆破施工安全技术 ·· 118
5.3 防排水设计 ·· 123
5.4 本章小结 ··· 127

第 6 章 超长掘进隧道施工通风技术 ······················ 129
6.1 风机串并联控制技术 ······································ 129
6.2 机房环境控制技术 ·· 151
6.3 长大隧道多工作面综合通风技术 ·························· 155
6.4 本章小结 ··· 166

第 7 章 隧道 BIM 综合信息化施工技术 ··················· 168
7.1 隧道施工信息化监控量测技术 ······························ 168
7.2 基于 BIM 的 TSP 系统实测技术 ·························· 174
7.3 本章小结 ··· 184

第 8 章 基于 BIM 的隧道 CRTSⅢ型无砟轨道施工控制技术 ············ 186
8.1 无砟轨道设计概况 ·· 186
8.2 整体施工方案 ·· 192
8.3 施工工艺及流程 ·· 197
8.4 施工进度控制技术 ·· 220
8.5 施工物流控制技术 ·· 239
8.6 CRTSⅢ型板式无砟轨道碰撞检查 ························ 259
8.7 本章小结 ··· 264

参考文献 ·· 266

第1章 绪 论

近些年,我国的铁路修建数量不断增加,尤其是高速铁路的发展速度更为迅速。铁路的建设避免不了要穿越山区,为了缩短路线长度并提高运输速度,必须依赖隧道工程的建设,这对我国隧道修建理论及技术的进步是一个很大的机遇。同时,大量隧道工程的修建也将带来很多巨大的挑战,如隧道工程面临的暗河、岩溶及岩溶水、岩堆、断层破碎带、煤层、瓦斯、高地应力和天然气等地质问题。其中,岩溶及岩溶水处治难度最大,施工风险极高,是目前国内外已建和在建工程中最为复杂的地质问题。通过在施工中解决这些问题,让广大的隧道工作者从中获得了很多复杂地质条件下隧道设计与施工的宝贵经验。

针对万安隧道岩质软硬差别颇大,风化不均,岩浆活动强烈,断裂纵横交错,岩体切割破碎,节理裂隙发育,岩爆发育等特殊地质条件和长大隧道建设的工程难点。为确保超长隧道的施工质量和安全,加快施工进度,减少开挖风险,工程中运用了砂质板岩快速施工及岩爆控制技术、Ⅲ级围岩隧道光面控制爆破施工技术、长大隧道多工区多工作面施工组织管理技术、超长掘进隧道施工通风技术、富水破碎地质条件下安全施工技术、隧道BIM综合信息化施工技术,以及基于BIM的隧道CRTSⅢ型无砟轨道施工控制技术等多种施工技术。

1.1 长大铁路隧道的定义

铁路隧道是专供火车运输行驶的通道。铁路穿越山岭地区时,由于牵引能力有限和最大限坡要求（小于24%），需要克服高程障碍。开挖隧道穿越山岭是一种合理的选择，其作用是缩短线路、减小坡度、改善运营条件、提高牵引能力。铁路隧道根据其所在位置可分为三大类：为缩短距离和避免大坡道而从山岭或丘陵下穿越的称为山岭隧道；为穿越河流或海峡而从河底或海底通过的称为水下隧道；为适应铁路通过大城市的需要而在城市地下穿越的称为城市隧道。铁路隧道根据其长度还可分为四大类：500 m 及以下称为短隧道；500~3 000 m 称为中长隧道；3 000~10 000 m 称为长隧道；10 000 m 以上称为特长隧道。

1.2 国内外发展现状

1.2.1 长大铁路隧道发展状况

1. 国内长大铁路隧道工程发展状况

20 世纪 50 年代初期，在成渝线、宝天线的修建中，设计隧道长度限制在 1 km 是其选线设计的依据之一，但宝成线通过秦岭西段时，不可避免地出现了长度超过 2 km 的秦岭隧道。

1956 年，修建了长度超过 4 km 的川黔线凉风垭隧道，辅助导坑的方法对促进隧道建设起了重要作用。后来 20 多年中，我国隧道建设工程受许多因素影响，一直实现不了 20 km 隧道的建设。

1988 年 11 月底，我国第一条长大铁路隧道大瑶山隧道正式通车运营。大瑶山隧道的成功修建，代表我国已具备修建单座长大隧道的施工能力。

我国铁路隧道建设工程的发展水平，是由国家生产力所决定的。20 世纪 50 年代以人工修建为主要作业方式，隧道修建长度在 1 km 以内；60 年代平行导坑和小型机械化的实现，隧道修建长度达到 4 km；90 年代引进整套的大型、高效施工机具，隧道修建长度达到 10 km。生产力的进步开启了我国长大铁路隧道建设的新征程。

经过几代中国铁路人的不懈努力，中国高铁像一张巨网编织在广袤的祖国大地上，流动的巨网改变了人们传统的出行方式，打造了新的时空格局。中国高铁承载的是铁路人的心血和智慧，也为世界高铁的发展做出了独特贡献。截至 2019 年底，我国铁路营业里程突破 $13.9×10^4$ km，其中高速铁路营业里程突破 $3.5×10^4$ km。2018—2019 年我国新增运营长大铁路隧道如表 1.1 所示。

表 1.1　2018—2019 年国内新增运营开通长大铁路隧道概况

序号	隧道名称	线别	隧道长度/km	断面
1	普棚一号隧道	广大线	13.80	双线
2	祥和隧道	广大线	10.22	双线
3	青阳隧道	济青高铁	10.10	双线
4	北台子隧道	京沈客专	10.13	双线
5	辽西隧道	京沈客专	13.21	双线
6	天目山隧道	杭黄铁路	12.01	双线
7	乾山隧道	南龙铁路	10.60	双线
8	南戴云山隧道	南龙铁路	12.17	双线
9	南门口隧道	南龙铁路	10.30	双线
10	黄岩隧道	怀邵衡铁路	17.03	双线
11	天坪隧道	渝黔线	13.88	双线
12	万安隧道	昌赣客专	13.28	双线

2. 国外长大铁路隧道工程发展状况

产业革命以后，第一次铁路建设高潮出现，发达国家将基本铁路网建设完成，长大铁路隧道也在这个时期开始产生。1857 年，在连接法国和意大利两国的铁路线上出现了大于 10 km 的长大隧道仙尼斯峰铁路隧道，全长 12.84 km。该隧道历经 14 年建成，是世界上第一座长大铁路双线隧道，位于阿尔卑斯山系。在 19 世纪 50 年代至 20 世纪 30 年代第一次筑路高潮中建成的长大铁路隧道如表 1.2 所示。

表 1.2　1857—1934 年建成的长大铁路隧道

序 号	隧道名称	国　家	长度/km	断　面	修建时间
1	仙尼斯峰	法意边境	12.840	双线	1857—1871 年
2	圣哥达	瑞士（连接意大利）	14.998	双线	1872—1882 年
3	阿尔贝格	奥地利	10.250	双线	1880—1884 年
4	辛普伦 1 号	瑞士、意大利	19.800	单线	1898—1906 年
5	列奇堡	瑞士（连接意大利）	14.612	双线	1906—1913 年
6	辛普伦 2 号	瑞士、意大利	19.823	单线	1912—1921 年
7	亚平宁	意大利	18.518	双线	1920—1934 年
8	新喀斯喀特	美国	12.543	单线	1925—1929 年

第二次世界大战中大量铁路工程被破坏，在战后铁路修复工程高潮中，出现了大量的长大铁路隧道。这个时期，除了新建铁路隧道外，更多的是在改造旧的路网中出现了较多长大铁路隧道。

日本在这期间修建了大清水隧道，长达 22.28 km，成为最早掌握长大铁路隧道修建技术的国家之一。大清水隧道是连接日本本州东西海岸的上越新干线的重点工程，曾经是单线窄轨清水隧道，长 9.7 km。复线化时，加修了一个单线窄轨新清水隧道，长 13.5 km。

这个时期的长大隧道（超过 10 km）除大清水隧道外，还有榛名隧道（长度 15.35 km）、中山隧道（长度 14.83 km）和盐泽隧道（长度 11.03 km）。表 1.3 列出部分 20 世纪 60 年代到 20 世纪 80 年代完工的铁路长大隧道。

表 1.3　1957—1998 年建成的长大铁路隧道

序 号	隧道名称	国　家	长度/km	断　面
1	北陆	日本	13.870	双线窄轨
2	桑托马尔可	意大利	15.400	单线
3	新清水	日本	13.500	单线窄轨
4	颈城	日本	11.353	双线窄轨
5	六甲	日本	16.250	双线

续表

序号	隧道名称	国家	长度/km	断面
6	弗拉蒂赫德	美国	11.268	单线
7	格兰萨索	意大利	10.170	双线
8	夸霍纳	秘鲁	14.720	单线
9	里尔拉森	挪威	11.700	双线
10	福岛	日本	11.680	双线
11	新关门	日本	18.713	双线
12	大清水	日本	22.280	双线
13	圣露西亚	意大利	10.263	双线
14	榛名	日本	15.350	双线
15	中山	日本	14.830	双线
16	弗卡	瑞士	15.410	单线
17	北穆	苏联	15.300	单线
18	圣杜纳托	意大利	10.950	双线
19	大瑶山	中国	14.295	双线
20	兰德吕肯	联邦德国	10.747	双线
21	麦克唐纳	加拿大	14.700	单线
22	蓬泰加尔代纳	意大利	13.200	双线

从表1.2、表1.3可以看出，19世纪50年代至20世纪30年代，国外修建长大铁路隧道的速度大约是每10年建成一座。20世纪60年代以来，长大隧道修建数量增速明显加快，铁路在国家交通领域起着越来越重要的作用。第二次世界大战之后，大部分参战国家都想要快速加强国家政治、社会和经济的发展，因此选择了不断加强铁路运输能力来增强国力。为了加强铁路运输能力，就需要相应提高线路标准和运行速度。因此，用桥隧工程代替路基工程的设计理念产生，铁路建设工程中出现越来越多的长大铁路隧道。

1.2.2 砂质板岩快速施工及岩爆控制技术发展状况

1. 国内发展状况

我国在进行隧道施工时主要采用钻爆法，同时在实际隧道施工时还会用到其他施工方法，例如：明挖法、半明挖法、盖板法或盖挖（逆作）法、暗挖法等。但是这些施工方法的应用不是唯一的，为了保证安全顺利地实施施工方案，必须结合一定辅助施工措施加以协调执行。

徐光和对乌岩山长大隧道快速施工技术进行了研究，研究结果表明进行合理的机械设备配备和采用先进的施工技术，能够有效提高长大隧道施工速度，加快施工进度。

胡守正以克老隧道进口工程为工程背景，综合运用施工技术应用和施工环境控制等多项技术，并在其基础上进行研究，对寻求长大隧道快速施工的有效途径具有一定的成效。

根据东秦岭隧道工程，张金夫探讨了以平行导坑作为辅助坑道加快隧道施工进度的模式，并且系统地分析和总结了隧道的施工过程以及所使用的关键技术。

朱建华通过介绍铁路单线长隧道Ⅲ级围岩采用全断面爆破法开挖方式，合理布置机械设备，其研究成果能保证有轨运输畅通，为加快隧道施工进度提供宝贵经验。

结合米花岭隧道施工过程，万姜林等讲述了各种新技术，并通过研究分析，提出了有价值的技术成果与比较实用的新工艺，可以为今后单线铁路长隧道快速施工提供借鉴。

吴洪波以金洞隧道为工程背景，针对隧道通过高压力天然气、瓦斯与煤系地层等不良地质段以及实际中遇到的其他施工技术问题制定了相应的施工技术措施。

我国长大单线铁路隧道施工机械配套模式主要有以下几种：① 有轨全断面掘进模式；② 无轨全断面掘进模式；③ 正台阶模式，即为了减少使用大型挖掘设备，将隧道分成上、下台阶施工，即上台阶开挖而下台阶紧跟的配套模式。

目前，国内学者都是在以上三种模式基础上对隧道机械设备配套进行研究，以寻找一种能够适应具体工程条件和施工情况的有效、合理、实用的机械设备配套模式。

2. 国外发展状况

国外隧道的修建技术在最近100年有了明显提高，主要是由于他们在修建隧道时改良了爆破中实用的火药以及在开挖过程中采用了钻眼工具。

1857—1871年，意大利采用矿山施工法建成了长达12.85 km的连接意大利和法国的仙尼斯峰隧道。1898年，意大利同样采用矿山施工法修建了长约19.70 km的辛普伦隧道。

日本于1984年建成了长为53.85 km的横跨津轻海峡的青函隧道，于1991年建成了长50.50 km的英法海峡隧道。这两个隧道无论从工程的规模以及新技术的应用方面来看，都达到了当今世界隧道施工的顶尖水准。

全长26.46 km的日本八甲田隧道所处地层主要为安山岩和凝灰岩。在隧道施工时首先采用短台阶法施工，然后改为全断面法开挖，同时在施工中使用了单臂掘进机、喷射机械手、三臂凿岩台车等设备，采用了预注浆锚杆、排水钻孔、喷纤维混凝土等支护方法。各种施工方法、施工技术和施工工艺的综合运用，大大加快了隧道的施工进度，该隧道于1998年7月动工，2005年2月全线贯通，历时80个月。

国外学者不断对超长隧道快速施工技术进行研究，并取得了丰富的成果。

根据长大隧道施工过程特点和会遇到的技术难点，K. Y. Liu 和 C. S. Qiao 提出控制围岩变形是保证长大隧道快速并安全施工的重要手段之一；同时，为预测隧道施工后围岩的变形情况，根据传统施工方法提出新 ANFIS 法。

为了达到隧道快速施工的目的，Tomimatsu 研究出减少出渣时间的施工系统，该系统牵引功率小、运量大、噪声小，并且已经成功运用到实际隧道工程中。

根据 Syar 隧道的地质条件和工程特点，Busmann 提出相应的施工方法和技术以加快施工进度，此种方法创造了隧道施工时每8小时掘进57 m 以及一天掘进127 m 的世界纪录。

以 Shinkansen Ueno 地铁站为施工背景，Okawa 提出了一种新的施工方法以加快施工进度，该方法主要是在利用千斤顶来移动支撑和模板的同时，进行挖掘和衬砌工作，进而缩短了施工时间，满足了施工工期要求，保证了企业的经济效益。

针对长大隧道施工，J. R. Gao、J. C. Luo 等研究了一种新的隧道施工模式，这种模式使得开挖和衬砌能同时操作，并将其成功运用到输水工程中。

我国隧道施工经历了由分部开挖向全断面开挖的发展过程，国外也经历了这个阶段，在 20 世纪 60 年代，随着新奥法的广泛采用，支护和衬砌作业线的机械设备已经越来越成熟，生产能力也比较高，开挖与装运成为制约施工进度的关键因素。根据机械设备的行走和运行方式，国外超长单线铁路隧道施工机械配套模式主要分为以下四种：

（1）有轨钻孔—有轨装渣—有轨运输；
（2）有轨钻孔—无轨装渣—有轨运输；
（3）有轨钻孔—无轨装渣—无轨运输；
（4）无轨钻孔—无轨装渣—无轨运输。

其中第一种模式最为常用。

1.2.3　Ⅲ级围岩隧道光面控制爆破施工技术发展状况

1. 国内发展状况

我国从 20 世纪 60 年代开始对光面爆破技术进行了很多的研究和工程实践运用，在水利、隧道等众多工程领域积累了丰富的爆破经验，并取得了较多研究成果。

邵鸿博介绍了渝怀线正阳隧道地质条件复杂、节理裂隙发育段光面爆破施工的设计参数，为类似工程提供了经验。

郭峰、艾进孝、邓彭根等结合麻岭隧道Ⅲ类围岩段光面爆破施工实践，分析和总结了隧道施工采用光面爆破的技术要点。

杨年华根据秦岭隧道硬岩爆破施工实际情况及要求，研制专用光爆炸药及其施工工艺，取得了良好的效果。

此外，卓国平、王力功等根据具体工程实践，介绍光面爆破施工设计参数以及相应的技术措施等，为类似工程提供了丰富的经验。

在理论研究方面，徐颖、宗琦介绍了空气垫层和水垫层两种软垫层光面爆破装药结构的爆破机理以及软垫层光爆装药结构参数。分析表明，软垫层缓冲了爆炸压力、减小了对孔壁岩石压缩破坏、延长了爆生气体准静压力的作用时间，从而有利于光爆成缝，获得较为理想的光面爆破效果。

戴俊利用弹性理论方法结合周边控制爆破的炮孔间贯通裂纹形成机理分析了原岩应力对光面爆破的影响，认为高原岩应力条件下的隧洞开挖周边控制爆破宜采用光面爆破方法，光面爆破参数需要根据原岩应力、隧洞开挖半径和岩石力学性质进行相应调整。

顾义磊、李晓红等对隧道光面爆破参数选取的原则与合理参数确定的方法进行了详细的分析，提出了以超欠挖量（50~100 mm）、炮痕率（>50%）及围岩损伤程度对隧道光面爆破质量进行验收的标准，并结合某隧道施工实践，说明光面爆破技术对隧道施工的安全性、围岩的稳定性及工程质量的影响。

宗琦、陆鹏举、罗强从理论上探讨了空气垫层装药结构主要参数轴向不耦合系数的计算方法，进行了以部分岩石为例的实例计算，在此基础上将该计算方法应用于工程实践，取得了良好的光面爆破效果。

胡红利重点分析了施工中应如何合理的选择最佳参数，从而使光面爆破达到理想的效果，并对确保光爆质量的技术措施进行了归纳总结。

罗伟、朱传云、祝启虎以某隧道工程为背景，运用 ANSYS/LS-DYNA 数值模拟方法，建立不同炮孔堵塞长度的三维有限元模型，采用流固耦合方法模拟计算，分析了关键部位的应力，结果验证了经典爆破理论，由此获得了最优的堵塞长度。研究结果可为爆破数值计算提供借鉴，还可为隧洞光面爆破设计提供参考。

付玉华、李夕兵、董陇军分析了深部岩体巷道光爆层原岩应力场、光面爆破机制和振动损伤特征，基于爆炸应力波和爆生气体综合作用理论，并考虑高原岩应力和岩石损伤影响，提出了损伤条件下深部岩体巷道光面爆破参数确定的计算方法，该法经现场爆破验证效果良好，适用于复杂多变的岩体环境。

综上可知，光面爆破技术在隧道施工中得到了广泛的应用，取得了良好的效果。但在一些围岩条件下应用该技术也暴露出一些问题，如爆破效率低、隧道围岩扰动大等，特别是岩层节理裂隙较发育的条件下，需要人们在技术上进行改进或者创新，以适应工程实际的要求。

2. 国外发展状况

20 世纪 50 年代后期，光面爆破技术在瑞典问世，随后在美国、英国、日本等国家得到推广应用。光面爆破的实质是在设计轮廓内的岩体爆除之后，利用周边眼爆破成一个满足设计要求的开挖面，该技术的关键是周边眼布设。相对于其他普通爆破技术来说，隧道工程采用光面爆破技术，可以较大程度地减少隧道围岩超欠挖现象，从而提高了施工工效，降低了工程成本。

目前，国外研究主要集中在爆破破岩理论、爆破质量、技术改进与创新以及工程应用效果等方面。滕山邦久研究了导向孔在光面爆破中的作用，表明装药孔与空孔之间的距离以及装药条件是影响控制爆破效果的重要因素。Pageaa 等人则针对光面爆破钻爆法施工，提出了对部分工艺的改进意见及新的设计标准，为工程渗水、震动等问题提供了解决方法，具有良好的工程实践意义。

1.2.4 长大隧道多工区多工作面施工组织管理技术发展状况

1. 国内发展状况

陈炳祥等基于工程地质系统控制理论，结合渝怀铁路金洞隧道、旗号岭隧道的施工，对长大隧道施工中工程施工目标、工程地质系统的稳定等问题进行了系统的研究和管理控制。

曹建平等结合镇胜高速公路五龙山隧道的施工，在施工过程中进行施工质量检测，为了进行质量管理和控制，建立了以施工过程质量控制检测为标准的质量管理技术体系。

史振宇以长大隧道施工为研究对象，从施工准备、方案选择、设备管理、技术管理、进度管理、质量安全管理等六个方面进行了长大隧道施工管理技术研究。

杨秀权、平正杰等总结了石太客专 5 标段的施工经验，归纳出长大隧道的安全管理施工方法。一方面是建立健全安全管理体系，加强安全培训和安全基础管理工作；另一方面是引进先进科学的管理理念和新工艺、新技术、新方案。

王刚、仇文革在将隧道施工工序详细分解的基础上，通过文献查阅、现场调查、资料统计和专家调查，确定各个施工工序的施工耗时与费用的概率分布规律；构造工期与造价的计算功能函数，通过蒙特卡洛法计算隧道施工总工期与造价，并得到隧道工期与造价之间的关系；编制计算软件，对实际工程案例进行计算，计算结果与工程实际情况吻合。

郑岩结合衢州至宁德铁路鹫峰山长大隧道工程的施工，现场勘察隧道施工环境，针对项目的环保、工期、所处地理位置等要求，提出了 2 种隧道工程的施工组织设计方案参考，最终确定了合理的施工组织方案。

范瑞明结合京沈客专辽西隧道施工的成功实践，从隧道开挖、支护、防排水、衬砌施工等方面详细阐述了施工质量关键控制技术，为保证长大铁路隧道施工质量提供了技术支持。姚大发基于地质体系统控制理论，进行了长大铁路隧道工程快速施工研究。在长大隧道建设中确保了社会、技术、经济和环境等方面的成效，并为后续同类工程建设及管理提供了依据，具有良好的推广示范作用。

2. 国外发展状况

Einstein 教授总结了隧道风险分析的特点，提出了风险分析的原则和方法，并将隧道风险分析评估法成功应用在地铁施工事故预防中。

Sturk 以斯德哥尔摩公路相关隧道为例，采用专家调查法研究分析了隧道风险问题。

Tender 等总结了葡萄牙马拉奥隧道第二阶段的职业事故和疾病的建设风险防范。

Huang 等介绍了与 Mishawaka 长期控制计划隧道项目相关的风险的影响和缓解策略。总结出成功的风险管理包括：识别与设计和施工相关的风险；制定处理成本和进度的目标；将责任分配给最适合处理它们的各方。

Li 等从岩溶水文地质、工程地质条件、施工因素等方面，选取 12 个影响因素作为岩溶隧道综合风险评价指标。确定了相应的评价指标分级标准，对评价指标进行了未确知测度分析。根据风险最大原则确定了最严重的地质灾害，建立了岩溶隧道综合风险控制理论和技术体系，提出了多因素综合风险评估方法。

Demmler Markus 概述了在不损害安全、质量、方案或预算的情况下，在具有挑战性的岩土、环境和政治条件下完成了新多哈地铁的建设。总结了应用的工程方法、面临的挑战以及采用的创新采购、技术和安全解决方案。

Peter 等为确定工程项目的质量成本，建立了工程项目质量成本管理原型系统（PROMQACS）。所开发的系统在两个建设项目中进行了测试和实现，以确定将 PROMQACS 开发成软件程序所需的信息和管理问题。

Tang Junhu 在隧道施工中，建立了从设计、施工、围岩观测到动态修正设计、基于反馈的施工控制模式。通过安全设计、安全预警、安全生产、安全培训等一系列措施确保系统安全。在高速铁路隧道施工中，建立安全管理体系，做好过程管理，对安全管理要点进行高质量的控制，保证系统的安全。

Nielsen 在风险管理的范围内引入了风险分析的概念，并采用了航空航天工业中应用成熟，但在隧道中尚未使用的方法。该管理方法的结果具有清晰的技术和经济解释，为决策过程提供了强有力的支持工具。

Mcfeatsmith 等研究了隧道施工风险识别、量化和管理，发现一系列已完成的隧道工程的个案记录，涵盖最广泛的隧道工程方法、地面情况和风险类型，已被用作确定主要隧道工程常见风险性质的依据。

Pedersen 和 Susanne Kalma 介绍了长 18 km、宽 42 m 的波罗的海海底长大隧道项目，并描述了在概念设计过程中创新的一些工程解决方案。

1.2.5　富水破碎地质条件下安全施工技术发展状况

1. 富水破碎围岩风险评估方面发展状况

相对于其他行业，国外在隧道工程项目风险管理应用方面的研究仍比较薄弱。

Einstein 对隧道施工的风险分析要点做了研究，并提出了相关理念。

Reilly 对地下工程施工风险进行了研究，提出了风险分类的方法，即按照造成的后果将隧道施工风险分为人员伤亡、造价增加、工期延误和无法满足要求四类。

Stuzk, Olsson 和 Uohansson 在修建斯德哥尔摩的公路隧道时，对施工进行了风险评估，得到了相关规律。

佐藤久等在量数据统计的基础上，对隧道工程风险事故进行了相关分类。

2002年，国际隧道协会编写了《隧道施工风险管理指南》，该指南针对地下工程的风险管理问题，建立了风险管理方法和参考标准。

Reilly和Brown针对交通基础设施项目（如隧道工程）的风险管理和造价控制做了相关研究。

我国隧道工程建设起步较晚，隧道工程技术发展较为落后。但近年来我国的隧道工程风险分析应用研究发展速度较快。随着我国国民经济的快速发展，尤其是发展重心向西部倾斜（在西部地区，工程地质条件复杂），许多隧道建设中的难题还有待解决，隧道建设中的风险管理越来越得到重视。

陈龙教授详细阐述了隧道工程风险分析的研究架构与使用方法，讨论了产生隧道风险的因素和控制手段等基本问题。

贾飒飒全面研究了隧道风险，进一步完善了隧道施工风险管理评估机制。

贾剑青通过对方斗山深埋隧道开挖工程的研究，提出了隧道支护与地下空间支护的时效可靠性和风险管理问题。

滕红军通过对地表因隧道施工而出现沉降等问题进行监测研究，提出了控制地表建筑沉降的措施。

李锋针对软弱破碎隧道施工难的特点，运用风险控制方法，针对不同的风险，采取不同的措施，提出了软弱破碎带隧道施工的风险控制方法。

陈中通过归纳总结成都隧道施工中采用盾构法施工的成功经验，提出隧道施工中盾构法的风险管理。

李剑、陈洁金、陈军和李晶晶等先后在隧道工程施工过程的风险管理信息系统、风险评价指标、风险评估方法及隧道安全风险事故预警系统等方面做了深入的研究。

在国内，隧道安全风险评估的第一个应用项目是同济大学主持的沪崇苏通道风险评估研究。该项目较为系统地研究了该隧道前期选线、施工阶段风险控制和环保以及运营风险控制等问题，完善了对隧道施工风险分析的方法。

可以看出，尽管隧道工程的风险评估研究在近年来取得了一定的成果，但这些成果基本上以定性的研究和理念的建立为主，而定量的分析研究则较少，对于如何使技术经济指标、风险预警和现场管理进一步有机结合，现阶段的研究为数不多。

2. 富水破碎围岩排水方面发展状况

20世纪90年代之前，我国的铁路及公路山岭隧道大多采用"以排为主"的排水和防水形式，尤其是在富水区山岭中修建的隧道。"以排为主"就是在隧道附近修建泄水孔或排水孔，通过泄水孔或排水孔将地下水排出隧道范围以外。采用这种防排水方法，隧道衬砌背后几乎没有水压，确保了衬砌结构的安全。但是，地下水的平衡会因这种大量且长期的排水而被破坏，将可能出现洞顶表面脱水、地下水位下降、地表变形沉降，从而引起环境恶化。

在富水区修建隧道，解决涌水事故首当其冲。1918年日本的旧海神庙隧道、1964年青函海底隧道在建设过程中均发生了涌水事故，涌水量每天多达数十万吨，造成大量人员伤亡，事故历时数月才得到控制，总工期推迟十年之久。在国内的隧道建设中也同样出现过类似事故，沙木拉打隧道施工过程中由于出现每天涌水数万吨的事故，造成停工32年之久；1985年，大瑶山隧道施工中出现涌水事故，竖井和洞内机具被淹没，造成停工一年；川黔娄山关隧道、圆梁山铁路隧道以及大巴山隧道在建设过程中同样也发生了涌水事故，涌水量之大，造成了重大的经济损失及人员伤亡，在很大程度上影响了施工进度，延误了工期。

20世纪90年代后，逐渐采用全包防水隧道，摒弃了排水方式，从而不会对地下水位造成影响，这种方式较为适合浅埋隧道。然而对于深埋富水隧道，此种防排水方式将增大衬砌结构水压，同时施工难度与施工成本也将增加。

近些年来，通过在很多隧道工程项目中进行试验研究，提出"以堵为主，限量排放"的新治水理念，即通过超前、环向或帷幕等预注浆，使隧道围岩渗透系数减小，控制地下水的涌水量，减少地下水流向隧道。然后通过隧道内侧的排水沟将地下水适当排放，从而降低衬砌背后的水压。由于隧道施工中的注浆堵水措施的运用，排出的地下水相应减小，能基本保持地下水位水平，避免破坏地下水运行环境。

目前，"注浆堵水，限量排放"的治水理念已广泛运用于涌水量较大的隧道建设中，在支护衬砌和地下水环境保护中都取得了良好的效果。

1.2.6 超长掘进隧道施工通风技术发展状况

1. 国内发展状况

在我国,大断面、长距离的隧道独头通风长度也达到了比较高的水平。例如,衡广复线大瑶山隧道、朔黄铁路寺铺尖隧道均为双线铁路隧道,分别采用压入式和混合式管道通风,独头通风长度达到了 3 km 左右,取得了很好的效果。这些成果反映了国内隧道施工通风技术的发展水平。但是对于设有平行导坑等辅助坑道的隧道,或者具有上下行的双孔隧道,施工中需要的通风量大、工作面多、通风网络复杂,采用现有的通风布置难以达到令人满意的通风效果,而且所用的通风机械功率高、耗能巨大、管理困难。例如,大瑶山隧道、家竹箐隧道、云台山隧道等一般采用固定风机巷道式通风,设置专用的通风洞摆放大功率的通风主扇,并在平导口设置风门。采用有风门巷道式通风的施工通风方法存在以下弊病:主扇风机功率特别大,能耗高;风门漏风多达 15%~30%,降低了通风效率;需修建风机房、风道、风门等临时工程,投资大;进料出渣运输受阻,干扰正常施工等。自从军都山隧道采用了移动风机巷道式通风后,五指山隧道、秦岭隧道等均改用此模式,但是这种通风模式也存在通风机功率大、能耗高、需要频繁移动、需要修建风门等临时工程等问题。特别是在瓦斯隧道施工中,通风设备需要防隔爆处理、风电连锁、备用电源等,操作起来更麻烦。

隧道射流无风门施工通风技术是在传统的巷道式通风基础上创新和发展起来的,它打破常规,摒弃了传统的采用大功率主扇向洞内输送新鲜空气的通风方式,利用先进的射流技术推动洞内外空气的交换,充分发挥了巷道式通风的优势,降低了能源消耗,简化了现场操作,增加了可靠性。

隧道施工射流通风技术曾先后在朔黄线寺铺尖隧道、广邻高速公路华蓥山隧道、内昆线青山隧道、渝怀线圆梁山隧道等工程的施工通风中多次尝试,积累了许多宝贵的经验,已具备了进行全面系统研究的基础。

2. 国外发展状况

随着隧道施工技术水平的不断提高,修建隧道的长度越来越长、规模越来越大，隧道施工通风从初期的利用自然条件进行通风逐步发展到借助通风管路和施工巷道进行通风，通风设备逐步大型化。在国外，隧道施工通风风量已经达到 3 000~5 000 m^3/min 以上，采用的风管直径超过 2 m，独头通风长度超过 10 km，如日本的青函隧道和英法海底隧道等。

1.2.7 隧道 BIM 综合信息化施工技术发展状况

1. 隧道监测及动态施工发展状况

随着信息化技术的发展和隧道工程对新奥法的应用和推广，隧道监控量测作为施工过程的重要部分已得到长足发展，信息化动态施工也被越来越多的探索与应用。隧道施工监测是反映隧道施工及周边环境状态最直接的方式，是保障隧道施工安全必不可少的项目。

隧道监测项目众多，监测数据量庞大，目前隧道监测主要以人工监测为主，但人工监测存在效率低、实时性差、准确性差等问题。远程自动化监测方案，随着计算机及网络技术的发展，大大提高了隧道监测的效率与精度，并逐渐走向集成化与智能化。

同时，隧道信息化动态施工也逐渐被提出与应用，它是集成了监控量测、预测分析、反馈优化和综合评判的系统施工方法。通过信息化监测方案对隧道施工过程进行监控量测，及时获取隧道结构及围岩地质等情况的相关信息，通过对隧道施工状态的安全评价及时反馈施工。隧道信息化动态施工技术能更科学地推动隧道施工效率与安全性的提高，是未来的发展趋势。国内外涌现了大批学者在此方向做出了研究成果，极大地推动了隧道监测与动态施工的进步。

日本佐藤工业株式会社研究开发的 STI 系统能够把隧道洞内的施工信息，包括监控量测、施工机械运行状态等数据通过通信线路传输至洞外，推动了施工信息化管理的发展。

意大利学者开发了 ACD-RS 系统，该系统应用于隧道围岩变形监测，能够及时反映隧道施工过程中围岩应力及位移的变化特性，为合理修改隧道施工方案提供依据。

张其云等对运营隧道受基坑施工扰动影响进行了研究，采用了基于 TCA2003 全站仪的自动动态监测系统，可实现 24 小时无人值守对运营地铁变形进行监测，监测数据为施工方案调整提供指导，应用取得了良好的效果。

李祥瑞等提出通过摄像机、测量机器人、三维激光扫描仪等图像采集设备进行隧道变形数据采集的方法，简述了这种多媒体变形监测数据的处理分析流程以及数据库管理方案，最终建立以数字、曲线、图形图像方式直观反映隧道实时变形情况的监测系统。

2. BIM 技术与 BIM 标准发展状况

2002 年，建筑分析家 Jerry Laiserin 首次完整地提出了建筑信息模型（Building Information Modeling, BIM）的概念。随着时间的推移，BIM 技术逐渐在建筑行业内被大规模的推广和应用，BIM 名词已经在建筑行业得到了广泛的使用。

2003 年，美国总务管理局（General Services Administration, GSA）推出国家 3D-4D-BIM 计划，并在其管辖的建设项目中进行 BIM 技术应用试点，研究探索 BIM 应用的模式、规则、流程等一整套全生命周期的解决方案。

2007 年，为规范和引导 BIM 技术的发展和应用，GSA 发布了 BIM 技术应用指南。根据相关统计，在美国建筑行业的前 300 强企业中，已有 80% 以上企业开始应用 BIM 技术进行设计，欧美一些国家已经相继出台了各自的 BIM 技术实施规范。BIM 技术及多专业协同对工程的整体设计、施工和运营具有重要的意义。

目前，国内 BIM 技术和 BIM 标准的相关研究还处于起步阶段。2003 年起，国内的研究专家开始对 BIM 技术及其应用进行研究。

Po-Han Chen 等提出基于 IFC（Industry Foundation Class）标准建立 B/S（Browser/Server）架构服务器，该服务器采用 Java 及 Java 3D 实现使用者交互和可视化，并通过分析建筑构件间的拓扑关系提出将建筑模型转化为结构模型的算法。

张洋等对 BIM 信息集成平台进行了设计，还提出了集成 4D 技术和过程模拟的建筑施工计划管理及优化方法，并开发相应系统。

赵彬等在工程施工进度管理中引入 4D 虚拟建造技术，论证了 4D 技术的优越性。何清华提出基于"云计算"的 BIM 实施框架，用"云计算"

的优势解决BIM的缺点，构建了系统的实施五层框架。

吕玉惠等研究了利用BIM技术进行施工项目多要素的集成管理，提出相应的系统架构。

在隧道岩土工程领域，也逐渐涌现出大批学者在此方面进行了探索与研究，例如三维地质体可视化模型的设计与开发、结合GIS（Geographic Information System）的智慧城市的应用、隧道多元信息与分析优化方法搭建信息化平台和施工中的风险评价与预警等。其中，中铁第一勘察设计院在试点工程清凉山隧道项目中进行了基于Revit的隧道BIM探索，完整地进行了三维建模、信息管理、施工模拟、工程量统计等方面的应用，取得了一定的成果与经验。

标准化是每一项新技术走向成熟的必经之路，BIM技术的快速发展也必然推动着BIM标准的不断发展、进步和完善。对于传统工程建设体系，国内外都已具备了比较完善的标准，但自2002年以来，以BIM为核心的建筑信息化应用逐渐兴起，以二维设计方案为基础的传统工程建设标准面临严峻的挑战。1997年，IAI（Industry Alliance for Interloper Ability）组织发布了IFC信息模型的第一个完整版本。NBIMS（National Building Information Model Standard）是一个完整的BIM指导性和规范性的标准，它规定了基于IFC数据格式的建筑信息模型在不同行业之间信息交互的要求，实现信息化促进商业进程的目的。

在相当一段时间内，我国在BIM技术方面还没有比较系统完整的规范，也正是这种行业标准的空白，无法出现相对成熟的BIM应用软件。2007年，中国建筑标准设计研究院编制了《建筑对象数字化定义》（JG/T198—2007）标准，标准中指出了对建筑对象数字化定义应具备资源层、核心层及交互层的要求。现阶段我国正在编制《建筑工程信息模型应用统一标准》，在该标准基本准则的基础上制定各层次的BIM标准。从单独专业BIM到全专业BIM，再到项目全生命周期BIM，是中国BIM标准编制的技术路线。

随着BIM技术研究的逐步深入，BIM标准研究也越来越完善与统一，IFC标准已经成为较为成熟的BIM标准，其受到的关注也越来越高，基于IFC标准的相关研究也逐渐增多。

张建平等建立了基于IFC标准的BIM体系架构，并且开发了4D-GCPSU（4D-Graphics of Construction Planning and Site-Utilization）系统、BIM数

据库以及基础数据集成管理平台，验证了 4D-BIM 技术用于施工安全的可行性，完成了我国 BIM 标准的编制工作。

刁波等人研究了 PKPM 和 IFC 模型之间数据关系，基本实现了两者之间的转换。

Lfaraj 等采用浏览器服务网络模式建立了一个基于 IFC 的项目信息集成环境 WISPER。

总体来看，尽管国际建筑行业对 BIM 技术的应用日趋成熟，但基于 BIM 技术的应用所需要的数据管理框架体系尚未建立完善。BIM 技术的相关应用很大程度上要依托大量信息，因此 BIM 信息的收集和管理尤为重要，庞大的数据为建设过程各参加单位、全生命周期各阶段提供便利与数据支持，统一完善的数据管理框架对数据共享及交互是必不可少的，仍需进一步深入研究。

1.2.8　基于 BIM 的隧道 CRTS Ⅲ 型无砟轨道施工控制技术发展状况

1. 施工进度控制技术发展状况

随着信息化时代的到来，BIM 技术已广泛应用于国内外土木行业的各个领域。该技术的最大特点是可以对工程项目全生命周期进行可视化管理，除了能建立三维模型，还能赋予模型各种信息，包括施工进度、施工成本、材料属性等，对所有赋予信息都能进行可视化模拟，大大降低试错成本，提高施工效率。国内外学者对 BIM 技术在施工进度控制方面的应用做了如下研究：

Chuck Eastman 在研究课题"建筑描述系统"时提出了信息交互模型的概念，信息模型包括进度计划、工程量统计和成本预算，被誉为"BIM 之父"。

2003 年，美国 GSA 组织推出了 3D-4D-BIM 计划，用以解决施工效率低下、信息化普及程度较低等问题。

2005 年，美国陆军工程兵团发布了 BIM 技术 15 年应用规划，该规划指明了 BIM 技术从基础操作到自动化操作的各项时间节点。

英国政府出台了相关政策，要求在 2016 年后，全国建筑行业必须使用 BIM 技术对工程项目进行管理,还相继出台了一系列 BIM 软件的应用标准。

2012 年,日本效仿英美,出台了一系列有助于推广 BIM 技术的相关政策,包括设计、施工和运营等多个方面。

Zhang 和 Arditi 利用激光扫描技术获取现场施工进度,并将现场施工进度与计划施工进度数据进行整合分析,对进度计划进行调整。

何清华对 BIM 在工程施工管理中的应用进行了探讨研究,提出可以应用 BIM 软件来管理施工进度计划和预算计划,以此为基础对施工进度和成本进行计算分析。

李祥进研究了 BIM 技术在地铁施工管理中的应用,结合工程实例,从质量、进度、成本 3 个方面提出具体管理措施并对 BIM 模型进行优化改进。

肖艳和刘铭杰利用案例分析法和对比法,对 M 工程从质量管理、进度管理、成本管理、安全管理 4 个方面进行研究分析,得出 BIM 技术在房建施工中的优势。

从上述研究可以看出,国外推广 BIM 技术较早,部分发达国家针对 BIM 技术的应用已经出台了相应的政策和标准。目前国内外已有很多成功的 BIM 应用案例,但大多集中在建筑领域,而在高速铁路无砟轨道施工中的应用较少,在大力发展轨道交通的今天,将 BIM 技术应用于铁路建设已成为必然趋势。

2. 施工物流控制技术发展状况

铁路施工所需物资种类繁多,数量较大,需要经过供货商、承运商、工地存料库,最后到达施工现场。合理组织施工物流可以降低施工成本,加快施工进度,然而施工单位往往过于重视施工技术,忽略了施工物流。如今,增强施工单位的物流管理意识将成为铁路建设的核心竞争力。国内外学者针对铁路施工物流控制技术做了如下研究:

Heskett 编撰的 *Business logistics* 一书中提到应用系统论研究物流的方法,该方法包括系统要素、系统关系、系统设计和系统管理 4 个层次。

20 世纪 80 年代,Robin Coope 和 Robert S Kaplan 开创了以作业为基础的物流管理方法 ABC(Activity Based Costing),当时被广泛推崇。

郭钰锋以武广客专为研究对象，探讨如何对双块式无砟轨道施工采用单线物流运输，拟定了 2 种施工物流方案并进行比选。

夏润禾以贵广铁路隧道群为研究对象，对双块式无砟轨道工装配备和物流组织进行了研究，提出了双线交错和双线分开两种物流组织方案。

周大兵以秦家凹隧道为研究对象，对工作面进行合理划分，采用轨排框架法进行施工，总结出小流水段双线施工的物流方法。

贾磊以郑西客专某有代表性区段为依托，对双块式无砟轨道施工单线有轨运输和双线无轨运输的物流组织方案进行了研究，选出了适合该区段施工的物流组织方案。

方波针对京沈客专特殊地段结构特点，提出了适合高桥、深堑的物流组织模式，优先选用双线底座通道施工法。

高壮以蒙华铁路为研究背景，针对重载铁路线路特点，制定了 2 种双块式无砟轨道在隧道中的物流组织方案，可为重载铁路无砟轨道施工物流方案提供一定的借鉴。

从上述研究可以看出，国内外学者对双块式无砟轨道施工物流做了大量研究工作，而对 CRTSⅢ型板式无砟轨道施工物流研究较少。CRTSⅢ型板式无砟轨道作为我国自主研发的新型轨道形式，目前已广泛应用于高铁施工中，研究 CRTSⅢ型板式无砟轨道施工物流显得尤为必要。

1.3 工程概况

1.3.1 地理位置

万安隧道位于江西省万安县枧头镇、宝山乡镜内，进口里程 DK296+527.72，位于枧头镇庄上村附近，出口里程 DK310+455.5，位于宝山乡庄下村大坝子附近。隧道进口有乡道可以到达，交通较为便利；出口附近仅有碎石路，无法通行工程车辆，交通不便利。

1.3.2 工程概述

万安隧道线路近东南走向（约 114°），采用单洞双线形式，起讫里程

DK296+527.72～DK310+455.5，全长 13 927.78 m。Ⅲ级围岩 9 640 m、Ⅳ级围岩 2 475 m、Ⅴ级围岩 1 812.78 m，进口地面标高 174 m，出口地面标高 332.7 m，最大埋深约为 718.95 m。隧道内设置人字坡，坡度分别为 18.4‰、−3‰。隧道除 DK308+325.89～DK310+205.91 段位于右偏曲线上（曲线半径 10 000 m），其余段落均位于直线上。

本隧道辅助坑道设置情况分别为：南元坑斜井位于线路左侧，交于线路 DK298+510 处，斜井长度为 333 m，与线路小里程方向平面夹角为 35°，综合坡度为 9.45%，斜井采用无轨运输单车道衬砌断面；九龙坑斜井位于线路左侧，交于线路 DK302+650 处，斜井长度为 1 631 m，与线路小里程方向夹角为 92°，综合坡度 6.62%，采用无轨运输双车道衬砌断面；陈屋斜井位于线路右侧，交于线路 DK306+426 处，斜井长度为 668 m，与线路大里程方向夹角为 83°，综合坡度 9.08%，采用无轨运输双车道衬砌断面。其中，南元坑斜井作为防灾救援紧急出口，陈屋斜井作为防灾救援紧急避难所。

1.3.3 主要技术标准

工程主要技术标准如表 1.4 所示。

表 1.4 主要技术标准

序 号	技术标准	性能指标
1	铁路等级	客运专线
2	正线数目	双线
3	设计速度	250 km/h，基础设施预留进一步提速条件
4	线间距	5 m
5	最小曲线半径	困难地段 4 000 m，地形较好地段可适当放宽
6	最大坡度	20‰
7	到发线有效长度	650 m
8	列车运行控制方式	自动控制
9	调度指挥方式	调度集中

1.3.4 主要工程内容和数量

主要工程内容和数量如表 1.5~1.9 所示。

表 1.5　南元坑斜井工程数量

序号	工程项目		单位	数量
1	洞身开挖土石方		m³	12 529
2	衬砌混凝土圬工		m³	942
3	衬砌混凝土钢筋		kg	0
4	系统支护	混凝土	m³	1 249
		钢筋	kg	8 881
	加强支护	型钢钢架	kg	0
		φ42 小导管	kg	2 860
5	防水板		m²	2 017

表 1.6　九龙坑斜井工程数量

序号	工程项目		单位	数量
1	洞身开挖土石方		m³	75 869
2	衬砌混凝土圬工		m³	3 449
3	衬砌混凝土钢筋		kg	4 036
4	系统支护	混凝土	m³	4 013
		钢筋	kg	36 076
5	防水板		m²	2 035

表 1.7　陈屋斜井工程数量

序号	工程项目		单位	数量
1	洞身开挖土石方		m³	32 342
2	衬砌混凝土圬工		m³	2 213
3	衬砌混凝土钢筋		kg	1 653
4	系统支护	混凝土	m³	1 891
		钢筋	kg	18 183
5	防水板		m²	2 745

表 1.8 洞身工程（暗作）数量

序号	工程项目		单位	数量
1	洞身开挖土石方		m³	1 993 618
2	衬砌混凝土圬工		m³	249 325
3	衬砌混凝土钢筋		t	6 898
4	系统支护	混凝土	m³	8 634
	加强支护	型钢钢架	t	3 579
		$\phi 42$ 小导管	t	610
5	防水板		m²	425 303

表 1.9 洞口工程数量

序号	工程项目	单位	数量
1	洞口挖方	m³	6 547
2	斜切衬砌混凝土圬工	m³	1 115
3	斜切衬砌混凝土钢筋	t	91

1.3.5 地形地貌

本隧道穿越地区重峦叠嶂、地形险峻、沟谷狭长，多呈"V"字形。山坡自然坡度一般为 30°~70°，区内海拔标高一般为 200~1 025 m，植被发育，进出口局部基岩裸露，隧道洞身地表冲沟发育，隧道进口 DK298+200、出口约 DK307+500 处为溪沟，常年有水，洞身所经过冲沟地段均发育有地表径流。

1.3.6 地质状况

根据区域地质资料，隧址区处大湖山-芙蓉山隆断束中部。根据其沉积构造、变形特征不同，可划分为新元古代至早古生代加里东褶皱基底、晚古生代印支褶皱盖层 3 个构造层。隧道进口坡度较陡，局部基岩裸露，存在危岩落石，洞身左侧形成顺层偏压。

1.3.7 水文状况

调查区根据含水层岩土类别、岩石组合关系、地下水赋存条件及水动力特征,可将本区地下水划分为松散层岩土体孔隙水、基岩裂隙水、构造成裂隙水3大类型。

1.3.8 气象条件

1. 气 温

沿线属中亚热带丘陵山区季风湿润型气候,区域内气候温和湿润,四季分明,雨量充沛,日照充足,无霜期长。平均气温18.3 ℃。7月为最热月,多年平均气温29.5 ℃,极端最高气温40.2 ℃;1月为最冷月,多年平均气温6.2 ℃,极端最低气温-8 ℃。多年平均日照时间1 821.8 h,无霜期256~238 d左右。

2. 风 速

沿线全年主导风向为北风,多发生在冬春季节,7、8月多西北风,长有台风入侵,多年平均风速2.4 m/s,多年平均最大风速15 m/s。最大风速20 m/s,风向向南。

3. 降雨量

沿线平均降水量为1 459.8 mm,年最大降水量2 183.1 mm,年最小降水量982.8 mm,最大日降水量198.8 mm。区内降雨主要是受季风影响,一般每年从4月前后起,暖湿的季风开始盛行,雨量逐步增加。5~6月冷暖气流交汇于江南一带,降雨量猛增;7~9月份受副热带高压影响,降水量逐步减少;冬季受西伯利亚以及内蒙古高原的干冷气团影响,降水稀少。汛期4~9月降水约占全年的72%,主汛期4~6月降水约占全年的48%,7~9月降水约占全年的24%。

4. 地震效应

根据《昌吉赣客专建设项目工程场地地震安全性评估报告》,昌赣沿线地震动峰值加速度为 0.05 s，地震动反应谱特周期为 0.35 s。

1.3.9 交通运输情况

万安隧道进口由 X824 县道沿着现有乡道加宽取直，新建便桥 1 座，涵洞加固、加长 5 处，便道长度约 6 km。

万安隧道进口至南元坑斜井便道从万安隧道进口便道引入至南元坑斜井入口，新建便道长度 2 km。

九龙坑斜井便道自 X823 县道开始至九龙坑斜井洞口，有 3 座既有 35 m 跨度拱桥，需新建便桥，第一座桥梁旁约 2 m 位置建造钢便桥，第二三座危桥旁建造漫水桥，以满足施工重型车辆通行要求。

陈屋斜井便道自 X824 县道开始沿地方乡村公路至陈屋斜井洞口，总长约 13 km。乡村公路路面原为混凝土路面，路面宽度 4 m，有 4 座桥梁承载能力较低，需新建便桥，第一至第三座桥梁旁约 2 m 位置建造贝雷片钢便桥，第四座危桥桥面上建造工字钢钢便桥，以满足施工重型车辆通行要求。

出口便道自 X824 县道入口开始沿地方乡村公路至洞口，总长约 13 km。乡村公路路面原多为混凝土路面，路面宽度 4 m，有 4 座桥梁承载能力较低，需在原桥面上建造工字钢钢便桥，以满足施工重型车辆通行要求。

1.3.10 基本物资供应情况

1. 水　源

线路沿线水系发育，地表水资源丰富，施工用水经检测合格后可就近取用。

2. 电　源

由 35 000 V 集中供电线路 T 接引入，在未送电之前采用自备发电机供电。

3. 燃　料

沿线燃料供应比较充足，施工机械使用的燃料可就近购买。

4. 通　信

除九龙坑斜井外其他工点所处区域均有无线通信网络覆盖，满足通信需求。九龙坑位置无线通信较差，由移动公司在附近增设信号塔。

1.3.11　建筑材料分布情况

1. 钢　材

南昌及周边有几家钢铁厂，钢材可从钢厂直接采购。

2. 水　泥

南昌和赣州及周边均有水泥厂，水泥产量和质量均能满足施工需要。

3. 砂、石料

河砂主要来自赣江，产量也较为丰富，能满足工程需要；所经区域主要为丘陵和山区，石料来源较丰富，既有石场规模不大，需同时从几个石场采购石材，能够满足施工需要。

4. 粉煤灰

南昌和赣州周边均有电厂，粉煤灰产量和质量均能满足施工需要。

1.4　关键技术

本书针对万安隧道特殊的地质条件和长大隧道建设的工程难点，为确保超长隧道的施工质量和安全，加快施工进度，减少开挖风险，对砂质板岩快速施工及岩爆控制技术、Ⅲ级围岩隧道光面控制爆破施工技术、长大隧道多工区多工作面施工组织管理技术、超长掘进隧道施工通风技术、富水破碎地质条件下安全施工技术、隧道BIM综合信息化施工技术以及基于BIM的隧道CRTSⅢ型无砟轨道施工控制技术7个方面进行了研究。

1.4.1 砂质板岩快速施工及岩爆控制技术

万安隧道穿越地区重峦叠嶂、地形险峻、沟谷狭长,而岩爆的发生大多出现在埋藏较深、岩性较好、地应力大的深埋地下工程中,具有滞后性、延续性、衰减性、突发性、猛烈性等特点,不仅损伤工程设备、影响施工进度,还严重威胁施工人员人身安全,严重时甚至造成整个工程的失败,岩爆灾害的发生严重制约了深部工程的顺利进行。

同时,长大隧道内的无砟轨道施工与其他段落施工主要有以下不同点:受空间限制,没有线路之外的施工便道可供利用,只能采用线内运输的方式;施工段落长,混凝土、轨道板、钢筋等材料运输交叉干扰大,物流组织难度大;在封闭空间内,施工受风雨雪等不利天气影响小。然而快速施工技术能够克服长大隧道内空间受限、施工交叉干扰大等不利因素,对缩短隧道建设工期有重要意义。

本书通过收集岩爆的研究资料,分析岩体发生岩爆的影响因素,包括岩体所在开挖深度、侧压力系数、岩体的物理力学性质、岩体的所受应力路径等,确定应力梯度在岩爆研究中的重要性。

1.4.2 Ⅲ级围岩光面控制爆破施工技术

针对万安隧道陈屋斜井围岩主要类型为砂质板岩,且以Ⅲ级围岩居多的实际情况,决定对隧道开挖采用光面爆破法进行施工,这样有利于开挖质量的控制及进度保障。由于砂质板岩的板状构造、层理及节理较发育等特殊性质,对光爆的参数要求较严,且较难掌握,光爆效果随着地质条件的不同差异较大,参数选择也必须根据地质条件的不同而及时调整。要取得理想的爆破效果,必须掌握砂质板岩的岩性变化规律,通过光爆的作用原理,用成熟的爆破工艺加以控制,达到强化施工安全,减少超挖、欠挖,有效提高光爆质量和施工进度,降低施工成本的目的。

(1)针对大断面隧道研究一种两级水平楔形加一级垂直掏槽技术,能够解决操作空间的限制,实现用较少的炮眼数量和最少的炸药单耗获得较好的掏槽效果,最终达到操作简单方便、适用范围广、作业精度效果好的目的。

（2）研究水袋+炮泥的水压爆破技术，提高炸药能量利用率，降低炸药单耗，并有效降低施工成本。

（3）为了能够有效达到砂质板岩隧道光面爆破施工的光爆效果，研究定人、定孔、定药作业方式，探讨控制炮眼位置、间距、钻孔深度、钻设角度、装药量等参数，突出其安全性、经济性及快速性，提高工效，节省工期及成本。

1.4.3 长大隧道多工区多工作面施工组织管理技术

以万安长大铁路隧道DK296+527.72～DK310+455.5施工段为研究对象，基于"三管两控一协调"的施工管理理念和以往施工经验，采用现场实践调研、数值分析、BIM技术等方法，对长大铁路隧道多工区多工作面施工组织管理技术进行研究。取得了如下研究成果：

（1）采用ANSYS对台阶法开挖隧道进行数值模拟，计算出围岩、锚杆和喷射混凝土的应力、位移、弯矩值。验证隧道开挖初期支护参数的合理性、材料选择合理性以及台阶法开挖后围岩稳定性。结合有限元数值分析计算，针对施工薄弱环节提出施工控制措施。从质量管理制度、组织机构、质量保证体系等方面，提出长大铁路隧道施工组织质量管理措施，确保隧道的施工质量。

（2）通过万安隧道工程现场调研，识别影响隧道安全施工的关键因素。逐层分析引起塌方事故的影响因子，建立万安隧道施工塌方事故树。确定不同基本事件发生的概率，根据布尔代数法计算出各基本事件的概率重要度、临界重要度、结构重要度的排序。确定影响万安隧道施工塌方最重要的影响因素，即节理裂隙层理发育且岩体破碎、大的断层带、施工安全意识、工期、进度安排不合理等。针对以上施工风险，提出长大铁路隧道施工组织安全管理措施，确保隧道的施工安全。

（3）根据施工现场情况，为便于隧道流水施工，计划将该13 927.78 m长大隧道分为5个工区、7个工作面。5个工区分别为进口工区、南元坑工区、九龙坑工区、陈屋工区和隧道出口工区，5个工区同时施工。7个工作面分别为进口1个工作面，南元坑斜井1个工作面，九龙坑斜井2个工作面，陈屋斜井2个施工工作面，出口1个工作面。通过进度指标法编制计算万安隧道洞身 5 个工区的开挖进度计划，并利用 BIM 软件 Navisworks 中的 Timeliner 模块对万安隧道施工进度进行仿真模拟。

1.4.4 富水破碎地质条件下安全施工技术

在山岭隧道施工过程中，经常会遇到富水断裂带。岩体结构面的发展，通过发育良好的表面断裂带，岩石自稳定性较差，容易发生隧道开挖之后的顶部冒陷崩塌，导致安全事故。万安隧道进口段岩溶具有发育较破碎的裂缝，蓄水比较丰富。隧道工程表现的特征为地质较为特殊、围岩等级较低、支护与衬砌难度较大、施工安全风险较高。

1. 评价富水破碎围岩隧道的稳定性

隧道工程越来越多地用于穿越山岭，提高道路等级。复杂的地质条件和地下水的不均匀渗流是隧道工程中常见的问题。隧道开挖后形成新的地下水排泄通道，加剧了地下水对岩体的作用。地下水的存在降低了围岩的强度，增加了施工的难度。因此，研究富水地层中隧道围岩存在破碎带的实际情况，分析隧道围岩的稳定性具有重要意义。

2. 评估富水破碎围岩隧道的风险

详细介绍隧道风险评估方法及程序，结合具体的万安隧道工程背景，制定风险评估流程，并建立起风险管理指标体系各项施工风险因素，进行风险分级并列出初始风险登记表，确立安全、投资和工期风险目标，根据风险评估的结果提出风险对策。

利用富水破碎围岩隧道监测系统对实际隧道工程进行监测，对隧道监测数据进行分析和处理，在分析监测数据的基础上，针对富水破碎围岩隧道的安全施工提出建议。

3. 研究围岩破碎地段隧道爆破施工安全技术

根据万安隧道爆破监测结果对隧道其他地段爆破参数进行优化，重新确定炮眼布置方式，改善掏槽眼、扩槽眼、辅助眼及周边眼的钻眼深度，改进装药量和装药结构，同时控制雷管数量，从而取得了良好的爆破效果。因爆破施工影响整个隧道的施工安全，研究中还提出了关于事故预防及处理、施工安全管理、爆破震动控制的一些建议。

4. 富水隧道施工防排水与结构防排水设计

依托万安隧道工程，研究富水隧道防排水设计，确定隧道防排水结构体系及系统要求，严格筛选抗压缩变形能力强的防水材料，规范防排水施工工艺，并且对隧道整体断面防水设计进行优化，取得了较好的防水效果。

1.4.5　超长掘进隧道施工通风技术

1. 隧道风机串并联控制技术研究

由于万安隧道线路近东南走向（约114°），采用单洞双线形式，起讫里程DK296+527.72~DK310+455.5，全长13 927.78 m，以Ⅲ级围岩为主，进口地面标高174 m，出口地面标高332.7 m，最大埋深约为718.95 m。如果采用自然通风显然无法满足特长大隧道在施工过程中的氧气含量，而且极容易造成施工掌子面一氧化碳、二氧化碳等气体浓度过高以及施工温度过高。通过分析隧道风机串并联使用条件，结合风机串并联的工作原理，确定万安隧道最合理的风机布置方案。

2. 隧道机房环境控制技术研究

地下风机房与外界环境封闭，隧道内的污染空气和烟尘往往会扩散到风机房中产生积聚，从而对地下风机房的人员和设备产生影响。同时，风机房内发生灾害也会对隧道环境产生影响。由于地下结构的封闭性，发生火灾后有烟气浓度大、温度高、救援困难、危害大等特点。因此，从以下几方面进行地下风机房内环境控制和防灾设计研究。

（1）制定有人值守和无人值守时的地下风机房环境标准；
（2）确定正常营运模式下地下风机房环境参数的计算方法；
（3）制定正常营运模式下地下风机房污染物的控制措施；
（4）确定火灾模式下地下风机房温度和烟流计算方法；
（5）制定火灾模式下地下风机房各区域内人员逃生方法和救援措施。

3. 隧道多工作综合通风技术研究

通过对万安隧道进出口、九龙坑斜井进出口、陈屋斜井进出口和南元坑斜井进出口所需通风量和相应的风压进行计算，选择各关口风机配置类型，形成了一整套适用于万安隧道等特长大隧道的隧道施工综合通风技术。

1.4.6 隧道 BIM 综合信息化施工技术

万安隧道围岩类型错综复杂，尚无统一的理论公式模型可以准确计算隧道各部位所承受的压力，因此监控量测就显得尤为必要。施工中的监控量测是施工安全的保障，在施工过程中必须按要求进行此项工作，并将结果做系统处理后及时反馈指导工作。TSP 系统是目前较成熟的一种隧道预报方法，其采集方便、耗时短，一般情况下，仅一个小时左右就可完成整个采集过程。在数据处理上采用 TSPwin 配套软件，处理流程直观易懂。

本书对信息化技术在定位系统、有害气体监控系统、施工应变检测、监控量测、语音双重对讲等 5 个方面的应用进行了阐释。应用 TSP 技术对隧道施工进行超前地质预报和监控量测，并利用 BIM 系列软件 Revit 和 EVS 将量测结果进行可视化建模并展示，实现隧道施工 BIM 综合信息化管理。

1.4.7 基于 BIM 的隧道 CRTS Ⅲ 型无砟轨道施工控制技术

万安隧道 CRTS Ⅲ 型板式无砟轨道施工周期较长，资金链较大，进度计划在实施过程中变数较多，地势复杂，施工便道空间狭小，各工序作业运用单一物流通道，施工材料物流运输不畅。本书对该隧道无砟轨道施工进度、成本和物流 3 个方面展开了研究。

（1）利用软件 Revit 建立万安隧道 CRTS Ⅲ 型板式无砟轨道 BIM 3D 模型；将 BIM 3D 模型与进度计划进行关联，生成 BIM 4D 模型，利用软件 Navisworks 的 Timeliner 模块对 BIM 4D 模型进行可视化仿真模拟；在 BIM 4D 模型的基础上引入成本维度，导入各工序人工费、材料费和机械费，建立 BIM 5D 模型；基于 BIM 5D 模型，利用挣值法对计划进度和实际进度进行偏差分析，并提出相应的改进措施。

（2）制定完善的施工物流运输方案。CRTSⅢ型轨道板采取集中预制，达到出场条件后，按计划运至临时存板场。无砟道床铺设分 5 处存板场，为满足工期要求，分段组织实施无砟道床的铺设。

（3）使用 Navisworks 软件的 Clashdetective 模块对已建轨道板模型进行碰撞检查。

第 2 章 砂质板岩快速施工及岩爆控制技术

万安隧道穿越地区重峦叠嶂、地形险峻、沟谷狭长，而岩爆的发生大多出现在埋藏较深、岩性较好、地应力大的深埋地下工程中，具有滞后性、延续性、衰减性、突发性、猛烈性等特点，不仅损伤工程设备、影响施工进度，还严重威胁施工人员人身安全，严重时甚至造成整个工程的失败，岩爆灾害的发生严重制约了深部工程的顺利进行。本章通过收集岩爆的研究资料，分析岩体发生岩爆的影响因素，包括岩体所在开挖深度、侧压力系数、岩体的物理力学性质、岩体的所受应力路径等，确定应力梯度在岩爆研究中的重要性。

2.1 岩爆影响因素

长隧道以其延伸长、埋藏深、工期长、工程地质问题较多而成为众多工程建设中的控制性工程。虽然如此，由于长隧道缩短了巨大山岭两侧的交通里程，成为高速铁路交通的重要组成部分。而岩爆作为深埋长隧道的重大工程地质问题之一，也越来越受到人们关注。

在初期勘测中，如何通过一些切实可行的地面地质调查圈定可能出现岩爆的部位，对长隧道的洞线布置、隧道的设计、施工、支护具有重大的现实指导意义。长隧道发生岩爆主要与围岩性质、强度、埋深、区域构造应力、地形地貌、活断层、地震等有关。

2.1.1 围岩性质对岩爆的影响

长隧道中岩爆主要发生于坚硬脆性岩石中，岩石强度高，且节理裂隙少，围岩完整性好，这些条件有利于岩石积蓄弹性应变能。在初期的勘探和隧道围岩分类中，对围岩中的坚硬脆性岩石应仔细调查分析，虽然围岩类型好，但是必须注意是否有发生岩爆的可能。

2.1.2 地应力对岩爆的影响

对于长隧道而言，高地应力对岩爆的影响主要表现为大埋深带来的岩体自重应力再加上地质构造运动而产生的极高构造应力，使得围岩的初始应力状态具有很高的量值，势必会给长隧道的坚硬围岩带来岩爆问题。

2.1.3 埋深对岩爆的影响

W. Ackermann 根据最大主应力、覆盖深度、抗压强度三者之间的关系预测隧道稳定性，当覆盖层深度达到一定深度时就可能出现岩爆。抗压强度可按 Singh 提出的计算抗压强度经验公式确定，即

$$\sigma_{cm} = 0.7rQ^{1/3} \tag{2.1}$$

式中　σ_{cm}——岩体抗压强度（MPa）；
　　　r——岩石密度（kN/m³）；
　　　Q——巴顿围岩分类指标值。

2.1.4 构造应力对岩爆的影响

实际上，岩爆并非仅发生在隧道所处的最大埋深位置，还可以发生在任意埋置深度的隧道中，这就让我们很自然地想到自重应力并非总是地壳应力场中的最大主应力。因此，确定区域构造应力、弄清构造应力的方向是长大隧道初期勘测阶段不可缺少的调查重点之一。随着地下岩体不同点原位应力大小与方向的精密测量技术的发展，揭示出由

于地质构造运动,至少在 1 000 m 深度以内原位水平应力是垂直应力的数倍。

2.1.5 围岩尺寸对岩爆的影响

岩石力学试验表明,岩石强度具有尺寸效应。因此,由于深埋长隧道本身的断面尺寸的差异,室内试验的单轴抗压强度并不能千篇一律地运用于所有隧道中。然而由于隧道壁附近受应力集中影响的岩石范围随隧道尺寸增大而增大,预计隧壁岩石的强度也将随隧道直径的增大而减小。根据几何考虑,可以假设围岩等效试件尺寸为隧道直径的 5%~10%,据此引入霍克-布郎的岩体尺寸效应方程中,可得

$$\sigma_{CMR} = \sigma_{C50}\left[\frac{1}{(1\sim 2)D}\right]^{0.18} \quad (2.2)$$

式中 σ_{CMR}——岩体等效强度(MPa);
σ_{C50}——直径 50 mm 标准岩芯试件的单轴抗压强度(MPa);
D——隧道直径(mm)。

围岩强度尺寸效应表明,对于跨度 10 m 的隧道完整围岩,也必须假设其强度仅为室内试验测得强度的一半,这样或许更能反映隧道围岩实际强度。因此,即使岩石强度达到 200 MPa,在隧道埋深很大时,也可能发生岩爆破坏。

2.1.6 地形地貌对岩爆的影响

地形地貌是深埋长隧道岩爆的一个重要因素,隧道发生岩爆的地段通常位于壮年期的山体中,山体一般陡峻呈浑圆状,这样的地形地貌通常也反映了山体岩体质量好,岩石坚硬且抗风化能力强,岩石易于积蓄弹性应变能。受山体岩体应力的传递,在地形变坡地带(平行隧道轴线方向表现为坡脚和最大覆盖深度处,垂直隧道轴线表现为坡脚)的应力集中程度就较高,一旦隧道开挖,隧道周边产生的应力就会进一步集中,同时在变坡地带还受到偏压。

2.1.7 断层和地震对岩爆的影响

区域性大断裂（断层），尤其是活动断裂（断层），本身就反映了区域处于构造活动时期。一般而言，在大的活动断层地带，其区域构造应力会有较高的量级。另外，在隧道开挖接近断层带时，断层附近本身为一应力集中带，使断层附近的应力释放后叠加在隧道围岩之上，从而使得岩爆频繁、严重。

地震对岩爆的影响主要表现为地震波对洞室周边产生一个动力响应，加剧了隧道围岩应力的释放，使岩爆发生更严重。

2.2 快速施工及岩爆控制施工方法

2.2.1 隧道内岩爆特点

由于万安隧道地质条件复杂，可能发生岩爆。因此，施工时应注意监测，做好动态信息化施工，采取超前钻孔（见图 2.1）等措施，使高地应力提前释放，避免岩爆的发生，同时加强防护，开挖后及时施作喷射混凝土（见图 2.2），防止落石对施工人员的伤害。

图 2.1 隧道超前钻孔　　图 2.2 混凝土喷射

岩爆是在隧道开挖后，岩体在较短的时间内产生脆性破坏，岩体内残留的弹性应变能突然释放，发生高速崩溃、弹射、甚至抛掷的一种局部失稳现象，隧道内岩爆有以下特点：

（1）岩爆在未发生前，无明显预兆，虽然经过仔细找顶，并无空响声，一般认为不会掉块落石的地方，也会突然发生岩石爆裂声响，石块有时应声而下，有时暂不落下，在没有支撑的情况下，对施工安全威胁很大，它与隧道施工中的一般掉块落石现象有明显的不同。

（2）岩爆时，石块由母岩出，常呈中间厚、周边薄、不规则的片状。

（3）岩爆发生的地点多在新开挖工作面及其附近，也有个别距新开挖工作面较远；岩爆发生的时间多在爆破后 2~3 h，岩爆易发生在顶部或腰部位。

（4）岩爆是由人工开挖诱导产生的，它与开挖方式及支护措施直接相关。

（5）岩爆主要发生在埋深较大，所处岩层性状较单一，弹性模量等物理力学性能较高，能储存一定的应变能。

根据岩爆自身的一些特点，本隧道岩爆洞段施工的主要问题是怎样有效地对岩爆进行预防，从而将岩爆可能造成的危害降到最低。

2.2.2 施工预案

在高地应力区段的软岩中采用短台阶、长锚杆施工，开挖后及时支护，在喷射混凝土中加入合成微纤维等支护加强措施，并预留足够的变形量，埋设变形量监测点，根据变形情况，随时对支护进行补强。

加强隧道超前地质预报，对岩爆出现的可能性与等级进行预测，以便施工时提前采取相关措施防范。加强光面爆破，提高光面爆破效果，降低瞬发性的岩爆。加强初期支护，延缓岩爆应变释放。采用喷雾和高压水冲洗岩壁，进一步释放岩爆应变能量。

1. 做好超前地质预报

在施工时，一方面可直接根据施工掌子面的地质条件，如岩体结构面产状、岩体破碎程度、岩石的变质程度、岩体强度及地质应力等，再结合设计岩爆地段，对掌子面前方的岩体条件、产状及完整性进行预测，用以指导岩爆预防。

另一方面，按设计要求，采用超前探测孔和 TSP 地质预报对前方地质进行探测，获得数据后，进行地质预测，在开挖中结合掌子面地质情况印证和纠正，并不断提高预测水平。隧道超前预报如图 2.3 所示。

（a）

（b）

图 2.3　隧道超前预报

2. 喷洒高压水

爆破后立即向工作面及以后约 15 m 范围内隧道周边喷洒高压水（见图 2.4），以改变岩石表面物理力学性质，降低岩石脆性、增强塑性，以达到减弱岩爆剧烈程度的目的，另外将围岩表面冲洗干净以便于进行检查，此法一般用于轻微或中等程度岩爆。

图 2.4　隧道内喷射高压水

3. 改善岩爆区的施工方法

（1）调整钻爆设计，采用"短进尺，弱爆破"。将其改为浅孔爆破，缩短循环进尺，减少一次用药量。拱部采用小药卷光面爆破措施，拉大不同部分炮眼的雷管段位间隔，从而延长爆破时间，减少对围岩的爆破扰动，减少爆破动应力的叠加，控制爆发裂隙的生成，避免由于爆破诱发岩爆，从而降低岩爆频率和强度。

（2）预先在工作面有可能发生岩爆的部位有规则地打一些空眼，不设锚杆而注水，以便释放应力，阻止围岩达到极限应力而产生岩爆。水压爆破装药施工过程如图2.5所示。

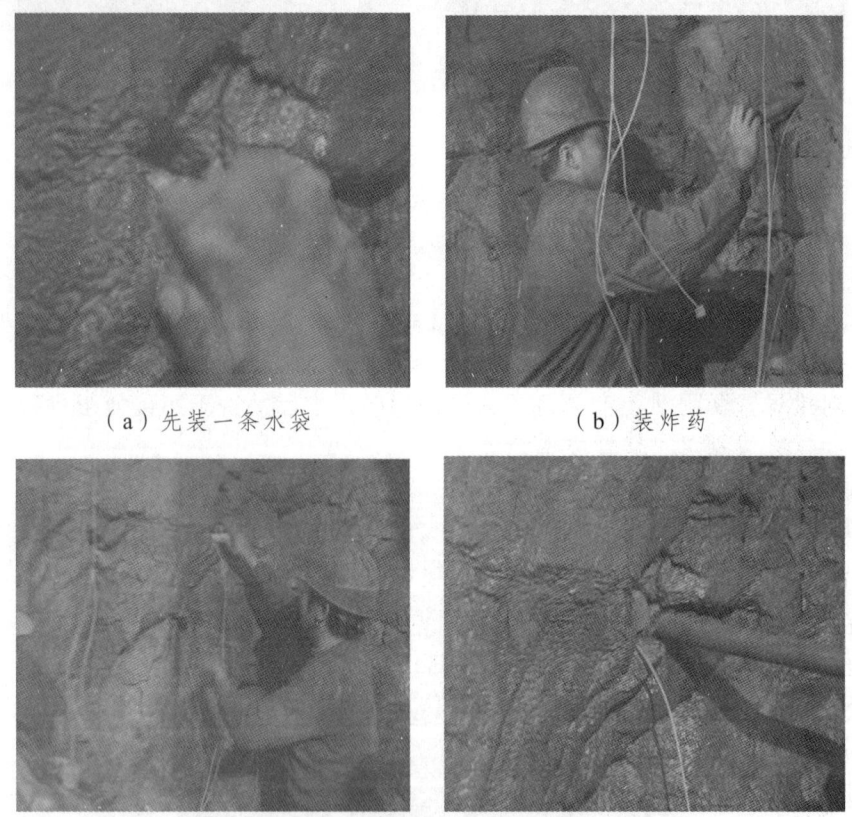

（a）先装一条水袋　　　　　　（b）装炸药

（c）再装水袋　　　　　　（d）炮泥封堵

图 2.5　水压爆破装药施工过程示意图

4. 岩爆区开挖

（1）轻微岩爆区：实施全断面光面爆破开挖，循环进尺不得超过 4 m，爆破、通风、找顶后洞壁、掌子面洒水 3 遍，每遍相隔 5~10 min，使开挖面充分湿润，洒水喷头水柱不小于 10 m。

（2）中等岩爆区：实施全断面光面爆破开挖，循环进尺不超过 4 m。必要时作超前 30~50 m 导洞，导洞直径不大于 5 m。爆破、通风、找顶后洞、掌子面洒水 3 遍，每遍相隔 5~10 min，使开挖面充分湿润，洒水喷头水柱不小于 10 m。

（3）中等以上的岩爆洞段：在钻爆施工时，可在拱角、边墙及顶部加深钻打周边眼，然后向眼孔内喷灌高压水，对围岩进行软化，从而人为提前加快围岩的应力释放，眼孔超前深度可取 2 m。

2.2.3 安全防护措施

（1）给施工人员配发钢盔、防弹背心；对主要施工设备安装防护架；掌子面架设移动防护架，防止岩块飞出伤人，保护人员及设备安全。

（2）加强现场岩爆监测、警戒及巡回找顶，必要时及时躲避。组织专门人员全天候巡视警戒及监测，岩爆一般在爆破后 2 h 左右比较激烈，而后趋于缓和，多数发生在 0~50 m 范围和掌子面处。从地质方面来看，岩爆发生的地段有其相似的地层条件和共性条件，使短距离的预报成为可能。听到围岩内部有沉闷的响声时，应尽快撤离人员及设备，特别是强烈岩爆地段，每次爆破循环后，作业人员及设备均应及时躲避一段时间，待岩爆基本平静后，立即洒水喷混凝土封闭岩面，以保证后序作业的进行。巡视、警戒人员要对岩爆段，特别是强烈岩爆段岩石的变化仔细观察，发现异常及时通知，撤离施工人员及设备，以保证安全。

（3）加强对施工人员岩爆知识教育。强化作业人员安全纪律教育以及岩爆常识、防护知识的学习；严格执行有关技术和安全操作规程；危险地段增设照明并设置醒目标志。

2.3 本章小结

岩爆作为深埋长隧道的主要工程地质问题之一，尽管目前有关岩爆的理论和破坏准则不断被提出，但它们却是在一定假设前提下提出。然而工程中，尤其是初期的勘测中，通过一些切实可行的地面地质调查圈定可能出现岩爆的部位，对深埋长隧道的洞线布置、隧道设计、施工和支护具有重要的意义。本章对围岩性质、埋深、区域构造应力、地形地貌、活断层、地震等影响岩爆发生因素的分析，对长隧道的建设具有现实的指导意义，为岩爆机理及破坏机制奠定了坚实的地质基础。

  本章针对万安隧道内岩爆特点，提出了相应的施工预案以及安全防护措施。施工预案主要包括：加强超前地质预报，对岩爆出现的可能性与等级进行预测，以便施工时提前采取相关措施防范；加强光面爆破，提高光面爆破效果，降低瞬发性的岩爆；加强初期支护，延缓岩爆应变释放；采用喷雾和高压水冲洗岩壁，进一步释放岩爆应变能量。安全防护措施主要包括：给施工人员配发钢盔、防弹背心；对主要施工设备安装防护架；掌子面架设移动防护架，防止岩块飞出伤人，保护人员及设备安全；加强现场岩爆监测、警戒及巡回找顶，必要时及时躲避；加强对施工人员岩爆知识教育，强化作业人员安全纪律教育以及岩爆常识、防护知识的学习；严格执行有关技术和安全操作规程；危险地段增设照明并设置醒目标志。

第3章 Ⅲ级围岩隧道光面控制爆破施工技术

万安隧道陈屋斜井围岩主要类型为砂质板岩，且以Ⅲ级围岩居多，对隧道开挖采用光面爆破法进行施工，这样有利于开挖质量的控制及进度保障。由于砂质板岩的板状构造，层理及节理较发育等特殊性质，对光爆的参数要求较严，且较难掌握，光爆效果随着地质条件的不同差异较大，参数选择也必须根据地质的不同而及时调整。要取得理想的爆破效果，必须掌握砂质板岩的岩性变化规律，通过光爆的作用原理，用成熟的爆破工艺加以控制，达到强化施工安全，减少超挖、欠挖，有效提高光爆质量和施工进度，降低施工成本的目的。本章通过深入现场调查，详细筹划，制定实施了"砂质板岩隧道光面爆破控制施工工法"。该技术完善了砂质板岩隧道的光面爆破开挖技术，加快了施工工期，减少了施工成本，起到了良好的光面爆破效果，具有明显的社会效益和经济效益。

3.1 光面爆破工法

3.1.1 万安隧道光面爆破关键技术

（1）针对大断面隧道良好运用两级水平楔形加一级垂直掏槽技术，

解决了操作空间的限制，用较少的炮眼数量和最少的炸药单耗获得了较好的掏槽效果，操作简单方便，适用范围广，作业精度高。

（2）创新性地利用水袋+炮泥的水压爆破技术，提高了炸药能量利用率，减小了炸药单耗，并有效降低了施工成本。

（3）采用定人、定孔、定药的作业方式，控制炮眼位置、间距、钻孔深度、钻设角度、装药量等参数，能有效达到砂质板岩隧道光面爆破施工的光爆效果，突出其安全性、经济性及快速性，提高工效，节省工期及成本。

（4）使用全自动全站仪对每循环炮眼进行测量标记定位，确保了钻设的炮眼的准确性及衔接性，使前后作业循环炮眼平顺连接，进而确保隧道断面超欠挖可控，降低了成本。

（5）使用全自动全站仪在每循环爆破后复测断面，确定每个工人作业区域的超欠挖值，并进行奖惩考核，提高工人作业的精确性及积极性。

3.1.2 工艺原理

根据隧道开挖新奥法施工原理及砂质板岩的围岩特性进行爆破方案设计，使用全自动全站仪对每循环炮眼进行测量标记定位，采用定人、定孔、定药的作业方式，控制炮眼位置、间距、钻孔深度、钻设角度、装药量等参数，创新性地利用水袋+炮泥的水压爆破技术，并在爆破后复测开挖断面超欠挖情况并进行作业人员的奖惩考核，较好地控制了砂质板岩隧道开挖的光面爆破效果和隧道的超欠挖情况。通过对砂质板岩隧道光面爆破工法的运用，有效地保证了隧道开挖施工安全、质量、经济及进度的协调发展。

3.1.3 施工工艺流程及操作要点

1. 施工工艺流程

施工工艺流程如图 3.1 所示。

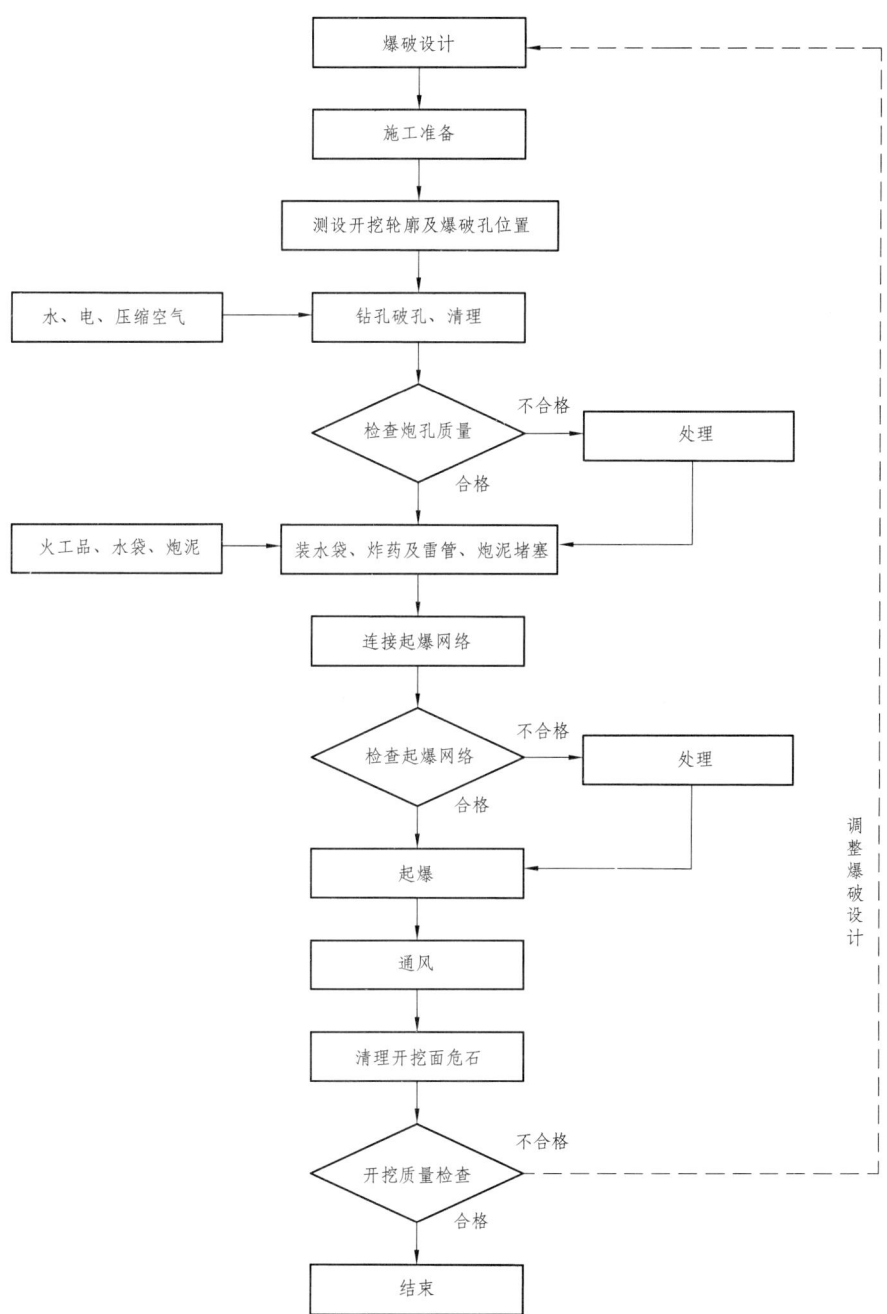

图 3.1　砂质板岩隧道光面爆破施工工艺流程

2. 操作要点

（1）光面爆破设计。

本隧道采取"合理进尺，弱扰动围岩"的施工基本原则进行光面爆破设计。针对本隧道Ⅲ级围岩的岩性及工法采用上下台阶开挖，上台阶采用光面爆破施工，上台阶断面开挖高度 7.2 m，宽度断面面积 81.4 m²。

为了严格控制隧道周边超、欠挖，减少浪费，控制成本，保持围岩的自身稳定性，隧道周边采取光面爆破，合理选择周边炮孔间距、最小抵抗线、装药结构、不耦合系数、装药集中度等。光面爆破参数如表 3.1 所示。

爆破参数的确定采用理论计算法、工程类比法与现场试爆相结合，在保证爆破振动速率符合安全规定的前提下，提高隧道开挖成型质量和施工进度。

表 3.1 光面爆破参数

岩石类别	周边孔间距 E/cm	周边孔抵抗线 W/cm	相对距 E/W	装药集中度 q/(kg/m)
硬岩	45~50	55~60	0.8~0.85	0.15~0.25
软质岩	40~45	45~60	0.75~0.8	0.07~0.12

① 炮孔深度 L。

本隧道爆破循环进尺为 3.5~3.7 m，爆破设计的炮孔深度根据爆破部位不同而确定。采用双楔形掏槽。第 1 掏槽深度为 2.2 m，第 2 掏深度为 3.9 m，其余炮孔深度设计为 3.7 m。

② 炮孔数目 N。

本爆破方案设计炮孔直径采用 $\Phi42$ mm，采用单位面积钻孔数为 1.5~2.5 个（未包括光面爆破炮孔）。

采用式（3.1）估算炮孔数。

$$N = 3.3\sqrt[3]{fs^2} \tag{3.1}$$

式中 N——炮孔数目个数（光面爆破适当增加 6%~12%）；

f——岩石坚固系数（m⁻⁴）；

s——隧道爆破断面面积（m²）。

由于隧道周边采取光面爆破，因此根据布孔原则，可适当增加 10% ~ 15% 炮孔数目。

岩石坚固系数 $f = 8$，断面面积 $81.4\ m^2$，代入式（3.1）计算得到炮孔数 $N = 124$（个），考虑到周边采用了光面爆破，实际布置炮孔数为 147 个。

③ 炮孔布置。

掏槽炮孔的布置原则：掏槽炮孔主要根据工人习惯以及作业方便，一般选择在断面的中下部位，并尽量考虑掏槽以上的炮孔为压顶炮。掏槽设为一、二级楔形掏槽形式，掏槽位置置于断面的下部位置，距开挖底面 0.6 ~ 0.8 m。抛渣距离控制在 15 ~ 20 m 范围内，可满足各项施工作业要求，同时可减小爆破振动。

周边炮孔的布置原则：周边炮孔是控制隧道开挖轮廓的关键炮孔，为控制超挖量，保证隧道轮廓形状规整，要求进行光面爆破。光面爆破既可以控制围岩超欠挖，又可以达到减小爆破对围岩的扰动的目的。根据岩质和围岩类别，周边炮孔孔距 a 取（8 ~ 12）d（d 为炮孔直径），最小抵抗线 $W = a/(0.7 ~ 1.0)$。周边孔直径为 42 mm，炮孔间距为 50 cm，光爆层厚度取 60 cm。

辅助孔的布置原则：辅助孔的布置根据掏槽和周边眼及缓冲孔圈定范围内的岩石情况尽量均匀分布。考虑到空腔形成以后，上部岩石悬空，爆破更容易，炮孔布置通常应遵循上疏下密的原则。

根据以上布孔原则，炮孔布置如图 3.2 所示。

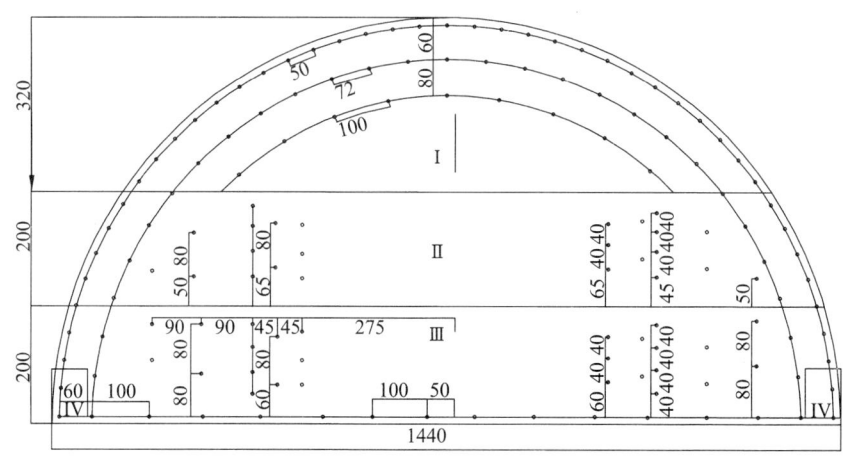

(a) 上台阶炮眼布置立面

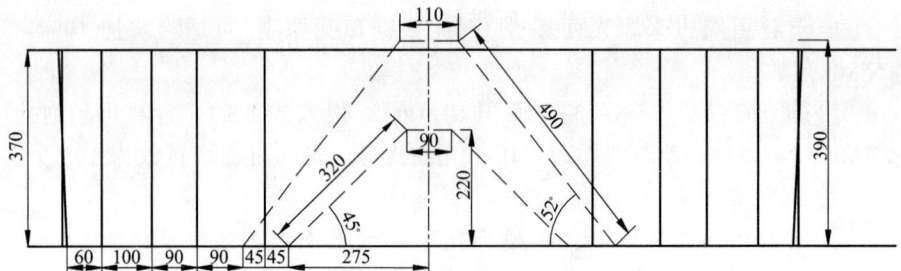

(b）上台阶炮眼布置平面

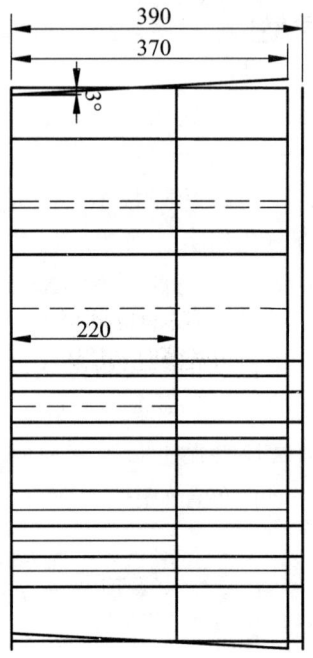

（c）上台阶炮眼布置侧面

图 3.2　上台阶炮眼布置示意图

（2）爆破掘进循环火工品用量及分配。

① 循环炸药用量。

采用式（3.2）、式（3.3）估算每个循环炸药用量。

$$Q = kls\eta \tag{3.2}$$

式中　Q——爆破一次总装药量（kg）;

k——爆破单位体积岩石所需炸药（kg/m³）；
l——设计炮孔深度（m）；
s——隧道开挖断面爆破面积（分台阶断面，m²）；
η——炮孔利用率，取值为 0.8~0.95。

$$k = 1.1k_0\sqrt{\frac{f}{s}} \tag{3.3}$$

式中 k——单位炸药消耗量（kg/m³）；
f——岩石坚固性系数；
s——巷道掘进断面（m²）；
k_0——考虑炸药爆力的校正系数，$k_0 = 525/P$，P 为爆力（mL）。

将 $f = 8$，$s = 81.4$（m²）代入计算得到 $k = 0.70$（kg/m³）。η 按照最大值 0.95 确定，按式（3.2）计算得 $Q = 200.3$（kg）。

② 雷管段位分配。

为满足光面爆破的要求，先起爆掏槽眼，为其他炮孔提供临空面，再起爆辅助眼（内圈眼），最后起爆周边眼、底眼。为了保证各类炮眼之间的起爆时差，增强起爆效果，在选用毫秒雷管时一般隔段使用，即选用 1#、3#、5#、7#、9#、11#、13#、15#等。具体雷管段位布置如图 3.3 所示。

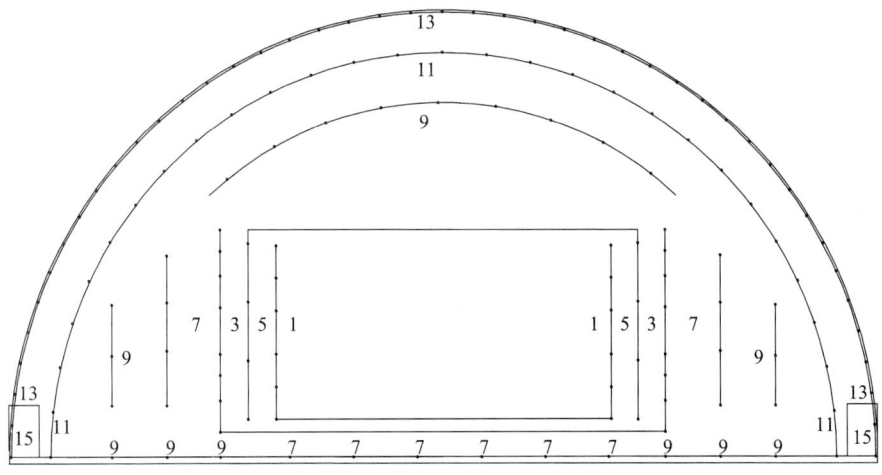

图 3.3 上台阶炮眼雷管段位布置示意图

③ 炸药分配。

隧道爆破装药按照不同部位的炮孔所起的作用不同,其各部位炮孔的装药量也不相同,按前式计算结果进行炮孔装药分配。具体各部位炮孔分配装药情况如表3.2所示。

表3.2 上台阶每循环进尺炸药使用参数分配表

炮孔类别	炮孔深度/m	炮孔角度	单孔药卷数/个	单孔药量/kg	炮孔个数/个	本段药量小计/kg	雷管段别/段	装药长度/m	装药系数
第一掏槽孔	3.2	45°	6	1.2	12	14.4	1	1.2	0.38
第二掏槽孔	4.9	52°	13	2.6	16	41.6	3	2.6	0.53
第三掏槽孔	3.7	90°	7	1.4	8	11.2	5	1.4	0.38
Ⅱ、Ⅲ区第1辅助孔	3.7	90°	9	1.8	8	14.4	7	1.8	0.49
Ⅱ、Ⅲ区第2辅助孔	3.7	90°	8	1.6	6	9.6	9	1.6	0.43
Ⅱ、Ⅲ区第3辅助孔	3.7	90°	6.5	1.3	12	15.6	11	1.3	0.35
第Ⅰ区第1辅助孔	3.7	90°	8	1.6	9	14.4	9	1.6	0.43
第Ⅰ区第2辅助孔	3.7	90°	6.5	1.3	17	22.1	11	1.3	0.35
Ⅱ、Ⅲ区光爆孔	3.7	外插3°	4	0.8	14	11.2	13	0.8	0.22
Ⅳ区光爆孔	3.7	外插3°	5	1	4	4	15	1	0.27
第Ⅰ区光爆孔	3.7	外插3°	4	0.8	27	21.6	13	0.8	0.22
底板中间6个孔	3.7	外插3°	7.5	1.5	6	9	7	1.5	0.41
底板其余6个孔	3.7	外插3°	7	1.4	8	11.2	9	1.4	0.38
合计				91.5		147	200.3		

④ 光面爆破炮孔药量校核计算。

按式(3.4)计算光面爆破每米炮孔装药量。

$$Q = \alpha\beta\chi\delta d \tag{3.4}$$

式中 Q——每米光面爆破炮孔装药量(g/m);

α——光面爆破炮孔孔口填塞系数，取 $\alpha = 1.0$；

β——在光面爆破中，软岩取 0.5~0.7，中硬岩取 0.75~0.95，坚硬岩取 1.0~1.5；

χ——炮孔密集系数；

δ——根据炮孔密度而定的系数，取 $\delta = 0.5$，但每加深 1 m 增加 0.2；

d——保护层（光爆层）厚度或最小抵抗线（m）。

根据同类隧道光面爆破经验，中等坚硬岩石中进行光面爆破，每米炮孔（周边炮孔）的装药量为 200~250 g，软岩石中进行光面爆破，每米炮孔（周边炮孔）的装药量为 150~200 g，即线装药量 q 线 = 0.15~0.25（kg/m）。

（3）爆破器材选择。

炸药：选用乳化炸药，周边炮孔选用直径 25 mm 小药卷，重 150 g，长 26 cm；掏槽孔、其余崩落孔均选用 32 mm 乳化炸药，质量 200 g，长 20 cm。

雷管：选用普通非电毫秒延期雷管，段位为 1~15。

导爆索：周边炮孔间隔装药，采用导爆索单孔加工药串传爆。

水压爆破材料：主要用水袋和炮泥，水袋用 KPS-60 型塑袋灌装机加工制作而成，袋内装满自来水，水袋长 20 cm，直径 3.5 cm。炮泥由 PNJ-A 型炮泥机制作而成卷状炮泥，炮泥每节长 20 cm，直径 3.5 cm，炮泥的制作成分质量比例为土：砂：水 = 0.75：0.1：0.15。

各爆破器材如图 3.4 所示。

（a）炸药

（b）雷管

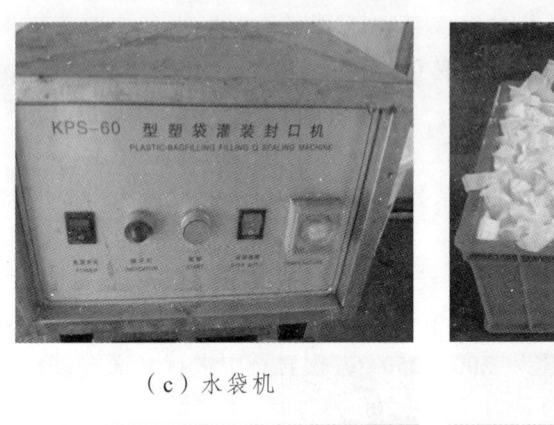

（c）水袋机　　　　　　　　（d）水袋

（e）炮泥机　　　　　　　　（f）炮泥

图 3.4　爆破器材

3. 施工准备

隧道开挖前，利用超前预报、超前钻孔、监控量测等探测结果，分析研究围岩的性质，探明前方围岩的完整性、涌水、不良地质等情况，对洞身实际的围岩性质与设计图纸进行核对，确定开挖、支护参数。

组织技术交底培训，对作业工人进行交底，熟悉作业参数及要求。准备风钻、风管及炮杆等作业工具运至施工现场，检查设备是否处于正常的工作状态。爆破器材提前上报使用计划，及时运至施工现场，妥善保管，确保风、水、管线准备到位。

4. 测设开挖轮廓及爆破孔位置

采用全自动全站仪将隧道轮廓、隧道中线用红油漆精确地画在掌子面上,并标出明显的高程标识点,然后按照爆破方案的点位布置放出掏槽眼、辅助眼、周边眼,并用红油漆做出标记,标记的点位偏差不得大于 5 cm,周边眼间距按 50 cm 进行测设标记,测设完毕后选取其中 3 个点位进行复核,确认点位测设是否正确。隧道开挖炮眼测设施工如图 3.5 所示。

（a）

（b）

图 3.5　隧道开挖炮眼测设施工

5. 钻孔及清孔

本隧道采用 YT-28 型气腿式风动凿岩机钻孔,钻孔时选用经验丰富的钻工司钻,固定司钻人数,各自负责自己钻孔的位置。钻孔操作需做到"稳、平、直、齐"四个字,并由经验丰富的工班长指挥来确保钻孔的精度,同时根据眼口位置及掌子面演示的凹凸程度调整炮眼深度,以保证炮眼底在同一平面上。钻孔过程需严格按照爆破参数执行,精确控制钻孔位置、方向和深度,特别是光爆层厚度和周边眼的深度及外插角控制更为关键。钻眼完毕,按照炮眼布置图由现场技术人员对炮眼的孔距、孔深、钻设角度进行验收,钻孔深度允许误差为±2 cm,开孔中心允许误差 ϕ 小于 3 cm,如钻设参数不符合要求须重新进行钻孔,以确保钻孔的质量。

钻孔完毕后,用钢筋弯制的炮钩将炮眼中的石屑勾出,再用小直径高压风管输入高压风将炮眼中的石屑吹净,并仔细检查炮眼的位置、深度、角度是否满足设计要求,合格后方可按爆破参数及装药结构进行装药。隧道开挖钻孔施工如图 3.6 所示。

图 3.6 隧道开挖钻孔施工

6. 装 药

装药前采用PVC管通孔，确认孔深满足要求，而后采用木杆按水压爆破装药结构进行装药。周边眼采用空气间隔、不耦合装药结构，采用导爆索起爆，将导爆索插入空底药卷内，炸药绑扎在竹片上或者PVC管壁上，均匀分布装入炮孔内。为克服底部炮眼的阻力，一般将底部药量稍微加大。在装药前先在炮眼孔底装入长约 20 cm 的一节水带，并在装药结束后再装入两节水袋，再进行堵塞。周边眼水压爆破装药结构如图 3.7 所示。

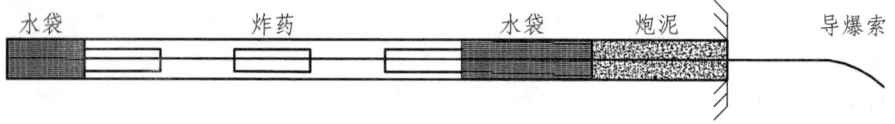

图 3.7 周边眼水压爆破装药结构

掏槽眼、辅助眼、底边眼等采用连续耦合装药，雷管埋入孔底药卷，全部采用反向起爆装药结构。在装药前先在炮眼孔底装入长约 20 cm 的一节水带，并在装药结束后再装入四节水袋，再用炮泥进行堵塞。装药按爆破设计炮眼炸药分配表确定的装药量自上而下进行，雷管"对号入座"，装药后所有炮眼应堵塞炮泥，堵塞长度不小于 40 cm。其他孔眼水压爆破装药结构如图 3.8 所示。

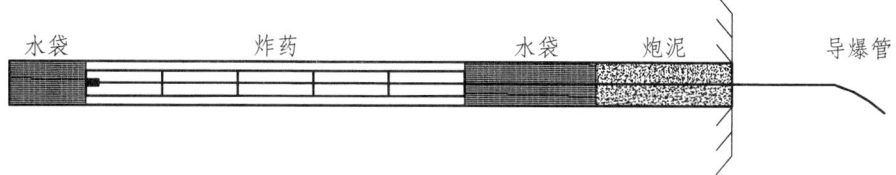

图 3.8 其他孔眼水压爆破装药结构

具体装药施工过程见图 2.5。

7. 起爆网络连接及起爆

起爆网络采用簇连法,俗称一把抓起爆法。连接时将导爆管分片区捆成 20 根一束,每束中心捆绑一根 1 段雷管击发,所有击发雷管均采用并联法并网,最后收拢合并,采用击发针击发导爆管传爆。传爆雷管的聚能穴要反向,被起爆的导爆管尽量均匀分布在起爆雷管周围。爆破网络连接如图 3.9 所示。

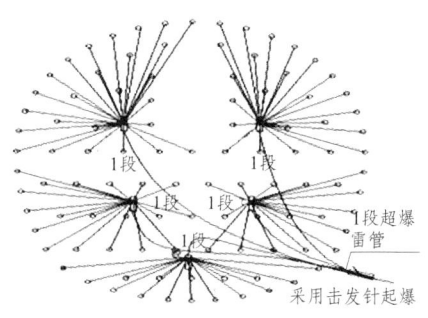

图 3.9 爆破网络连接示意图

连接好网络后,需仔细检查连接网络各节点是否连接牢固,绑扎不牢的需及时补强。起爆前需先连通电源,检查起爆网络是否正常,待起爆网络电流通畅稳定后方可进行起爆。

爆破前所有人员应撤离在安全距离外,安全距离不少于 200 m,相邻的上下坑道内不少于 100 m;相邻的平行坑道,横通道及横洞间不少于 50 m。在起爆前爆破指挥员发出警戒信号,由警戒员在警戒范围内进行人员疏散和检查,确保没有人处于警戒区,并控制出入口后,再通知本次爆破指挥员。爆破指挥员收到警戒员可以起爆的通知后,发出起爆信号,无异常情况,可以指挥起爆。起爆后 15 min,爆破指挥员确认安全后,方可通知各警戒员撤除警戒。

8. 通　风

爆破后应及时向隧道掌子面通风,排出隧道灰尘和炸药残留气体,降低风尘浓度，必要时可以洒水降尘，使隧道内的环境符合职业健康标准，保护施工人员身心健康。通风至少 15 min 后方可进行下道工序作业。爆破后对掌子面通风施工过程如图 3.10 所示。

（a）

（b）

图 3.10　爆破后对掌子面的通风施工

9. 开挖面危石清理及开挖质量检查

通风后，用挖掘机对开挖面的松动未脱落的危石进行清理排除，确保开挖面安全，清理开挖面危石施工过程如图 3.11 所示。及时组织测量人员对开挖轮廓面超欠挖值、周边眼炮眼痕迹保存率，以及两茬炮之间的错台值进行测量，用于超欠挖统计分析，并作为本循环作业人员的奖惩考核依据及下一循环改进的基础。清理完毕后，对开挖断面轮廓初喷 3~5 cm 混凝土，封闭开挖岩面。喷射混凝土作业应分段分片进行，自下而上作业，保持供料均匀，喷射连续。

（a）

（b）

图 3.11　清理开挖面危石施工

10. 光面爆破效果展示

通过两级楔形掏槽及水压爆破等成套光面爆破施工工法在本隧道的长期实践及调整，总结得出了重要的光面爆破施工参数，取得了针对砂质板岩隧道光爆施工的良好效果，理想的光爆效果如图 3.12 所示。

（a）光爆效果一　　　　　　　　（b）光爆效果二

图 3.12 光爆效果展示

3.1.4 劳动力组织

本工法劳动力组织如表 3.3 所示。

表 3.3 劳动力组织

序号	类别	所需人数/人
1	架子队长	1
2	技术主管	1
3	技术人员	2
4	工班长	4
5	钻孔工人	15
6	挖掘机司机	2
7	出渣车司机	10
8	装载机司机	2
9	空压机司机	2
10	杂工	4

3.1.5 材料与设备

本工法采用的机具设备如表 3.4 所示。

表 3.4　主要机具设备

序号	设备	规格型号	主要性能	用途	数量
1	气腿式风动凿岩机	YT-28	效率高，噪声小、重量轻、经济效果好、进尺速度快等优点	隧道开挖面钻孔	28
2	空压机	20立方直联式螺杆空压机	效率高、保证开挖作业顺利进行	供凿岩机工作	8
3	挖掘机	卡特220	效率高、经济效果好	排险	2
4	装载机	柳工ZL50	效率高、经济效果好	出渣	4
5	出渣车	红岩金刚	效率高、经济效果好	出渣	14

3.2　质量控制

3.2.1　制定质量管理制度

（1）质量责任制是组织和发展生产、确保工程质量的基本条件，其实质是责、权、利三者的结合，目的是加强作业人员对质量的责任感。

（2）建立项目部及架子队各级作业人员的质量责任制。

3.2.2　建立质量检查制度

（1）对各工序实施严格的检验制度，以"下道工序是上道工序的客户"为理念，确保各道工序的工程质量。

（2）建立严格的质量评定制度。按照验收规范进行验收和质量评定，坚持以施工工序为环节的标准化管理，对重要部位行施工联合检查评定，不合格的坚决返工。

（3）建立严格的爆破器材管理制度，爆破器材要做好防潮措施，不合格产品直接销毁。

3.2.3　技术保证质量措施

（1）认真查看图纸及规范要求，并对现场进行勘察，明确工程内容和工程要求。

（2）收集完备的工程资料，科学合理地进行爆破设计。

（3）每次爆破前由爆破技术人员向施工人员进行技术交底，并在现场监督指导施工作业。

3.2.4　施工过程的质量控制措施

（1）测量：按设计划分的阶段高程，准确测量，确定爆破开挖标高。

（2）平整场地：爆破施工期清理作业的残渣及大块石，平整场地并压实，确保场地平整。

（3）布孔：严格按照爆破设计方案进行布孔，炮孔中心误差小于5 cm。

（4）钻孔：严格按照爆破设计参数的炮孔角度、布孔位置进行穿孔，角度偏差小于3°，超深误差小于0.2 m。

（5）装药：严格按照爆破设计参数的装药量进行装药，装药量误差小于3%，且必须预留设计的充填高度，预留的充填高度误差小于0.2 m。

（6）炮孔堵塞：炮孔充填物需用炮泥堵塞，以保证充填质量和充填效果。

（7）起爆网络连接：雷管段别和起爆网络连接方式严格按照爆破设计方案执行，不得有任何错误。

（8）安全警戒：安全警戒范围必须严格按照爆破规程要求执行，确认安全后方可起爆。

（9）爆后检查：起爆后必须等烟尘及有害气体消散后方可进入爆区进行检查，在检查完毕前不能解除安全警戒。

（10）盲炮处理：若爆破过程中出现盲炮，必须严格按照《爆破安全规程》和爆破设计方案进行处理，处理人员必须有多年爆破经验。

（11）二次破碎：对于块度超过规定值的岩石，需要进行二次破碎，二次破碎时必须保证抵抗线的要求，防止爆破飞石过远。

（12）水压光爆控制：水袋灌注一定要饱满，严禁袋内有空气，合格的水袋应挺拔；炮眼底部的水袋一定要装填到炮孔底，爆破后底部水袋直接作用于岩石上，有利于围岩破碎，如袋内含有空气会造成能量损失，不利于破碎；后装入的水袋个数和炮泥长度可以根据装完药后剩余孔的长度进行调整，水袋越多越好，炮泥最低长度不小于 40 cm；炮眼的装填形式从内到外依次为水袋、炸药、水袋、炮泥，除周边眼外，炮眼内各填充物纵向连接应紧密，尽量排出孔内的空气。

3.3　环保措施

（1）隧道内必须连续通风，有粉尘或不良气体时应加强通风。

（2）在掌子面装渣时，应先洒水，以减少粉尘，施工场地要时常洒水湿润，粉尘大时要采取降尘措施。

（3）弃渣应运至指定位置，隧道内污水应集中净化处理方可排放。

（4）施工机械在夜间施工禁止鸣号，防止打扰附近居民。

3.4　本章小结

针对万安隧道陈屋斜井围岩主要类型为砂质板岩，且以Ⅲ级围岩居多的实际情况，决定对隧道开挖采用光面爆破法进行施工，这样有利于开挖质量的控制及进度保障。由于砂质板岩的板状构造、层理及节理较发育等特殊性质，对光爆的参数要求较严，且较难掌握，光爆效果随着地质条件的不同差异较大，参数选择也必须根据地质的不同而及时调整。要取得理想的爆破效果，必须掌握砂质板岩的岩性变化规律，通过光爆的作用原理，用成熟的爆破工艺加以控制，达到强化施工安全，减少超挖、欠挖，有效提高光爆质量和施工进度，降低施工成本的目的。该工法主要技术特点如下：

（1）针对大断面隧道研究出一种两级水平楔形加一级垂直掏槽技术，能够解决操作空间的限制问题，用较少的炮眼数量和最少的炸药单耗获得较好的掏槽效果，最终达到操作简单方便、适用范围广、作业精度高的目的。

（2）水袋+炮泥的水压爆破技术，提高炸药能量利用率，降低炸药单耗，有效降低施工成本。

（3）为了能够有效达到砂质板岩隧道光面爆破施工的光爆效果，采用定人、定孔、定药作业方式，探讨控制炮眼位置、间距、钻孔深度、钻设角度、装药量等参数，突出其安全性、经济性及快速性，提高工效，节省工期及成本。

第 4 章 长大隧道多工区多工作面施工组织管理技术

万安隧道为长大铁路隧道，长大铁路隧道具有"长"和"大"两个工程难点，具有水文地质状况复杂、影响施工质量风险因素多、施工质量控制难度大等特点。为了确保工程按质按量安全完成，规划设计和施工阶段都应采取一系列有效管理技术措施。本章针对万安铁路隧道复杂岩层情况，建立施工质量、进度和安全的保障体系，对长大铁路隧道多工区多工作面施工组织管理技术进行系统阐述。

4.1 长大隧道施工安全管理技术

长大铁路山岭隧道通常所处地质条件复杂，因而隧道工程建设常常面临较大的潜在安全风险。在长大铁路隧道施工各种风险事件中，塌方是发生概率高、损失后果严重的重大风险事件之一。对长大铁路隧道塌方进行事故树分析，其目的是从工程整体的角度，来认识可能引发塌方事故的安全隐患。在工程施工之前开展长大铁路隧道施工安全风险评估工作，可避免不安全的设计和施工方案，并提出现场施工安全管理方案。事故树的分析主要从三方面进行，即事故树的绘制、顶上事件的发生概率的计算及底事件重要度的分析。

4.1.1 万安隧道施工风险因素

1. 工程规模和地质条件

山岭隧道地质复杂，全隧穿越 18 条断层，其中正洞穿越 17 条断层，斜井穿越 1 条断层。经过 15 条节理密集带及 1 处褶皱，5 段强富水区段，8 段中富水区段，最大涌水量预测为 77 904.39 m^3/d。

万安隧道围岩主要为Ⅳ、Ⅴ级，其中进口段岩溶具有发育较破碎的裂缝，蓄水比较丰富。隧道工程表现的特征为地质较为特殊、围岩等级较低、支护与衬砌难度较大、施工安全风险较高。

2. 施工方法

万安隧道总体施工遵循新奥法原理，在隧道施工中采用地质素描、地质雷达、物探法、超前钻探法等措施。开挖采用台阶法+三台阶+三台阶临时仰拱法或三台阶临时仰拱法（设临时钢架）+明挖法+六步 CD 法，同时按不同围岩级别实施相应的支护措施，隧道进出口设置 ϕ108 大管棚、洞身段 ϕ89 管棚注浆加Ⅰ型小导管或单层、双层小导管注浆超前支护。出渣全部采用装载机装渣，15～20 t 的自卸汽车出渣。

斜井洞身采用全断面光面爆破开挖，采用多功能台架配合风动凿岩机钻孔，非电毫秒雷管起爆，装载机装渣，自卸车出渣。当斜井洞身围岩整体性差时采用台阶法，弱爆破开挖。开挖支护严格按"先治水、管超前、短进尺、强支护、勤量测"的施工原则。

4.1.2 长大铁路隧道施工塌方风险评估

1. 万安隧道塌方事故树编制

遵循事故树编制的有关原则，在对隧道塌方事故调查分析的基础上，编制长大铁路隧道富水破碎地质条件下施工塌方事故的事故树，如图 4.1 所示。事故树编号规则为：同一层事件首字母相同，其中顶事件编号为 T，基本事件、非基本事件和条件事件编号为 X，其他中间事件按由上至下的顺序以 A、B、C、D 等为开头分别编号。具体各事件和对应的符号见表 4.1。

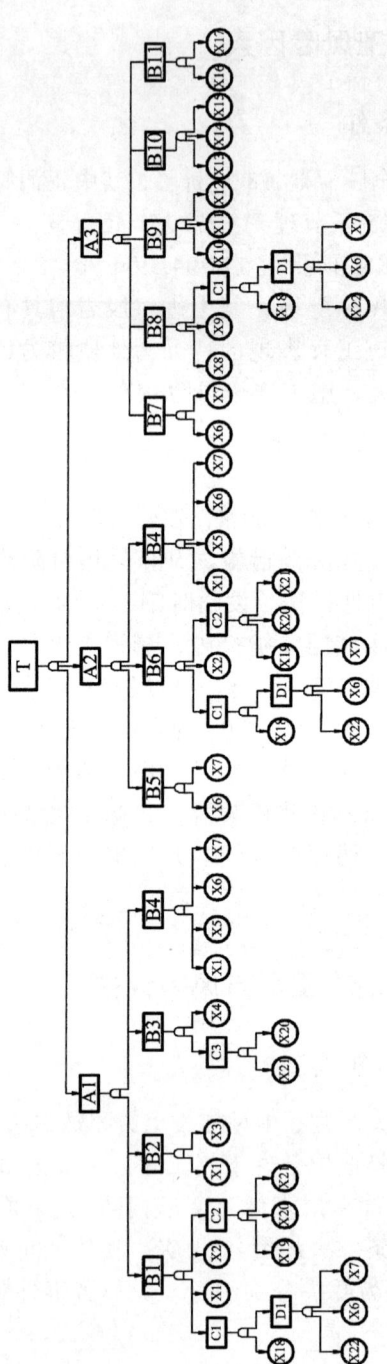

图 4.1 塌方事故树

2. 顶上事件发生概率的计算

万安隧道塌方的事故树顶上事件发生概率，需通过布尔代数法计算。整个计算过程中，最影响计算结果精确性的是确定基本事件的发生概率。通过专家咨询法得到基本事件的发生概率，如表 4.1 所示，符号与事件对应如表 4.2 所示。

表 4.1 基本事件和条件事件发生概率

事件符号	概率/%	事件符号	概率/%
X1	4	X12	11
X2	3	X13	10
X3	60	X14	0.80
X4	8	X15	3
X5	5	X16	13
X6	12	X17	0.80
X7	0.50	X18	3
X8	0.20	X19	50
X9	1	X20	35
X10	2	X21	2
X11	4	X22	14

表 4.2 事件及其符号

符号	事件	符号	事件
T	万安隧道（长大铁路隧道）塌方	B6	掌子面自承能力丧失、强度下降
A1	隧道围岩原有结构破坏	B7	开挖方式选择不合理
A2	掌子面施工坍塌	B8	围岩失稳和隧道衬砌结构开裂
A3	隧道施工设计	B9	支护强度不够、开挖进尺不当
B1	围岩强度和承载力下降	B10	施工技术与管理水平
B2	围岩有效应力、抗剪强度降低	B11	隧道设计不完善
B3	围岩压力不均衡（偏压）	C1	围岩受到扰动
B4	其他突发不利因素	C2	岩层产状不利
B5	掌子面开挖方法有误	C3	地质构造、地形引起偏压

续表

符号	事件	符号	事件
D1	光面爆破施工的不良影响	X12	新奥法原理学习、研究浅薄
X1	暴雨与持续性降雨	X13	进度安排不合理
X2	支护不及时	X14	施工工序不合理
X3	地表、地下水发育丰富	X15	监控量测和地质预报不准确及时
X4	施工原因引起偏压	X16	地质勘查与实际不符
X5	地质勘查不彻底、不完善	X17	围岩级别划分不准
X6	赶工期	X18	开挖机械振动
X7	爆破设计参数不当、多次爆破	X19	节理裂隙层理发育且岩体破碎
X8	开挖跨度大	X20	经过大的断层带
X9	支护衬砌未同步进行	X21	特殊地质地段
X10	施工队伍技术水平不均衡	X22	施工安全意识不高
X11	建设环节操作不规范		

(1) 最小割集。

基于布尔代数计算法，分析该塌方事故树，得到万安隧道塌方事故树最小割集如下：

{X1}、{X10·X11·X12}、{X13}、{X14}、{X15}、{X16·X17}、{X18}、{X19}、{X2}、{X20}、{X21}、{X22}、{X4}、{X5}、{X6}、{X7}、{X8}、{X9}。

(2) 万安隧道塌方事故树最小径集。

(X1·X2·X4·X5·X6·X7·X8·X9·X10·X13·X14·X15·X16·X18·X19·X20·X21·X22)；

(X1·X2·X4·X5·X6·X7·X8·X9·X10·X13·X14·X15·X17·X18·X19·X20·X21·X22)；

(X1·X2·X4·X5·X6·X7·X8·X9·X11·X13·X14·X15·X16·X18·X19·X20·X21·X22)；

(X1·X2·X4·X5·X6·X7·X8·X9·X11·X13·X14·X15·X17·X18·X19·X20·X21·X22)；

(X1·X2·X4·X5·X6·X7·X8·X9·X12·X13·X14·X15·X16·X18·X19·X20·X21·X22)；

（X1·X2·X4·X5·X6·X7·X8·X9·X12·X13·X14·X15·X17·X18·X19·X20·X21·X22）。

（3）顶上事件概率。

万安隧道塌方工程计算中，顶事件发生概率 $P(T)$ 由最小割集的近似独立事件和概率公式计算，即

$$P(\mathrm{T}) \approx \prod_{j=1}^{N_K}\prod_{i\in K_j} F_i(t) = 1 - \prod_{j=1}^{18}[1-P(K_j)] \quad (4.1)$$

$$= 1-[(1-p1)+(1-p10\cdot p11\cdot p12)+(1-p13)+(1-p14)+$$
$$(1-p15)+(1-p16\cdot p17)+(1-p18)+(1-p19)+(1-p2)+$$
$$(1-p20)+(1-p22)+(1-p4)+(1-p5)+(1-p6)+$$
$$(1-p7)+(1-p8)+(1-p9)]$$

$$= 1-[(1-4\%)+(1-2\%\cdot 4\%\cdot 11\%)+(1-10\%)+(1-0.8\%)+$$
$$(1-3\%)+(1-13\%\cdot 0.8\%)+(1-3\%)+(1-50\%)+$$
$$(1-3\%)+(1-35\%)+(1-14\%)+(1-8\%)+(1-5\%)+$$
$$(1-12\%)+(1-0.5\%)+(1-0.2\%)+(1-1\%)]\times 100\%$$

$$= 1-(0.96+0.999912+0.9+0.992+0.97+0.99896+$$
$$0.97+0.5+0.97+0.65+0.86+0.92+0.95+$$
$$0.88+0.995+0.998+0.99)\times 100\%$$

$$= 100\%-15.503872\%$$
$$= 84.496\%$$

由 FreeFta 分析可得，万安隧道塌方事故树顶事件发生概率 $P(\mathrm{T}) = 0.841$，如图 4.2 所示。

图 4.2 顶事件概率计算结果

通过验证，FreeFta 计算基本事件概率精确度为 0.01，将 X7、X8、X14、X17 等基本事件的概率统一计算为 0.01，所以顶上事件概率计算有所偏差，可忽略不计，即 $P(T) = 84.496\%$。万安隧道施工在不采取专项措施的情况下塌方概率为 84.496%，说明万安隧道在不采取管理措施的情况下，发生塌方事故的概率较大。

3. 基本事件重要度分析

为了分析出引起隧道塌方事件发生最重要的基本事件，以采取施工组织手段防止灾害发生。从三个维度来分析各个基本事件对顶上事件的影响程度。

（1）结构重要度。

结构重要度是指基本事件在整个事故树结构上的位置重要度，计算得到基本事件结构重要度排序如下：

$$I(X22) = I(X21) = I(X20) = I(X19) = I(X18)$$
$$= I(X15) = I(X14) = I(X13) = I(X9)$$
$$= I(X8) = I(X7) = I(X6) = I(X5) \quad (4.2)$$
$$= I(X4) = I(X2) = I(X1) > I(X17)$$
$$= I(X16) > I(X12) = I(X11) = I(X10)$$

其中，位居前列的结构重要度底事件如表 4.3 所示。

表 4.3 结构重要度排序表

符号	基本事件	符号	基本事件
X22	施工安全意识不高	X9	支护衬砌未同步进行
X21	特殊地质地段	X8	开挖跨度大
X20	经过大的断层带	X7	爆破设计参数不当、多次爆破
X19	节理裂隙层理发育且岩体破碎	X6	赶工期
X18	开挖机械振动	X5	地质勘查不彻底、不完善
X15	监控量测和地质预报不准确及时	X4	施工原因引起偏压
X14	施工工序不合理	X2	支护不及时
X13	进度安排不合理		

（2）概率重要度。

概率重要度指基本事件概率的增减对顶上事件发生概率的敏感性，即基本事件概率增减引起塌方事故发生概率的敏感性，由 FreeFta 计算可得基本事件概率重要度如图 4.3 所示。

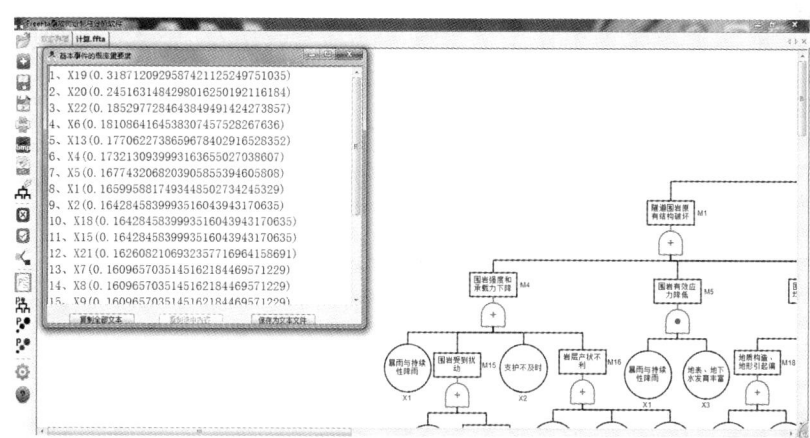

图 4.3　基本事件概率重要度计算

具体计算结果如下：

X19(0.319)	X20(0.245)	X22(0.185)	X6(0.181)
X13(0.177)	X4(0.173)	X5(0.168)	X1(0.166)
X2(0.164)	X18(0.164)	X15(0.164)	X21(0.163)
X7(0.161)	X8(0.161)	X9(0.161)	X14(0.161)
X17(0.021)	X16(0.002)	X10(0.001)	X11(0.0004)
X12(0.0001)	X3(0.0)		

其中，概率重要度排名前 6 的底事件如表 4.4 所示。

表 4.4　概率重要度排序

符号	基本事件	符号	基本事件
X19	节理裂隙层理发育且岩体破碎	X6	赶工期
X20	经过大的断层带	X13	进度安排不合理
X22	施工安全意识不高	X4	施工原因引起偏压

（3）临界重要度。

临界重要度是综合考虑敏感性和自身发生概率大小来评估基本事件

的重要程度。万安隧道塌方临界重要度 FreeFta 计算如图 4.4 所示。

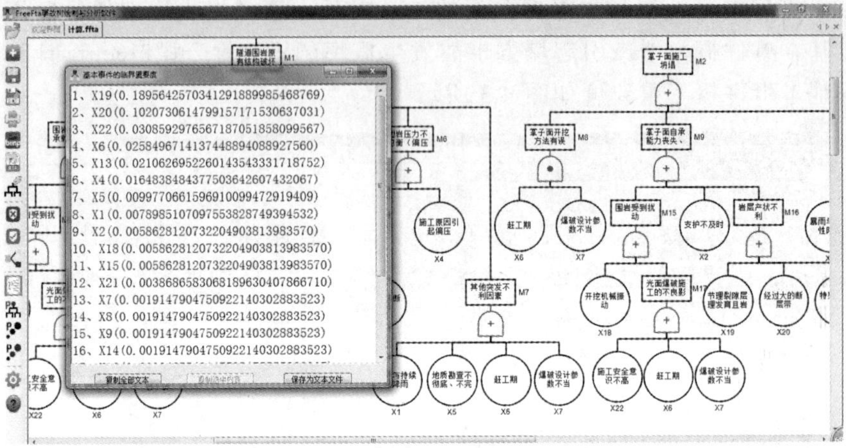

图 4.4　塌方临界重要度计算

具体计算结果如下：

X19(0.190)	X20(0.102)	X22(0.031)	X6(0.026)
X13(0.021)	X4(0.0165)	X5(0.010)	X1(0.008)
X2(0.006)	X18(0.006)	X15(0.006)	X21(0.004)
X7(0.002)	X8(0.002)	X9(0.002)	X14(0.002)
X16(0.0002)	X17(0.0002)	X10(0.000017)	X11(0.000017)
X12(0.000017)	X3(0)		

根据前面 3 个评判指标的计算结果可知，按照其重要程度排序，造成塌方灾害发生的主要原因为：X19（节理裂隙层理发育且岩体破碎）、X20（经过大的断层带）、X22（施工安全意识不高）、X6（赶工期）、X13（进度安排不合理）。

4.1.3　安全风险控制施工组织措施

万安隧道施工前，根据施工安全评估方法计算，识别出引起万安隧道塌方的关键风险因素为：节理裂隙层理发育且岩体破碎、经过大的断层带、施工安全意识不高、施工进度安排不合理等。根据研究结果建议采取以下施工组织管理措施：

1. 不良地质条件下安全施工管理措施

X19（节理裂隙层理发育且岩体破碎）、X20（经过大的断层带）都属于不良地质条件。针对以上 2 个风险源，综合考虑为万安隧道岩体破碎。首先，应在施工前做好地质预报、地质勘查等工作，掌握工程地质状况，确定不良地质的具体位置和分布。然后，施工过程中，选取安全、合理的施工方法和方案，采取可靠的安全保证措施。具体措施如下：

（1）整个施工过程中，坚持"先排水、管超前、严注浆、短开挖、弱爆破、强支护、快封闭、勤检查、勤量测"的施工理念。采取有效的防排水管理措施，整个施工过程中将水拦截在洞外，严格控制软弱岩层和岩石破碎段地下水；隧道开挖前架设超前管棚，严格注浆防止隧道发生塌方；爆破施工过程中，孔眼使用浅眼、密眼，药量选用合理；隧道开挖后立即进行初期支护，选择科学合理的支护厚度，保证支护结构强度足够；施工过程中，加强现场监控量测，实时监测围岩变形和异状情况，根据监测结果采取有针对性的措施处理安全隐患。

（2）针对施工具体工艺，应加强以下施工工序的控制：隧道施工采用小分块、短进尺、快封闭的手段，控制拱脚位置的变形，以此减少对地层的扰动；隧道开挖使用机械结合人工的方式，支护封闭成环，刚度足够承受静水压力，减小对土体扰动；严控地质超前预报，在开挖工作面上钻探测孔，提前做好预防工作；施工时初期支护效果不理想时，采用加设钢板、水平旋喷桩等方式预防涌水、涌砂灾害；隧道拱顶地质差时，根据需要加设小导管环数量，注浆加固周围土体，加密格栅钢架布置，设临时仰拱，及时封闭；施工中若出现孔隙水，应采用水泥-水玻璃双液浆注浆止水，出现潜水时，应使用导管引入集水坑，集中排水到洞外；增加洞内、地面和周边建筑物的监控，有问题采取控制措施。

通过以上措施可有效降低坍塌、塌方、掉块、涌水、涌泥的发生概率。

2. 施工因素影响下安全施工管理措施

X22（施工安全意识不高）、X6（赶工期）是在施工过程中各种客观因素影响下导致的施工问题，其中包括施工操作不符合施工技术规范要求、项目管理不到位、施工质量有问题等方面。应该增加施工人员的管理和培训，加强"新奥法"概念的理解，及时支护、及时勘测、及时反馈，切实减少因人为因素所造成的损失。根据研究结果建议采取以下施工组织管理措施：

（1）制定和落实安全生产制度。

结合万安隧道现场施工，制定安全制度和安全生产管理办法，做到施工工作有章可依，提前把控施工风险。主要制定的制度包括：安全生产责任制，由基础层到高层逐级完善安全管理体系系统；安全生产教育培训制度，针对职工安全施工生产进行教育培训；专项安全管理制度，主要有营业线施工安全措施及制度、防洪防汛施工安全制度、高空作业安全制度以及开挖爆破作业安全规章制度等；安全技术交底制度，参照安全技术规则施工，严格控制违章指挥和违章作业行为；培训持证上岗制度，彻底检查和考核，针对特种作业人员进行培训持证上岗，并全面检查违规操作现象；安全检查整改制度，进行全面检查，规范安全管理工作；安全生产会议制度；坚持事故报告和处理制度；建立考核评比奖罚制度等。

（2）建立项目安全管理机构。

高层组建安全生产领导小组，负责宣传落实国家、中国国家铁路集团有限公司、建设单位等发布的安全生产规范、制度、标准和法律，对隧道施工安全生产负领导责任；中层建立安全管理体系，做到全面预防施工安全事故发生；作业层严格执行上级命令，认真执行职业健康安全管理标准，做到把安全管理作为生产管理中的第一要务。

（3）采取安全保证措施。

首先，强化安全教育培训，对参建员工进行岗前安全教育，加强对干部安全管理作风的培训和教育，实现整个项目安全教育普遍化和制度化，在施工现场和工地上进行安全教育宣传；施工安全技术交底是保证施工安全的有效手段，施工前技术管理人员都应对现场操作人员进行交底，层层落实施工方法、安全施工标准、安全施工注意事项等内容到现场施工人员；组织进行施工安全检查工作，通过成套的检查体系，严格控制施工安全。制定的检查内容包括：开工前的安全检查、定期安全生产检查、经常性的安全检查、专业性的安全检查、季节性安全检查、节假日安全生产专项检查、安全检查记录、各种安全检查查出的隐患整改；同时，针对施工材料实施验收合格才可进场使用的政策，实现施工材料、设备安全验收制度；加强人员和现场控制；严格安全生产考核制度。

4.2 长大隧道施工质量管理技术

4.2.1 万安隧道围岩概况

通过地质勘探揭示，隧道地处赣中南褶隆，大湖山芙蓉山隆断束中部。万安隧道具体的围岩状况如表 4.5 所示。

表 4.5 万安隧道围岩状况

里 程	围岩等级	地质状况
DK296+527.72~ DK296+150	Ⅳ、Ⅴ	表层 Qel+dl 粉质黏土，黄褐色，硬塑，夹少量碎石，厚 0~1 m；下伏寒武系牛角河组，岩性为变质砂岩、砂质板岩局部夹少量泥质板岩。该段处于进口，埋深浅，岩质多经全-强风化，节理较发育，较易破碎；第四系孔隙潜水和基岩裂隙水，中等富水。隧道进口坡度较陡，局部基岩裸露，存在危岩、落石，且存在顺层现象
DK296+150~ DK297+700	Ⅲ	洞身围岩为寒武系牛角河组，主要岩性为变质砂岩，弱风化，岩石节理较发育，岩体较破碎；基岩裂隙水，较发育
DK297+700~ DK297+770	Ⅲ	洞身围岩为寒武系牛角河组，主要岩性为变质砂岩，弱风化，岩石节理较发育，岩体较破碎；第四系孔隙潜水和基岩裂隙水，中等富水；易坍塌冒顶
DK297+700~ DK298+000	Ⅲ、Ⅳ、Ⅴ	洞身围岩为寒武系牛角河组，主要岩性为变质砂岩，弱风化，岩石节理较发育，岩体较破碎；基岩裂隙水，中等富水
DK298+000~ DK298+600	Ⅲ、Ⅳ、Ⅴ	洞身围岩为寒武系牛角河组，主要岩性为变质砂岩、砂质板岩局部夹少量泥质板岩；岩石节理较发育，岩体较破碎；第四系孔隙潜水和基岩裂隙水，中等富水，容易坍塌
DK298+600~ DK298+770	Ⅲ	洞身围岩为泥盆系上统中棚组，主要岩性为变质砂岩夹砂质板岩，弱风化，岩体节理较发育，震探波速 3.6~3.9 km/s；基岩裂隙水，稍发育，中等富水

续表

里　程	围岩等级	地质状况
DK298+770~ DK299+180	Ⅲ、Ⅳ、Ⅴ	泥盆系上统三门滩组、泥盆系上统中棚组组合接触带，整合接触线近于垂直向斜轴迹线，接触带构成向斜核部；基岩裂隙潜水，较不发育
DK299+180~ DK299+480	Ⅲ、Ⅳ、Ⅴ	洞身围岩为泥盆系上统中棚组，主要岩性为凝灰质砂岩夹粉砂岩、页岩、长石砂岩等，弱风化，岩体较为完整，节理发育弱；基岩裂隙水，不发育
DK299+480~ DK300+400	Ⅲ、Ⅳ、Ⅴ	洞身围岩为泥盆系上统中棚组，主要岩性为凝灰质砂岩夹粉砂岩、页岩、长石砂岩等，弱风化，岩体较为完整，节理发育弱；地下水为基岩裂隙水，不发育
DK300+400~ DK300+750	Ⅲ、Ⅳ	不整合接触带及低阻异常带体破碎，局部岩体较完整。其中洞身里程DK300+370~+410及DK300+710~+750电阻率下凹特征明显。地下水为构造裂隙水，发育
DK300+750~ DK301+640	Ⅲ、Ⅳ	洞身围岩为寒武系牛角河组，主要岩性为变质砂岩夹砂质板岩，弱风化，岩体较为完整，节理发育弱；DK301+180~+210电阻率下凹特征明显。节理密集带地下水发育
DK301+640~ DK302+730	Ⅲ、Ⅳ	寒武系牛角河组，主要岩性为变质砂岩夹砂质板岩等，弱风化，岩体较完整，节理稍发育，本段为强岩爆区；其中DK301+880~+960段和DK302+360~+390段EH-4存在电阻率低凹槽，带内节理发育，岩质破碎；基岩裂隙潜水，较不发育，节理密集带裂隙潜水较发育
DK302+730~ DK303+860	Ⅲ、Ⅳ	寒武系牛角河组，主要岩性为变质岩屑杂砂岩夹砂质板岩等，弱风化，岩体较为完整，岩体节理稍发育。其中DK303+275~DK303+345段EH-4存在电阻率低凹槽，带内节理发育，岩质破碎；地下水为基岩裂隙潜水，不发育

续表

里　程	围岩等级	地质状况
DK303+860~ DK304+510	Ⅲ、Ⅳ	寒武系牛角河组，于地表里程DK303+990附近呈整合接触，岩性为变质砂岩夹砂质板岩等，岩体弱风化，节理稍发育，较完整，部分含炭质板岩，含量大部分节理裂隙发育，岩质破碎
DK304+510~ DK305+000	Ⅲ、Ⅴ	寒武系牛角河组，主要岩性表现为变质砂岩夹砂质板岩等，岩体弱风化、不发育、较完整；基岩裂隙水，不发育
DK305+000~ DK305+440	Ⅲ、Ⅳ、Ⅴ	寒武系牛角河组，主要岩性表现为变质砂岩夹砂质板岩等，岩体弱风化、较完整、节理不发育；基岩裂隙水，不发育
DK305+440~ DK306+080	Ⅲ、Ⅳ	寒武系牛角河组，主要岩性表现为变质砂岩夹砂质板岩等，岩体弱风化、节理不发育、较完整；地下水为基岩裂隙水，不发育。
DK306+080~ DK306+600	Ⅲ、Ⅳ、Ⅴ	寒武系牛角河组，主要岩性表现为变质砂岩夹砂质板岩等，岩体弱风化、节理不发育、较完整；其中DK306+200~230段EH-4揭示岩体节理裂隙发育，岩质较为破碎，基岩裂隙水发育
DK306+600~ DK307+000	Ⅲ、Ⅳ、Ⅴ	寒武系牛角河组，主要岩性表现为变质砂岩夹砂质板岩等，岩体弱风化、节理较发育、较破碎；基岩裂隙水，稍发育
DK307+000~ DK307+670	Ⅲ、Ⅳ、Ⅴ	寒武系牛角河组，主要岩性表现为变质砂岩夹砂质板岩，弱风化，岩体节理较发育、较破碎，震探纵波波速约为3.5~3.6 km/s；基岩裂隙水，稍发育
DK307+670~ DK308+320	Ⅲ、Ⅳ、Ⅴ	寒武系牛角河组，主要岩性为变质砂岩夹砂质板岩等，岩体弱风化、节理不发育-较发育、完整-较破碎，震探纵波波速约为3.4~4.6 km/s；基岩裂隙水，稍发育

续表

里　程	围岩等级	地质状况
DK308+320~ DK308+670	Ⅳ、Ⅴ	洞身围岩为寒武系牛角河组，该段有变质砂岩、夹砂质板岩等，岩体弱风化、节理不发育，较完整，震探纵波波速约为 3.1~4.0 km/s；地下水为基岩裂隙水，不发育
DK308+670~ DK309+140	Ⅲ、Ⅳ	下伏寒武系变质砂岩夹砂质板岩等，岩体节理不发育-较发育、完整-较破碎；基岩裂隙水，稍发育
DK309+140~ DK309+560	Ⅳ、Ⅴ	隧道沟谷浅埋段，表层 Qel+dl 粉质黏土，黄色；下伏基岩为寒武系下统牛角河组，变质砂岩板岩，岩性全-弱风化；基岩其下岩体为弱风化，节理裂隙较发育，较破碎；基岩裂隙水，中等富水区
DK309+560~ DK310+000	Ⅲ、Ⅳ	下伏寒武系变质砂岩夹砂质板岩等，岩体弱风化，节理裂隙不发育，较完整-较破碎；基岩裂隙潜水，较不发育
DK310+000~ DK310+455.5	Ⅲ、Ⅳ、Ⅴ	隧道出口、浅埋段，DK310+020~070 段为 F18 断层破碎带及影响带，岩性破碎，裂隙水发育。局部表层有 Qel+dl 粉质黏土，黄褐色，硬塑，厚2~3 m；隧道出口段表层覆盖 Qel+dl 粉质黏土，厚 1~2 m，下伏强-弱风化基岩，强风化厚2~4 m，其下为弱风化，震探波速为 3.6~5.2 km/s；第四系孔隙潜水及基岩裂隙水，中等-强富水区，易坍塌冒顶

4.2.2　万安隧道开挖施工方法

万安隧道施工中严格按照设计要求，遵循新奥法施工原理。新奥法在围岩本身所具有的承载效能的基础上，采用光面爆破技术，进行全断面开挖施工。通过复合式内外两层衬砌来修建隧道的洞身，在开挖之后立即进行喷混凝土、锚杆、钢筋网、钢支撑等，为外层支护结构进行初期支护工作。

万安隧道不同的围岩等级，开挖施工方法不同。万安隧道围岩等级为Ⅲ~Ⅴ级，其中Ⅲ级围岩开挖方法：台阶法；Ⅳ级围岩开挖方法：三台阶法、三台阶临时仰拱法；Ⅴ级围岩开挖方法：六步 CD 法、三台阶临时仰拱法（设临时钢架）。采用临时钢架及喷锚进行初期支护。

4.2.3 台阶法施工

万安隧道台阶法施工程序：据万安隧道地质状况，确定台阶法一次开挖深度 L。如图 4.5、图 4.6 所示，开挖施工顺序为开挖①，立刻进行Ⅱ拱部初期支护；开挖③，施作Ⅳ部初期支护；施作Ⅴ及Ⅵ步仰拱及填充；立刻施工Ⅶ部，并进行防排水系统及二次衬砌施工。

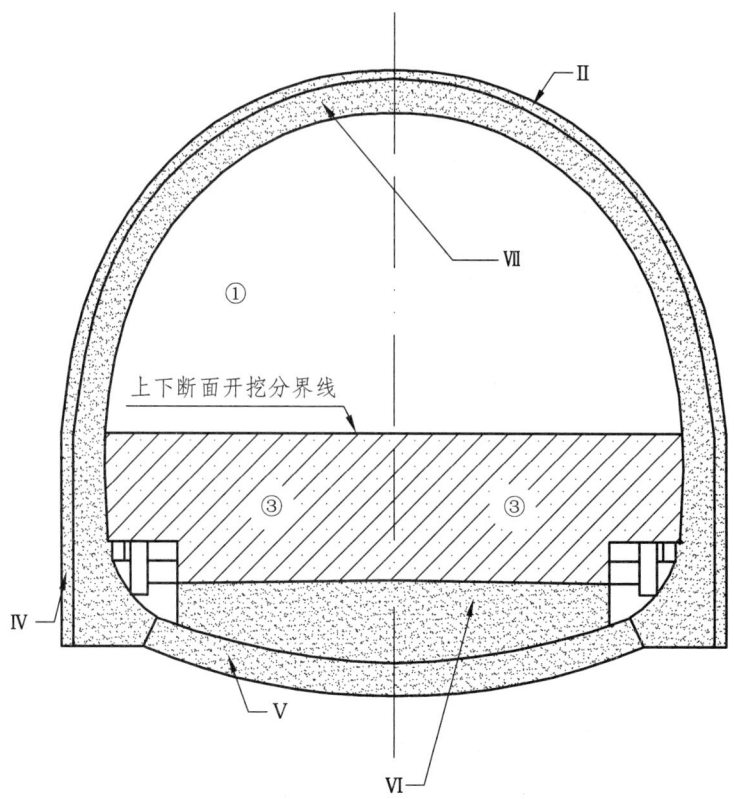

图 4.5 台阶法施工横向示意图

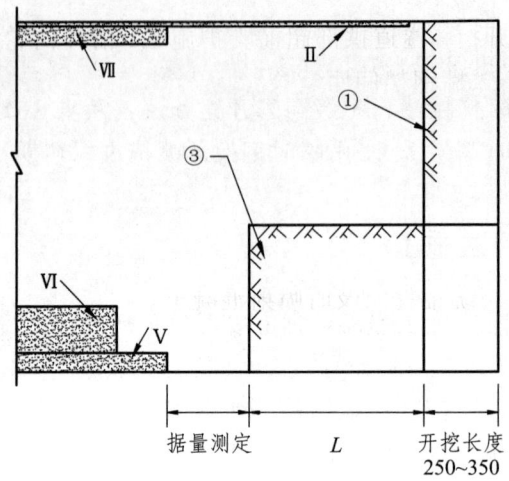

图 4.6 台阶法施工纵向示意图

4.2.4 三台阶法施工

遇软弱破碎围岩时,需提前施作超前支护。如图 4.7 所示为施工断面,开挖顺序为:先开挖①部台阶,开挖深度 L,立刻喷 5 cm 混凝土,进行初期支护,焊牢锁脚钢管与钢架,喷射混凝土到设计厚度;再开挖②部两侧,不同的围岩情况施工方法也不同,可采用留核心土的方式,开挖后架钢架,将其与对应的部位连接牢靠,底脚处设锁脚钢管,喷混凝土到设计厚度;最后开挖③部分,左右侧分开开挖,及时对仰拱进行初期支护,按设计回填仰拱处混凝土。

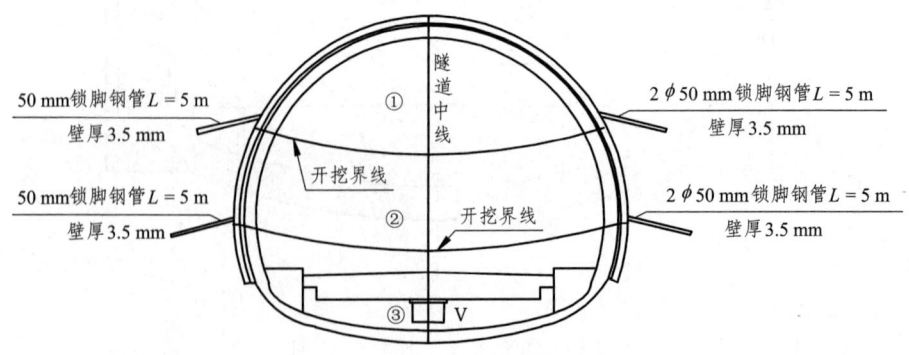

图 4.7 三台阶法施工横向断面

（1）上台阶开挖：隧道拱部超前支护施工，沿环向轮廓线开挖①部。开挖进尺不大于 2 榀钢架间距，施工后立刻喷 3~5 cm 厚混凝土进行封闭，架设格栅、型钢钢架。按要求固定锁脚锚杆和系统锚杆，及时喷射混凝土。

（2）中台阶开挖：中台阶②部开挖深度每次不超过 2 榀钢架间距，立刻喷射 3~5 cm 混凝土进行封闭，并架设格栅、型钢钢架。同样按要求固定锁脚锚杆和系统锚杆，及时喷射混凝土。

（3）下台阶开挖：下台阶③部开挖深度不超过 2 榀钢架间距，立刻喷射 3~5 cm 混凝土进行封闭，并架设格栅、型钢钢架。同样按要求固定锁脚锚杆和系统锚杆，及时喷射混凝土。

（4）隧道仰拱开挖：不同围岩状况，仰拱开挖方式也不同。当围岩状况好时，下台阶和仰拱一起施工；当围岩状况差时，仰拱每循环 3 m 深进行单独开挖施工。

采取人工加机械的开挖方法，及时喷混凝土支护、架设钢架、仰拱衬砌及填充。

4.2.5 三台阶临时仰拱法施工

三台阶临时仰拱法隧道施工断面如图 4.8、图 4.9 所示。

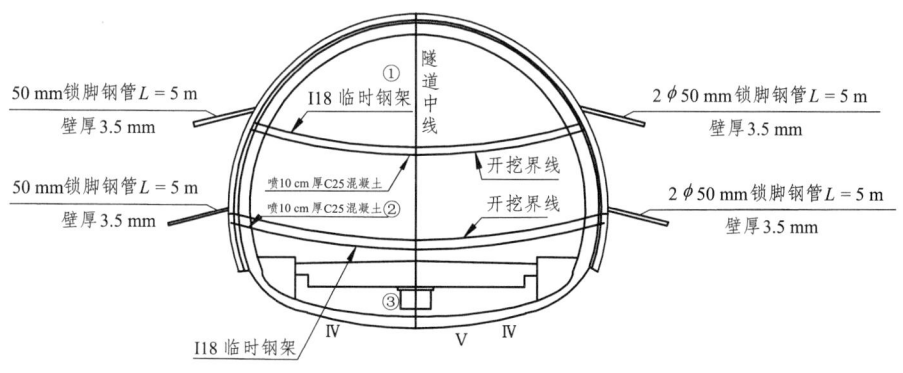

图 4.8 三台阶临时仰拱法施工横向断面

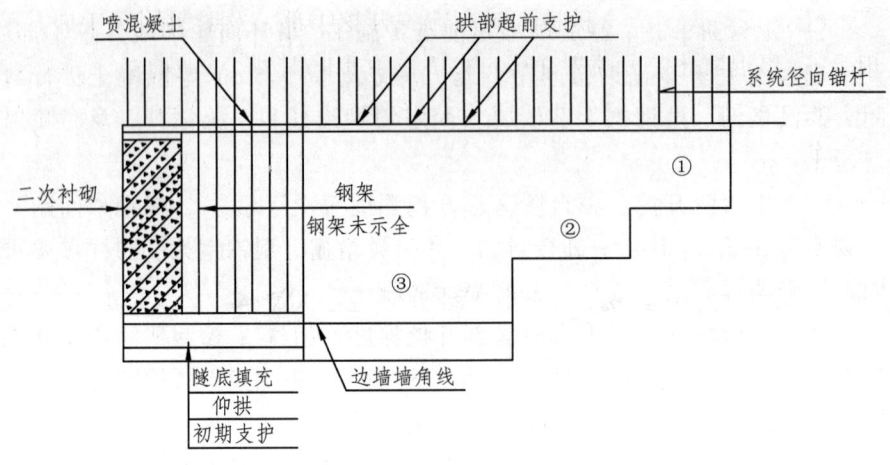

图 4.9 三台阶临时仰拱法施工纵向断面

(1)可借助上一次循环架设的钢架,施作隧道超前支护。

(2)首先开挖上台阶①部,及时进行①部分的初期支护,初喷 4 cm 厚混凝土,架设钢架和锁脚锚杆;系统锚杆设置后再次喷混凝土到设计厚度,架设 I18 临时钢架,临时在底部喷射 10 cm 混凝土仰拱,后在掌子面喷 10 cm 混凝土封闭。

(3)①部开挖到适当距离,进行②部台阶开挖,架设长钢架,及时进行初期支护,并按照(2)的方式,施工临时仰拱。

(4)开挖下台阶③部,及时衬砌支护。按照(2)的方式,施工仰拱,填充隧底。

(5)台阶开挖完毕,采用衬砌模板台车一次性浇筑,二衬衬砌,一次性进行拱墙衬砌。

4.2.6 六步 CD 法开挖施工

双线隧道 V 级软弱围岩浅挖地层、全风化偏压岩层一般采用六步 CD 法开挖,施工方法是先开挖隧道的一边,施工中间的隔壁,然后开挖隧道的另一边的施工方法。六步 CD 法隧道施工断面如图 4.10、4.11 所示。

(1)中空注浆锚杆超前支护施工,利用开挖上一循环的钢架,加设 Φ25 中空注浆锚杆。

（2）采用人工配合机械的施工方式开挖①部，及时封闭掌子面，喷射 8 cm 厚混凝土，并喷射 10 cm C25 混凝土临时仰拱。同时，初喷 4 cm 厚混凝土做①部导坑周边的初期支护和临时支护，架设型钢、I18 临时钢架和锁脚钢管，后复喷混凝土至设计厚度。

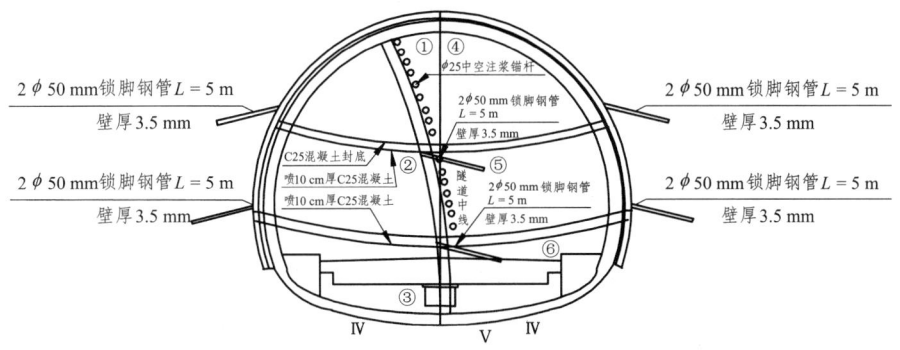

图 4.10　六步 CD 法施工横向断面

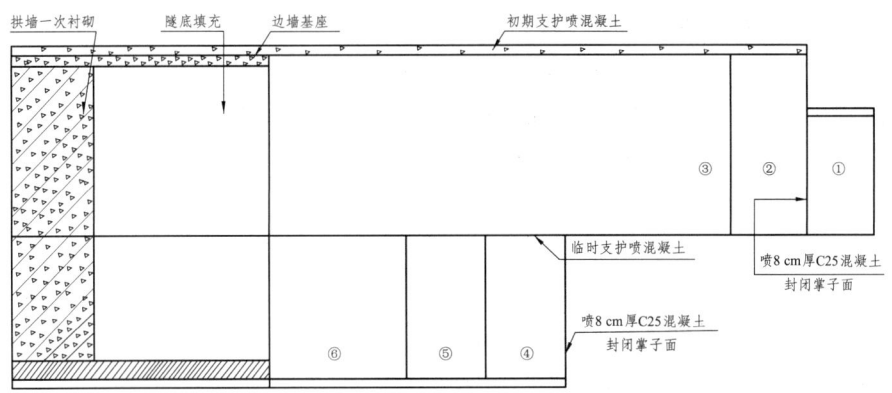

图 4.11　六步 CD 法施工纵向断面

（3）①部台阶开挖 3～4 m 后，采用人工配合机械的施工方式开挖②部，按照（2）的方式，喷射 8 cm 厚混凝土，并喷射 10 cm C25 混凝土临时仰拱。同时，初喷 4 cm 厚混凝土做①部导坑周边的初期支护和临时支护，架设型钢、I18 临时钢架和锁脚钢管，后复喷混凝土至设计厚度。

（4）②部台阶开挖 2～3 m 后，采用人工配合机械的施工方式开挖③部，并施作导坑③周边的初期支护，步骤及工序同（2）的方式。

（5）③部台阶开挖 10～15 m 后，采用人工配合机械的施工方式开挖

④部，并施作导坑④周边的初期支护，步骤及工序同（2）的方式。

（6）④部台阶开挖 3 m 后，采用人工配合机械的施工方式开挖⑤部。同样的施工循环开挖⑥部，接长 I18 临时钢架，及时初期支护。

（7）台阶开挖后，适时拆除二衬仰拱 3 m 范围内的 I18 临时钢架，浇筑Ⅵ部边墙基础与仰拱混凝土。然后填充混凝土仰拱Ⅶ部到设计高度，接长钢架后，一次浇筑Ⅷ部衬砌。

4.2.7　隧道开挖支护数值模拟分析

万安隧道为双线隧道，根据万安隧道地质状况，该隧道Ⅲ级围岩占 70%，主要采用台阶施工方法。本章利用数值模拟软件 ANSYS 对隧道台阶法开挖施工进行数值模拟来验算其初期支护参数是否合理，是否满足设计要求。具体数值模拟步骤为前处理、选取建模参数、加载、求解和后处理分析。

1. ANSYS 软件介绍

ANSYS 软件是美国 ANSYS 公司研制的大型通用有限元分析（FEA）软件，是世界范围内增长最快的计算机辅助工程（CAE）软件，能与多数计算机辅助设计（Computer Aided Design，CAD）软件接口，实现数据的共享和交换，如 Creo、NASTRAN、Algor、I-DEAS、AUTOCAD 等。ANSYS 是融结构、流体、电场、磁场、声场分析于一体的大型通用有限元分析软件，在核工业、铁道、石油化工、航空航天、机械制造、能源、汽车交通、国防军工、电子、土木工程、造船、生物医学、轻工、地矿、水利、日用家电等领域有着广泛的应用。ANSYS 功能强大，操作简单方便，现在已成为国际最流行的有限元分析软件，在历年的 FEA 评比中都名列第一。目前，中国 100 多所理工院校采用 ANSYS 软件进行有限元分析或者作为标准教学软件。

CAE 的技术种类有很多，其中包括有限元法（Finite Element Method，FEM）、边界元法（Boundary Element Method，BEM）、有限差分法（Finite Difference Element Method，FDM）等。每一种方法各有其应用的领域，其中有限元法应用的领域越来越广，现已应用于结构力学、流体力学、电路学、电磁学、热力学、声学、化学化工反应等。

ANSYS 有限元软件包是一个多用途的有限元法计算机设计程序，可以用来求解结构、流体、电力、电磁场及碰撞等问题。因此，它可应用于航空航天、汽车工业、生物医学、桥梁、建筑、电子产品、重型机械、微机电系统、运动器械等工业领域。

该软件主要包括前处理模块、分析计算模块和后处理模块三个部分。前处理模块提供了一个强大的实体建模及网格划分工具，使用者可以方便地构造有限元模型；分析计算模块包括结构分析（可进行线性分析、非线性分析和高度非线性分析）、流体动力学分析、电磁场分析、声场分析、压电分析以及多物理场的耦合分析，可模拟多种物理介质的相互作用，具有灵敏度分析及优化分析能力；后处理模块可将计算结果以彩色等值线显示、梯度显示、矢量显示、粒子流迹显示、立体切片显示、透明及半透明显示（可看到结构内部）等图形方式显示出来，也可将计算结果以图表、曲线等形式显示或输出。

软件提供了 100 种以上的单元类型，用来模拟工程中的各种结构和材料。该软件有多种不同版本，可以运行在从个人机到大型机的多种计算机设备上，如 PC、SGI、HP、SUN、DEC、IBM、CRAY 等。

2. 前处理

运用 ANSYS 进行隧道开挖模拟的前处理过程主要包括启动 ANSYS 程序，材料、实常数和单元类型定义，建立几何模型，单元网格划分。

（1）启动 ANSYS 程序。

① 以交换方式从开始菜单启动 ANSYS 程序。路径：开始—主程序—ANSYS—Configure ANSYS Products。

② 设置工作路径和文件名。单击 File Management 选项卡，在目录中输入 D：/AnsysFX/CH5Examp，在项目名中输入 Z5TLSDIC。

③ 定义分析类型。路径：Main Menu—Preferences。在系统弹出的对话框中，选中 structural（结构）复选项，然后单击 OK 按钮。此项设置表明本次进行的有限元分析为结构类，可以过滤许多菜单，如关于热分析和磁场分析的菜单等。同时，程序的求解方法采用 h—Method。

（2）材料、实常数和单元类型定义。

本次计算中采用了三种单元：用于模拟围岩的实体单元（Plane42）；

用于模拟锚杆的杆单元（Link1）；用于模拟喷射混凝土和钢拱架的梁单元（Beam3）。由于钢拱架在隧道开挖后对围岩起到了很好的支护作用，因此本次计算在取 Beam3 单元的几何常数时，计入了钢拱架在弯曲刚度方面的贡献。

（3）建立几何模型。

隧道开挖有限元模拟的基本思想：岩土体在开挖以前处于一定的初始应力状态，开挖时破坏了岩土体内原有的应力平衡，开挖边界上的应力开始释放，围岩内的各质点在地应力的作用下，力图沿最短距离向消除了阻力的自由表面方向移动，引起岩土体的变形和应力的重新分布，直至达到新的平衡，形成所谓的"二次应力场"。隧道开挖导致围岩应力场及位移场的变化，一般都是通过卸荷过程来实现的。在对卸荷过程进行模拟时，通常采用在已知边界初始应力作用下，沿预定开挖线进行的"开挖卸载模拟方法"。

ANSYS 程序提供了自顶向下与自底向上两种实体建模方法。自顶向下进行实体建模时，定义一个模型的最高级图元，如球、棱柱，称为基元，程序则自动定义相关的面、线及关键点。利用这些高级图元直接构造几何模型，如二维的圆和矩形以及三维的块、球、锥和柱。无论使用自顶向下还是自底向上的方法建模，都使用布尔运算来组合数据集，从而"雕塑出"一个实体模型。ANSYS 程序提供了完整的布尔运算，诸如相加、相减、相交、分割、粘结和重叠。在创建复杂实体模型时，对线、面、体、基元的布尔操作能减少相当可观的建模工作量。ANSYS 程序还提供了拖拉、延伸、旋转、移动、延伸和拷贝实体模型图元的功能。附加的功能还包括圆弧构造、切线构造、通过拖拉与旋转生成面和体、线与面的自动相交运算、自动倒角生成以及用于网格划分的硬点的建立、移动、拷贝和删除。自底向上进行实体建模时，从最低级的图元向上构造模型，即使用者首先定义关键点，然后依次是相关的线、面、体。该隧道几何模型建立采用自底向上进行模型建立。本次计算的区域为横向 100 m，竖向 60 m，即左右两侧计算边界约为 4 倍隧道总跨度，下部边界为 3 倍隧道总高度。其中，隧道点、线、面的模型建立如图 4.12~4.14 所示。

图 4.12 关键点绘制

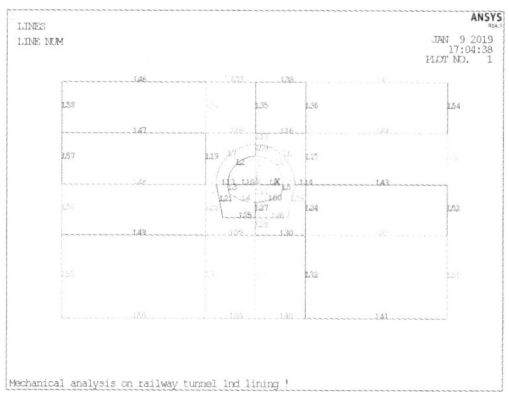

图 4.13 创建的线

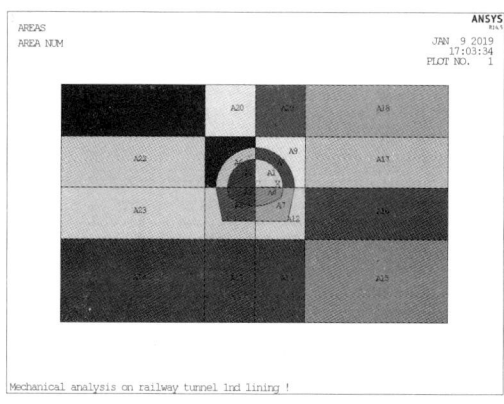

图 4.14 创建的面

（4）单元网络划分。

ANSYS 程序提供了使用便捷、高质量地对模型进行网格划分的功能，延伸划分、映像划分、自由划分和自适应划分四种网格划分方法。延伸网格划分可将一个二维网格延伸成一个三维网格。映像网格划分允许使用者将几何模型分解成简单的几部分，然后选择合适的单元属性和网格控制，生成映像网格。ANSYS 程序的自由网格划分器功能是十分强大的，可对复杂模型直接划分，避免了使用者对各个部分分别划分然后进行组装时各部分网格不匹配带来的麻烦。自适应网格划分是在生成了具有边界条件的实体模型以后，使用者指示程序自动地生成有限元网格，分析、估计网格的离散误差，然后重新定义网格大小，再次分析计算、估计网格的离散误差，直至误差低于使用者定义的值或达到使用者定义的求解次数。本隧道模型采用映像网格划分法，其中 60 条线进行被划分单元数设置，线的编号和被划分的单元数如表 4.6 所示，隧道网格模型如图 4.15 所示。

表 4.6　网格划分

线编号	划分单元数	线编号	划分单元数	线编号	划分单元数	线编号	划分单元数
1	8	16	4	31	5	46	8
2	8	17	3	32	5	47	8
3	2	18	4	33	5	48	8
4	6	19	4	34	4	49	8
5	2	20	3	35	4	50	8
6	8	21	4	36	4	51	5
7	8	22	4	37	4	52	4
8	8	23	4	38	4	53	4
9	8	24	4	39	4	54	4
10	8	25	4	40	4	55	5
11	8	26	4	41	8	56	4
12	3	27	3	42	8	57	4
13	3	28	3	43	8	58	4
14	3	29	3	44	8	59	3
15	4	30	3	45	8	60	6

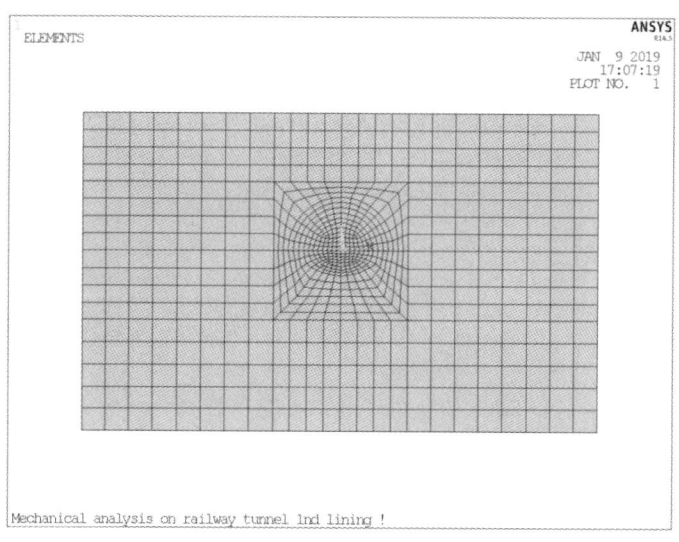

图 4.15 单元网格模型

3. 计算参数确定

围岩体、衬砌混凝土与锚杆的物理力学参数根据勘测资料结合相关规范进行选取,选取情况如表 4.7 所示。

表 4.7 物理参数选择

类 别	弹性模量 E/GPa	泊松比 ν	密度 ρ/(kg/m³)
围岩	3.2	0.32	2 200
混凝土	27.5	0.2	2 500
锚杆	200	0.3	7 800

4. 加载与自重应力场求解

(1) 施加位移约束。

对两侧边界各节点施加 U_x 方向约束,对底侧边界各节点施加 U_y 方向约束,而顶面为自由边界,施加重力加速度 10 m/s²。边界条件有限无模型如图 4.16 所示。

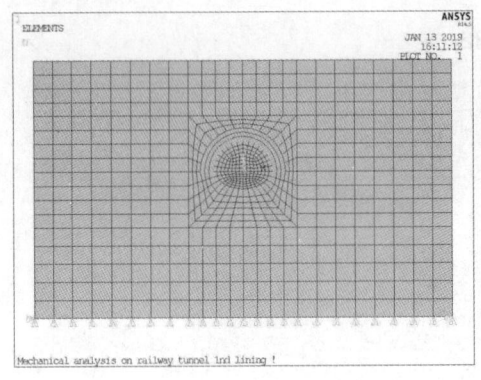

图 4.16　边界条件有限元模型

（2）自重应力场求解。

采用全牛顿-拉普森法求解，重力作用下围岩竖向位移和纵向应力分别如图 4.17、图 4.18 所示。

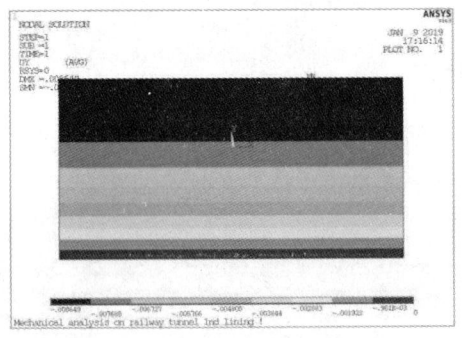

图 4.17　重力作用下围岩竖向位移

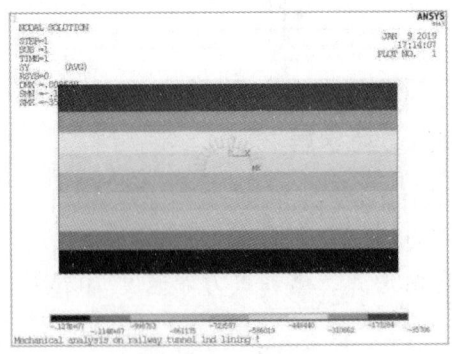

图 4.18　重力作用下围岩纵向应力

5. 上台阶开挖

上台阶开挖实现是赋予上部土体为"死属性",其他单元如混凝土衬砌梁单元、锚杆杆单元为"生属性"。

(1)节点力计算。

进入后处理器,选择所有内容,选择开挖土体周围一圈单元,运用NFORCE命令对选择的节点进行求解。

(2)节点力施加。

位移边界条件限定,加上节点力作用后,模型分析如图4.19所示。

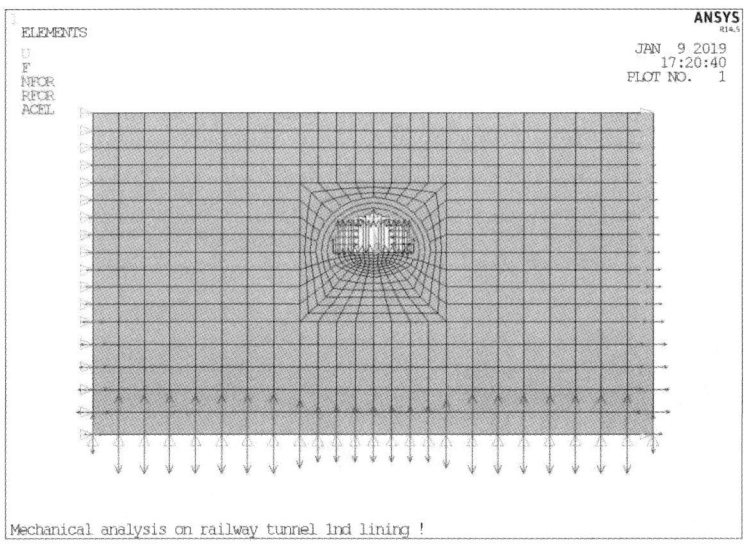

图4.19 上台阶开挖施加了节点力的有限元模型

① 上台阶开挖求解。

选择所有内容,运用Solve命令求解计算。

② 上台阶开挖模拟分析后处理。

通过分析处理得出结果包括:上台阶开挖水平应力云图(见图4.20)、上台阶开挖竖向应力云图(见图4.21)、上台阶开挖第一主应力云图(见图4.22)、上台阶开挖第三主应力云图(见图4.23)、上台阶开挖等效应力云图(见图4.24)、上台阶开挖剪切应力云图(见图4.25)、上台阶开挖水平位移云图(见图4.26)、上台阶开挖竖向位移云图(见图4.27)、上台阶开挖主应变云图(见图 4.28)和上台阶开挖剪切应变云图(见图 4.29)。

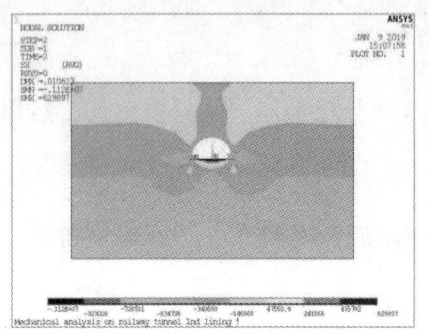

图 4.20　上台阶开挖水平应力云图　　图 4.21　上台阶开挖竖向应力云图

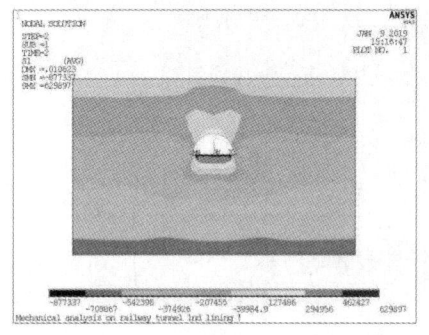

图 4.22　上台阶开挖第一主应力云图　　图 4.23　上台阶开挖第三主应力云图

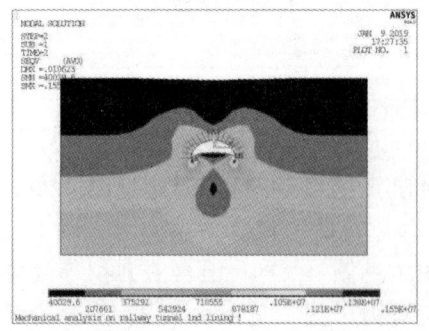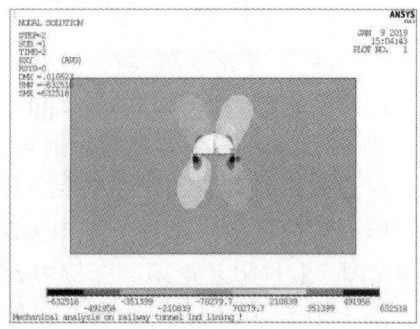

图 4.24　上台阶开挖等效应力云图　　图 4.25　上台阶开挖剪切应力云图

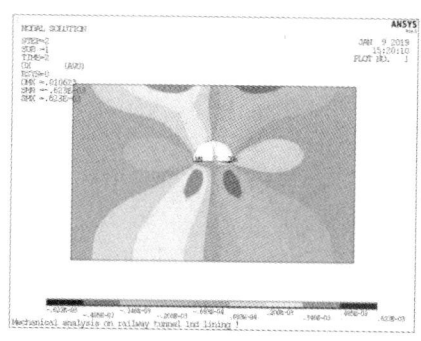
图 4.26 上台阶开挖水平位移云图

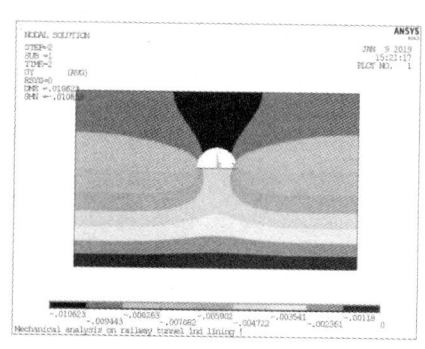
图 4.27 上台阶开挖竖向位移云图

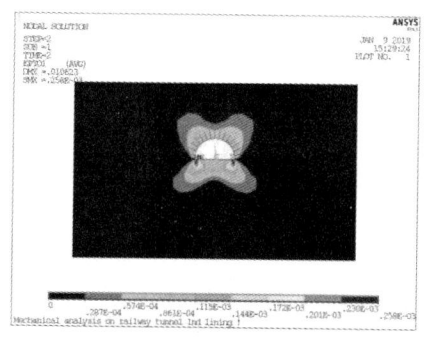
图 4.28 上台阶开挖主应变云图

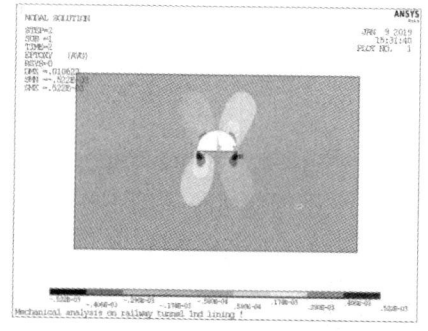
图 4.29 上台阶开挖剪切应变云图

6. 下台阶开挖

选择上台阶面与下台阶面赋予"死属性",激活喷射混凝土衬砌梁单元和锚杆杆单元赋予"生属性",在开挖下台阶土体时同样要进行上台阶开挖土体的杀死,梁单元和杆单元的激活操作,这是重复进行的,但是重新启动后必须进行该操作。

(1)施加节点荷载。

① 节点力计算。

进入后处理器,选择所有内容,人工手动选择开挖土体周围一圈单元,运用 NFORCE 命令对选择的节点进行求解。

② 节点力施加。

加上节点力和位移边界条件后的模型如图 4.30 所示。

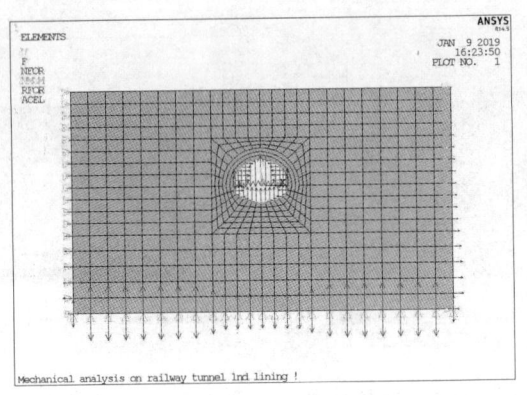

图 4.30　下台阶开挖施加了节点力的有限元模型

（2）下台阶开挖求解。

选择所有内容，运用 Solve 命令求解计算。

（3）下台阶开挖模拟分析后处理。

通过分析处理。得出结果包括：下台阶开挖竖向应力云图（见图 4.31）、下台阶开挖水平应力云图（见图 4.32）、下台阶开挖等效应力云图（见图 4.33）、下台阶开挖第一主应力云图（见图 4.34）、下台阶开挖第三主应力云图（见图 4.35）、下台阶开挖剪切应力云图（见图 4.36）、下台阶开挖水平位移云图（见图 4.37）、下台阶开挖竖向位移云图（见图 4.38）、下台阶开挖主应变云图（见图 4.39）、下台阶开挖剪切应变云图（见图 4.40）、喷射混凝土弯矩图（见图 4.41）、喷射混凝土剪力图（见图 4.42）、喷射混凝土轴力图（见图 4.43）、锚杆轴力图（见图 4.44）、洞周变形图（见图 4.45）。

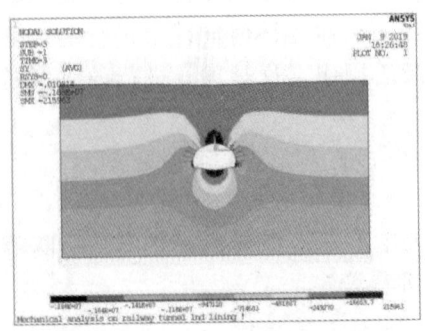

图 4.31　下台阶开挖竖向应力云图

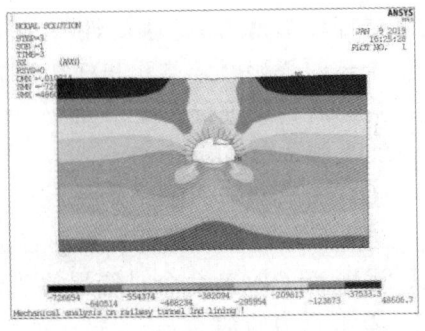

图 4.32　下台阶开挖水平应力云图

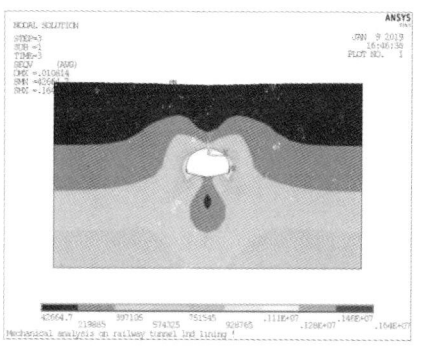

图 4.33 下台阶开挖等效应力云图

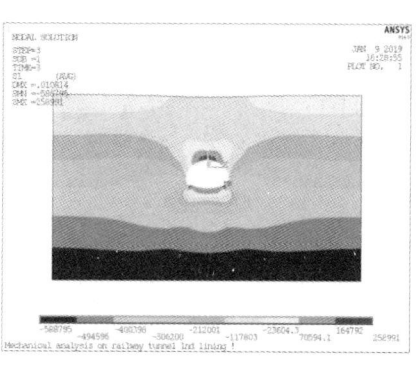

图 4.34 下台阶开挖第一主应力云图

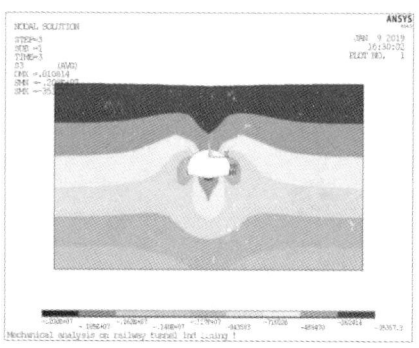

图 4.35 下台阶开挖第三主应力云图

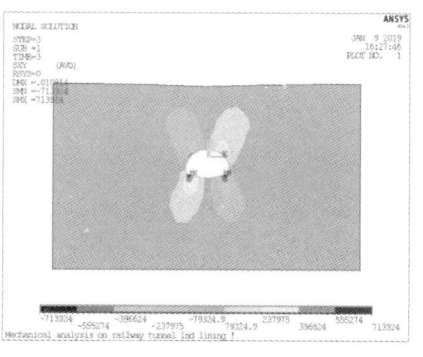

图 4.36 下台阶开挖剪切应力云图

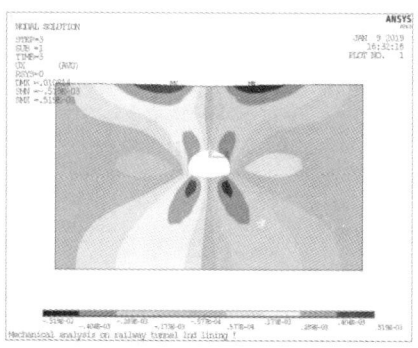

图 4.37 下台阶开挖水平位移云图

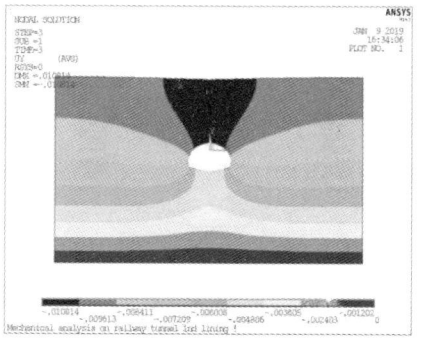

图 4.38 下台阶开挖竖向位移云图

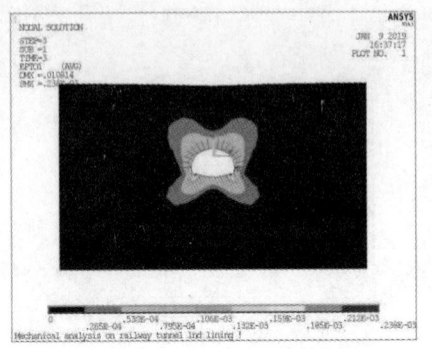 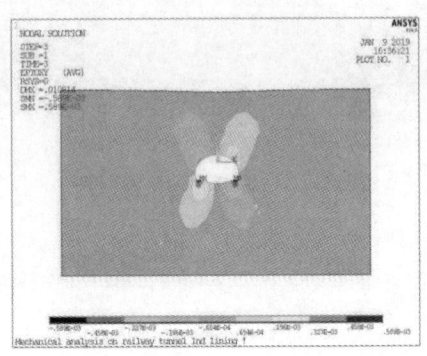

图 4.39 下台阶开挖主应变云图　　　图 4.40 下台阶开挖剪切应变云图

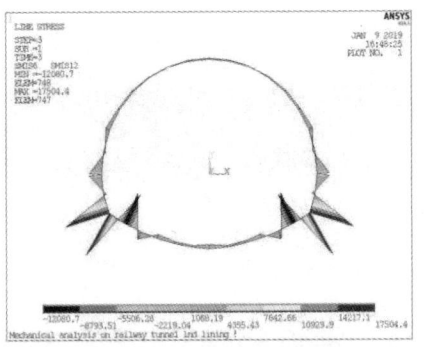 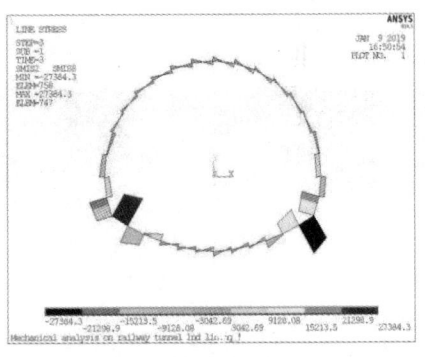

图 4.41 喷射混凝土弯矩图　　　　　图 4.42 喷射混凝土剪力图

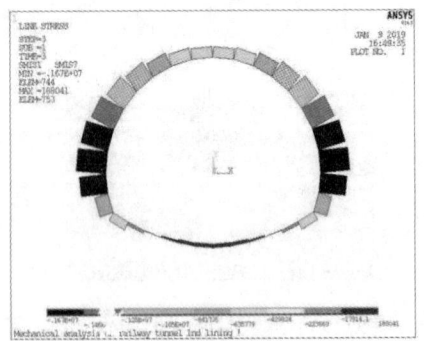 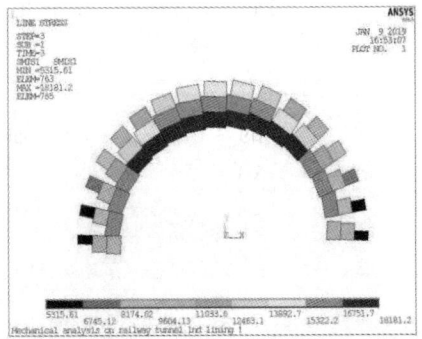

图 4.43 喷射混凝土轴力图　　　　　图 4.44 锚杆轴力图

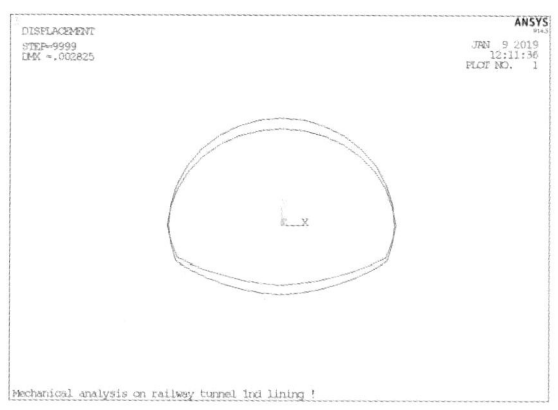

图 4.45　洞周变形图

7. 初期支护参数评价

（1）喷射混凝土。

弯矩和剪力的最大值都发生在拱铰处；轴力呈椭圆分布，最大值发生在边墙上；弯矩和轴力图是对称的，而剪力图是反对称的，这是由于计算模型、荷载、施工方法都是对称的。尤其是弯矩和剪力，其量值在拱架处比在其他位置要大得多，存在一定的应力集中。

计算结果：最大弯矩为 27.384 kN、最大轴力为 1 670 kN、最大剪力为 27.384 kN，则喷射混凝土的最大剪应力为 0.136 MPa，混凝土不受拉，其最大压应力为 5 MPa。从喷射混凝土的应力情况看，其厚度是满足要求的，同时两心圆的受力也是满足要求的。

（2）锚杆。

由锚杆轴力图可以看出，锚杆近端轴力大、远端轴力小，而且拱顶的轴力比两侧的要大，且锚杆的轴力相对于隧道结构来说是对称的。最大轴力为 18.18 kN，对应的拉应力为 36.16 MPa，而钢材的抗拉强度设计值为 130 MPa，满足要求。

（3）围岩稳定性。

①围岩位移：施工中呈左右对称分布，且拱顶位移呈漏斗状分布，包含初始位移下最大地层沉降为 10.8 mm。

②围岩应力：从围岩应力图可看出，自重条件下呈水平分布，施工中呈左右对称分布，且拱顶位移呈漏斗状分布，在两侧趋于平行，说明

计算边界是满足的。最大 Y 方向压应力为 -1.88 MPa，围岩最大拉应力为 0.216 MPa，压应力为 -2.0 MPa。

③洞周收敛位移：由洞周变形图可知洞周收敛位移比较小，最大拱顶下沉仅为 2.8 mm，说明该围岩施工中，采用本次设计的初期支护措施后是稳定的。

4.3 长大隧道施工进度管理技术

4.3.1 长大铁路隧道施工工区工作面划分

万安隧道线路走向为东南方向（约 114°），设计为单洞双线，里程范围为 DK296+527.72 ~ DK310+455.5，全长 13 927.78 m。

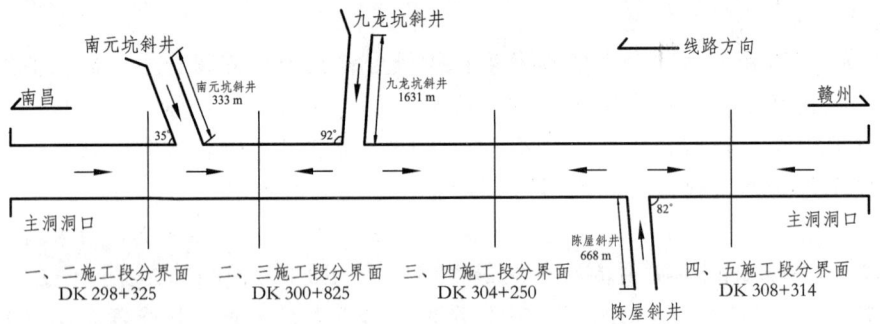

图 4.46 万安隧道施工工区

根据施工现场情况，为便于隧道流水施工，计划将该长大隧道分为 5 个工区、7 个工作面（见图 4.46）。5 个工区分别为进口工区、南元坑工区、九龙坑工区、陈屋工区和隧道出口工区，5 个工区同时进行施工。7 个工作面分别进口 1 个工作面，南元坑斜井 1 个工作面，九龙坑斜井 2 个工作面，陈屋斜井 2 个施工工作面，出口 1 个工作面。

4.3.2 长大铁路隧道洞身开挖进度计划管理

1. 万安隧道工期目标

施工工期可由定性法或定量法决定。本项目采取定性法制定工期目标，隧道施工计划工期为 39 个月，计划开工日期为 2015 年 9 月 16 日，计划竣工日期为 2018 年 12 月 15 日。

2. 万安隧道施工进度指标

（1）Ⅲ级围岩进度指标。

Ⅲ级围岩以台阶法为主，开挖循环分析如下：

① 上台阶开挖一个循环时间计算。

测量放样：$t_1 = 20 (\text{min})$

每循环风钻钻眼：总钻眼 490.8 m，风钻钻眼速度 6 m/(h·台)，现场 15 台钻，则

$$t_2 = \frac{490.8}{6 \times 15} = 5.45 \approx 6 \text{ (h)}$$

装药滞后：$t_3 = 40 (\text{min})$

拖台架、爆破：$t_4 = 20 (\text{min})$

通风：$t_5 = 30 (\text{min})$

出渣：$t_6 = 100 (\text{min})$

台架就位及找顶：$t_7 = 50 (\text{min})$

Ⅲ级围岩上台阶开挖一个循环时间：

$$T_1 = \sum_{i=1}^{7} t_i = 20 + 6 \times 60 + 40 + 20 + 30 + 100 + 50$$
$$= 620 \text{ (min)} \approx 10.3 \text{ (h)}$$

② 下台阶时间计算。

测量放样：$t_7 = 20 (\text{min})$

每循环风钻钻眼：总钻眼 267 m，风钻钻眼速度 6 m/(h·台)，现场 15 台钻，则

$$t_9 = \frac{267}{6 \times 15} = 2.97 \approx 3.5 \text{ (h)}$$

装药滞后：$t_{10} = 40 (\text{min})$

拖台架、爆破：$t_{11} = 20 (\text{min})$

通风：$t_{12} = 30 (\text{min})$

出渣：$t_{13} = 75\,(\text{min})$

台架就位及找顶：$t_{14} = 50\,(\text{min})$

Ⅲ级围岩下台阶开挖一个循环时间：

$$T_2 = \sum_{i=7}^{14} t_i = 20 + 3.5 \times 60 + 40 + 20 + 30 + 75 + 50 = 7.4\,(\text{h})$$

Ⅲ级围岩台阶开挖一个循环时间：

$$T = T_1 + T_2 = 10.3 + 7.4 = 17.7\,(\text{h})$$

每天开挖的循环次数：$n = \dfrac{24\,(\text{h})}{17.7\,(\text{h})} = 1.4$

每个循环进尺 1.2 m，每日进尺 4.9 m，按平均每天 4 m，则Ⅲ级围岩台阶法爆破每月进尺为 $L = 4 \times 30 = 120\,(\text{m})$。

（2）Ⅳ级围岩进度指标。

① 上台阶开挖。

测量放样：$t_1 = 20\,(\text{min})$

超前小导管施工：$t_2 = 180\,(\text{min})$

开挖：$t_3 = 60\,(\text{min})$

立钢架喷混凝土：$t_4 = 180\,(\text{min})$

出渣：$t_5 = 45\,(\text{min})$

Ⅳ级围岩上台阶开挖一个循环时间：

$$T_1 = \sum_{i=1}^{5} t_i = 20 + 180 + 60 + 180 + 45 = 8.1\,(\text{h})$$

② 二步开挖。

测量放样：$t_6 = 20\,(\text{min})$

开挖：$t_7 = 60\,(\text{min})$

立钢架喷混凝土：$t_8 = 180\,(\text{min})$

出渣：$t_9 = 45\,(\text{min})$

Ⅳ级围岩二步开挖一个循环时间：

$$T_2 = \sum_{i=6}^{9} t_i = 20 + 180 + 60 + 45 = 305\,(\text{min}) \approx 5.1\,(\text{h})$$

③ 三步开挖。

测量放样：$t_{10} = 20 \, (\text{min})$

开挖：$t_{11} = 60 \, (\text{min})$

立钢架喷混凝土：$t_{12} = 180 \, (\text{min})$

出渣：$t_{13} = 40 \, (\text{min})$

Ⅳ级围岩三步开挖一个循环时间：

$$T_3 = \sum_{i=10}^{13} t_i = 20 + 180 + 60 + 40 = 300 \, (\text{min}) = 5 \, (\text{h})$$

Ⅳ级围岩台阶开挖一个循环时间：

$$T = T_1 + T_2 + T_3 = 8.1 + 5.1 + 5 = 18.2 \, (\text{h})$$

每天开挖的循环次数：$n = \dfrac{24 \, (\text{h})}{18.2 \, (\text{h})} = 1.32$

每个循环进尺 2 m，每日进尺 2.64 m，按平均每天 2.4 m，则Ⅳ级围岩台阶法爆破每月进尺为 $L = 2.4 \times 30 = 70 \, (\text{m})$。

根据以上施工计算结果，本隧道工程施工进度指标详如表 4.8 所示。

表 4.8　隧道工程施工进度指标　　　　单位：m/月

施工项目	围岩级别		
	Ⅲ	Ⅳ	Ⅴ
施工正洞	120	70	35
斜井井身	220	160	70

3. 万安隧道各工区施工进度计划

（1）隧道进口工区。

隧道进口工区 DK296+527.72~DK296+620.00 开挖进度按式（4.3）计算。

$$t = \frac{L}{N} \tag{4.3}$$

式中　L——隧道长度（m）；

　　　N——进度指标（m/d）。

将数据代入式（4.3）中，得

$$t = \frac{L}{N} = \frac{92.28}{35} \times 30 = 2.64 \times 30 = 79 \text{ (d)}$$

万安隧道进口工区正洞围岩等级、进度指标及工期对比编制如表4.9所示。

表4.9 隧道进口工区进度编制

起点里程	终点里程	长度/m	围岩类别	进度指标	天数/d
DK296+527.72	DK296+620.00	92.28	V	35	79
DK296+620.00	DK296+700.00	80.00	IV	70	34
DK296+700.00	DK297+070.00	370.00	V	35	317
DK297+070.00	DK297+150.00	80.00	IV	70	34
DK297+150.00	DK297+690.00	540.00	III	120	135
DK297+690.00	DK297+770.00	80.00	IV	70	34
DK297+770.00	DK298+000.00	230.00	III	120	58
DK298+000.00	DK298+030.00	30.00	IV	70	13
DK298+030.00	DK298+260.00	230.00	V	35	197
DK298+260.00	DK298+325.00	65.00	IV	70	28

（2）南元坑斜井工区。

按式（4.3）进行，隧道进口工区DK298+510.00~ DK298+535.00开挖进度计算，得

$$t = \frac{L}{N} = \frac{25}{120} \times 30 = 0.2 \times 30 = 6 \text{ (d)}$$

万安隧道南元坑斜井工区正洞围岩等级、进度指标及工期对比编制如表4.10所示。

表4.10 南元坑斜井工区进度编制

起点里程	终点里程	长度/m	围岩类别	进度指标	天数/d
DK298+510.00	DK298+535.00	25.00	III	120	6
DK298+535.00	DK298+585.00	50.00	V	35	43
DK298+585.00	DK298+770.00	185.00	III	120	46
DK298+770.00	DK298+795.00	25.00	IV	70	11

续表

起点里程	终点里程	长度/m	围岩类别	进度指标	天数/d
DK298+795.00	DK298+845.00	50.00	V	35	43
DK298+845.00	DK299+000.00	155.00	IV	70	66
DK299+000.00	DK299+180.00	180.00	III	120	45
DK299+180.00	DK299+230.00	50.00	IV	70	21
DK299+230.00	DK299+410.00	180.00	III	120	45
DK299+410.00	DK299+435.00	25.00	IV	70	11
DK299+435.00	DK299+485.00	50.00	V	35	43
DK299+485.00	DK299+510.00	25.00	IV	70	11
DK299+510.00	DK299+890.00	380.00	III	120	95
DK299+890.00	DK299+915.00	25.00	IV	70	11
DK299+915.00	DK299+965.00	50.00	V	35	43
DK299+965.00	DK299+990.00	25.00	IV	70	11
DK299+990.00	DK300+380.00	390.00	III	120	98
DK300+380.00	DK300+500.00	120.00	IV	70	51
DK300+500.00	DK300+680.00	180.00	III	120	45
DK300+680.00	DK300+732.50	52.50	IV	70	23
DK300+732.50	DK300+740.50	8.00	IV	70	3
DK300+740.50	DK300+750.00	9.50	IV	70	4
DK300+750.00	DK300+825.00	75.00	III	120	19
DK298+510.00	DK298+380.00	130.00	III	120	33
DK298+380.00	DK298+325.00	55.00	III	70	24

（3）九龙坑斜井工区。

按式（4.3）进行，隧道进口工区 DK300+825.00～DK300+945.00 开挖进度计算，得

$$t = \frac{L}{N} = \frac{120}{120} \times 30 = 1 \times 30 = 30 \text{ (d)}$$

万安隧道九龙坑斜井工区正洞围岩等级、进度指标及工期对比编制如表 4.11 所示。

表 4.11　九龙坑斜井工区进度编制

起点里程	终点里程	长度/m	围岩类别	进度指标	天数/d
DK300+825.00	DK300+945.00	120.00	Ⅲ	120	30
DK300+945.00	DK301+180.00	235.00	Ⅲ	120	59
DK301+180.00	DK301+210.00	30.00	Ⅳ	70	13
DK301+210.00	DK301+480.00	270.00	Ⅲ	120	68
DK301+480.00	DK301+510.00	30.00	Ⅳ	70	13
DK301+510.00	DK301+610.00	100.00	Ⅴ	35	86
DK301+610.00	DK301+640.00	30.00	Ⅳ	70	13
DK301+640.00	DK301+910.00	270.00	Ⅲ	120	68
DK301+910.00	DK301+950.00	40.00	Ⅳ	70	17
DK301+950.00	DK302+360.00	410.00	Ⅲ	120	103
DK302+360.00	DK302+390.00	30.00	Ⅳ	70	13
DK302+390.00	DK302+650.00	260.00	Ⅲ	120	65
DK302+650.00	DK302+680.00	30.00	Ⅲ	120	8
DK302+680.00	DK302+730.00	50.00	Ⅳ	70	21
DK302+730.00	DK303+270.00	540.00	Ⅲ	120	135
DK303+270.00	DK303+340.00	70.00	Ⅳ	70	30
DK303+340.00	DK303+815.00	475.00	Ⅲ	120	119
DK303+815.00	DK303+865.00	50.00	Ⅴ	35	43
DK303+865.00	DK304+215.00	350.00	Ⅲ	120	88
DK304+215.00	DK304+250.00	35.00	Ⅲ	120	9

（4）陈屋斜井工区。

按式（4.3）进行，隧道进口工区 DK304+250.00～DK304+340.00 开挖进度计算，得

$$t = \frac{L}{N} = \frac{90}{120} \times 30 = 0.75 \times 30 = 22.5 \text{ (d)}$$

万安隧道陈屋斜井工区正洞围岩等级、进度指标及工期对比编制如表 4.12 所示。

表 4.12　陈屋斜井工区进度编制

起点里程	终点里程	长度/m	围岩类别	进度指标	天数/d
DK304+250.00	DK304+340.00	90.00	Ⅲ	120	23
DK304+340.00	DK304+370.00	30.00	Ⅳ	70	13
DK304+370.00	DK304+460.00	90.00	Ⅲ	120	23
DK304+460.00	DK304+510.00	50.00	Ⅳ	70	21
DK304+510.00	DK304+935.00	425.00	Ⅲ	120	106
DK304+935.00	DK304+985.00	50.00	Ⅴ	35	43
DK304+985.00	DK305+350.00	365.00	Ⅲ	120	91
DK305+350.00	DK305+375.00	25.00	Ⅳ	70	11
DK305+375.00	DK305+415.00	40.00	Ⅴ	35	34
DK305+415.00	DK305+440.00	25.00	Ⅳ	70	11
DK305+440.00	DK305+970.00	530.00	Ⅲ	120	133
DK305+970.00	DK306+080.00	110.00	Ⅳ	70	47
DK306+080.00	DK306+190.00	110.00	Ⅲ	120	28
DK306+190.00	DK306+230.00	40.00	Ⅳ	70	17
DK306+230.00	DK306+426.00	196.00	Ⅲ	120	49
DK306+426.00	DK306+500.00	74.00	Ⅲ	120	19
DK306+500.00	DK306+600.00	100.00	Ⅳ	70	43
DK306+600.00	DK306+860.00	260.00	Ⅲ	120	65
DK306+860.00	DK306+940.00	80.00	Ⅳ	70	34
DK306+940.00	DK306+985.00	45.00	Ⅲ	120	11
DK306+985.00	DK307+035.00	50.00	Ⅴ	35	43
DK307+035.00	DK307+330.00	295.00	Ⅲ	120	74
DK307+330.00	DK307+460.00	130.00	Ⅳ	70	56
DK307+460.00	DK307+520.00	60.00	Ⅴ	35	51
DK307+520.00	DK307+670.00	150.00	Ⅳ	70	64
DK307+670.00	DK308+060.00	390.00	Ⅲ	120	98
DK308+060.00	DK308+090.00	30.00	Ⅳ	70	13
DK308+090.00	DK308+180.00	90.00	Ⅴ	35	77
DK308+180.00	DK308+245.00	65.00	Ⅳ	70	28
DK308+245.00	DK308+250.00	5.00	Ⅴ	35	4
DK308+250.00	DK308+295.00	45.00	Ⅴ	35	39
DK308+295.00	DK308+314.00	19.00	Ⅴ	70	8

（5）隧道出口工区。

按式（4.3）进行，隧道进口工区 DK308+314.00~DK308+320.00 开挖进度计算，得

$$t = \frac{L}{N} = \frac{6}{70} \times 30 = 0.086 \times 30 = 2.58 \text{ (d)}$$

万安隧道出口工区正洞围岩等级、进度指标及工期对比编制如表4.13 所示。

表 4.13 隧道出口工区进度编制

起点里程	终点里程	长度/m	围岩类别	进度指标	天数/d
DK308+314.00	DK308+320.00	6.00	Ⅴ	70	3
DK308+320.00	DK308+640.00	320.00	Ⅲ	120	80
DK308+640.00	DK308+680.00	40.00	Ⅳ	70	17
DK308+680.00	DK309+060.00	380.00	Ⅲ	120	95
DK309+060.00	DK309+140.00	80.00	Ⅳ	70	34
DK309+140.00	DK309+360.00	220.00	Ⅴ	35	189
DK309+360.00	DK309+495.00	135.00	Ⅳ	70	58
DK309+495.00	DK309+535.00	40.00	Ⅴ	35	34
DK309+535.00	DK309+560.00	25.00	Ⅳ	70	11
DK309+560.00	DK310+000.00	440.00	Ⅲ	120	110
DK310+000.00	DK310+035.00	35.00	Ⅳ	70	15
DK310+035.00	DK310+150.00	115.00	Ⅴ	35	99
DK310+150.00	DK310+200.00	50.00	Ⅳ	70	21
DK310+200.00	DK310+340.00	140.00	Ⅲ	120	35
DK310+340.00	DK310+400.00	60.00	Ⅳ	70	26
DK310+400.00	DK310+455.50	55.50	Ⅴ	35	48

隧道施工进度计划编制过程中，往往将铁路轨道铺设工序作为一项关键工作，不会单独编制其施工进度计划，本隧道施工计划流水横道图如图 4.47 所示，无砟轨道铺设作为一道关键工作，在 5 个工区洞身开挖完成后进行。

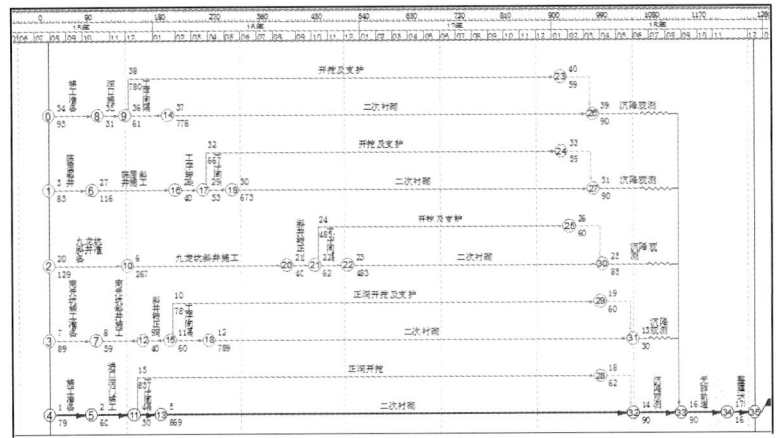

图 4.47　施工流水横道图

4.3.3　基于 BIM 的施工进度模拟

1. 模型导入

先读取 Revit 中已建立好的模型，并在 Navisworks2016 软件中创建选择集，便于将进度计划与模型相关联，该过程如图 4.48 和图 4.49 所示。

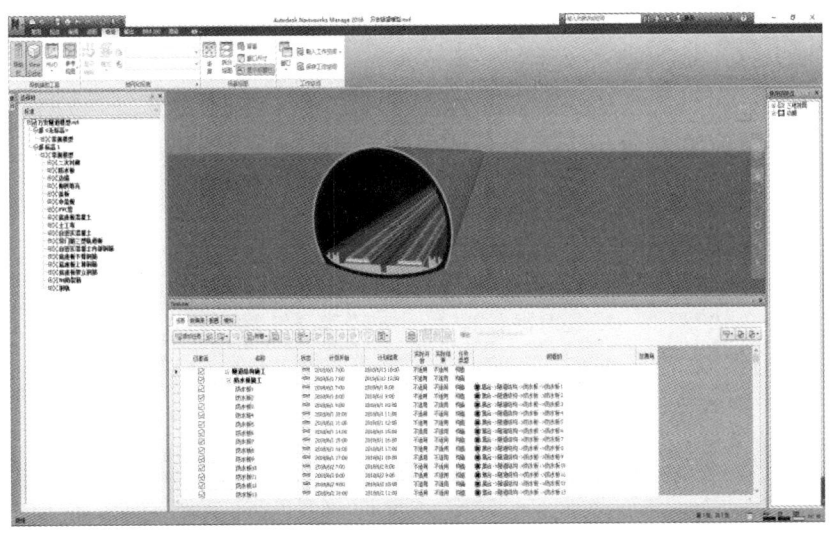

图 4.48　模型导入

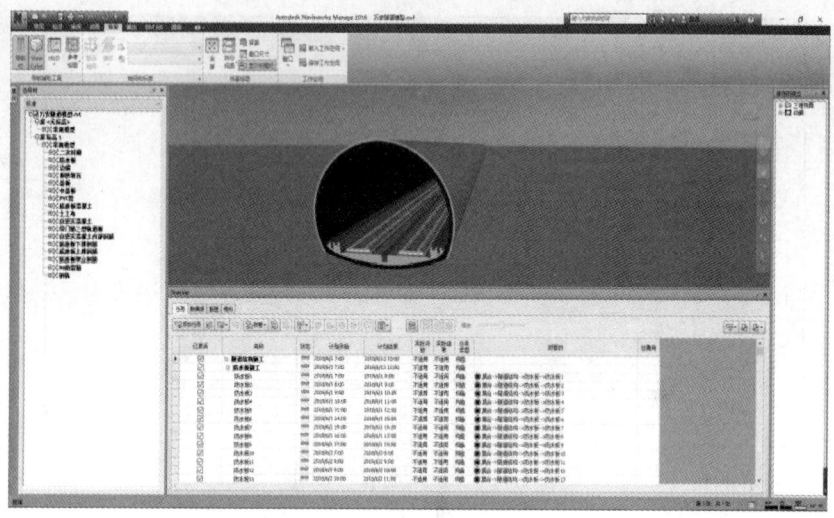

图 4.49 创建选择集

2. 进度计划关联

在软件中直接手动创建"隧道施工"任务，并为每一个任务附着相对应的选择集，应用 Navisworks 的 Timeliner 模块将进度计划与模型相关联，关联结果如图 4.50 所示。

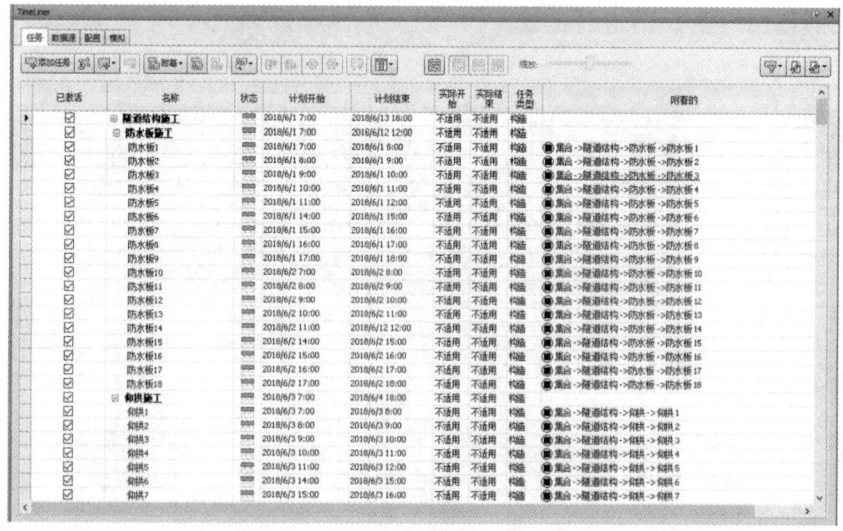

图 4.50 进度关联

3. 动画模拟输出

（1）调整好配置外观。单击"TimeLiner"窗口中的"配置"选项卡，定义模拟过程中模型的外观，如图 4.51 所示。

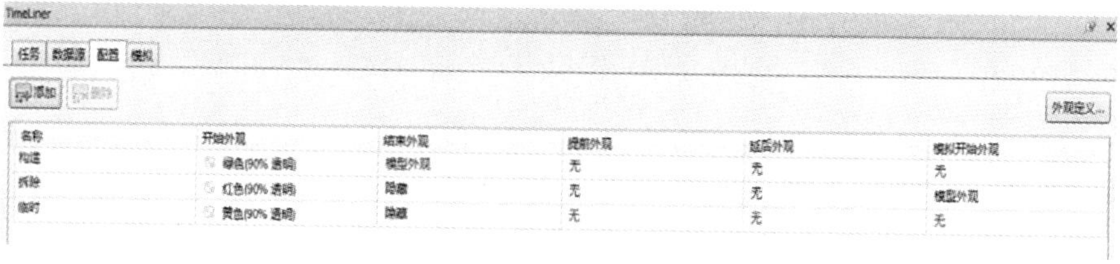

图 4.51　配置外观设置

（2）在隧道结构施工进度模拟中，为方便查看隧道内部结构施工进度情况，将防水板及二次衬砌设置一定值的透明度，模拟设置如图 4.52 所示。

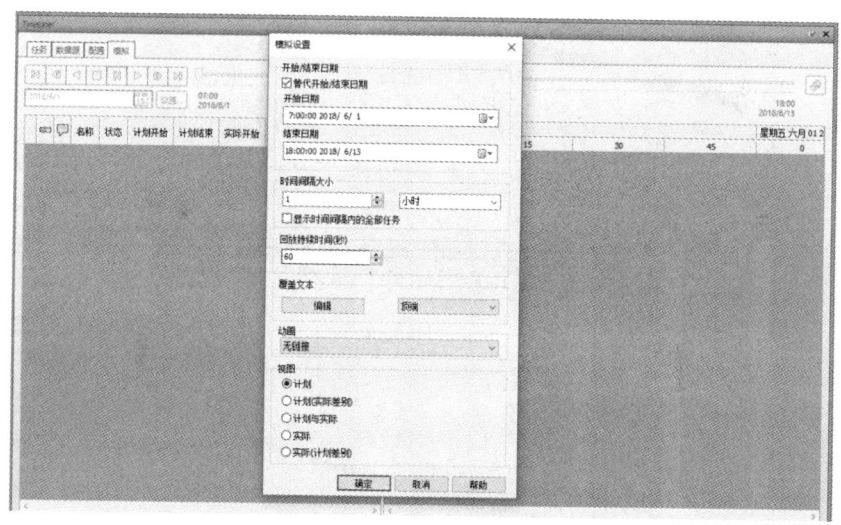

图 4.52　进度模拟设置

（3）各项设置完成后，在 Navisworks 的 Timeliner 模块中点击模拟选项卡，预览动画，通过旋转视图角度调整至动画播放最佳视角，将各工序间隔时间设置为 3 秒并保存视点动画，导出万安隧道施工进度计划模拟视频，视频中施工工序与甘特图滚动同步进行，各工序施工模拟动画如图 4.53 所示。

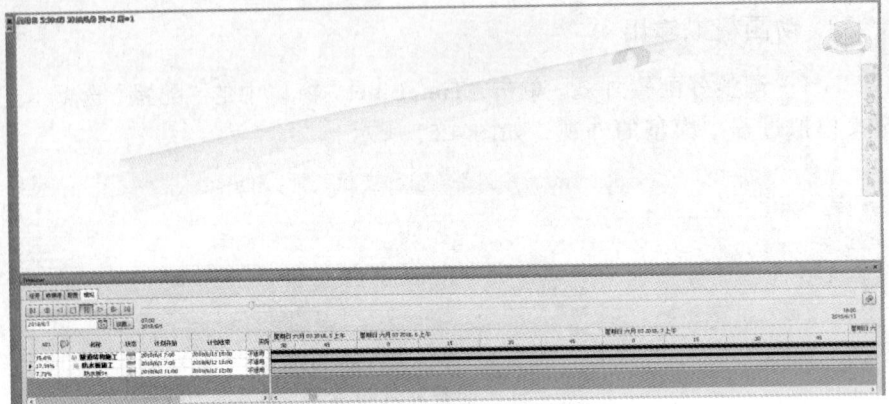

(a)一次衬砌

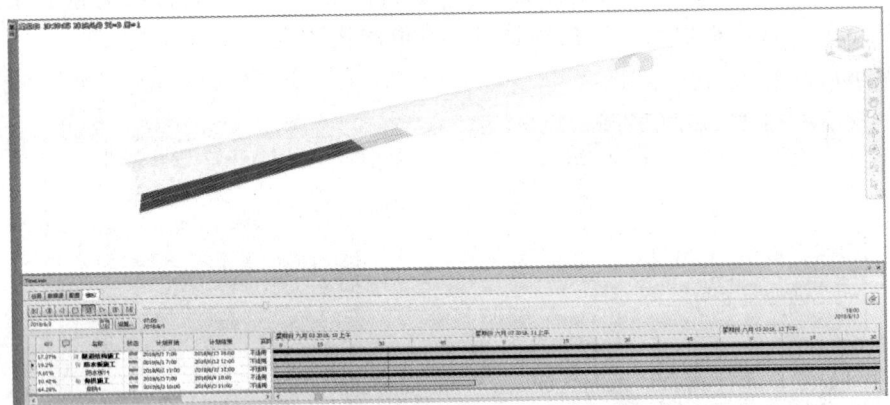

(b)仰拱填充

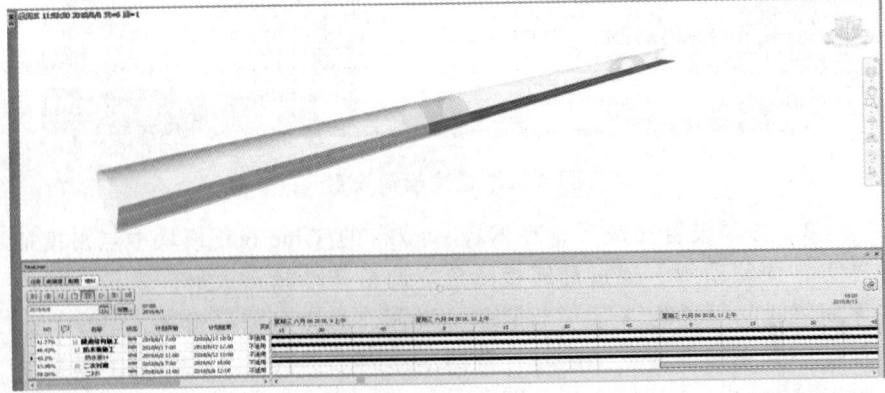

(c)二次衬砌

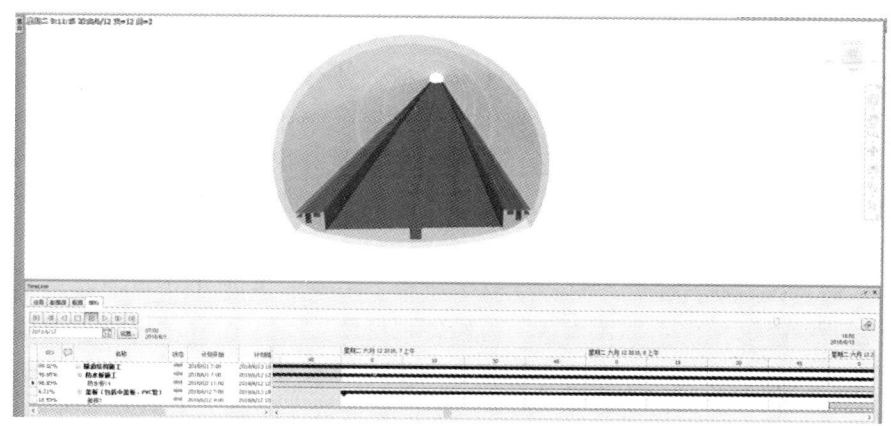

(d)盖板、边墙及 PVC 管施工模拟

图 4.53 各工序模拟动画

4.4 本章小结

万安隧道为长大铁路隧道,施工质量要求高,施工工期紧,施工环境复杂。为了确保工程按质按量安全完成,规划设计、施工阶段都应采取一系列有效的管理和技术措施。

本章以单洞双线万安铁路隧道 DK296+527.72 ~ DK310+455.5 段为研究对象,采用现场实地调研、数值分析、有限元数值模拟、BIM 5D 软件分析等方法,对万安长大铁路隧道多工区多工作面施工组织管理技术进行研究,取得了如下研究成果。

(1)依据事故树编制的有关原则,编制万安铁路隧道富水破碎地质条件下施工塌方事故的事故树,确定了不同风险项的发生概率。通过 FreeFta 软件计算出各基本事件的概率重要度、临界重要度、结构重要度的排序,计算出影响万安隧道施工塌方最重要的影响因素为节理裂隙层理发育且岩体破碎、经过大的断层带、施工安全意识不高、赶工期、进度安排不合理。针对重难施工点提出长大隧道安全施工措施。

(2)利用数值模拟软件 ANSYS 对隧道开挖进行数值模拟来验算其初期支护参数是否合理。

(3)由于隧道是一个狭长的构筑物,为了合理安排施工,将 13.9 km

万安隧道划分为 5 个工区、7 个工作面。然后，根据企业施工能力与工程总工期要求，制定万安隧道工程工期目标。结合施工经验和隧道开挖施工机械配置情况，计算各级围岩洞身开挖进度指标，根据各个工序进度指标计算出 5 个工区进度计划，形成隧道洞身开挖施工流水计划，并利用 BIM 软件 Navisworks 中的 Timeliner 模块对万安隧道施工进度进行仿真模拟。

通过以上研究工作，可以从施工质量、安全、进度 3 个方面提出长大铁路隧道多工区多工作面施工组织管理措施，同时 BIM 技术的应用使研究取得了丰硕成果。经综合测算，共节约成本 1 200 万元，节约工期 25 天，实现了隧道提前贯通，总结形成了长大隧道的施工管理控制技术，可为类似长大铁路隧道施工提供参考。

第 5 章 富水破碎地质条件下的安全施工技术

富水破碎地质大大增加了万安隧道的施工难度，围岩强度低、透水性高，因而稳定性较低，不恰当的施工方案极易造成安全事故。为解决以上问题，通过现场收集大量资料，对富水破碎围岩隧道的稳定性和富水破碎围岩隧道风险进行评估，研究围岩破碎地段隧道爆破施工安全技术，并规划完善富水隧道施工防排水与结构防排水设计。

5.1 安全风险评估

5.1.1 风险评估步骤

本章通过总结影响万安隧道突水、涌泥、塌方的风险因素，从中筛选出总体性因素作为第一层次中的元素，并将总体性因素细分成若干次级因素列入第二层次，采用专家评分法建立各元素与隧道突水、涌泥、塌方之间的等级评价矩阵，从而建立岩溶隧道突水、涌泥、塌方的模糊综合评估模型，以此来开展隧道突水、涌泥及塌方风险评估工作。富水破碎地质带风险评估分析步骤如图 5.1 所示。

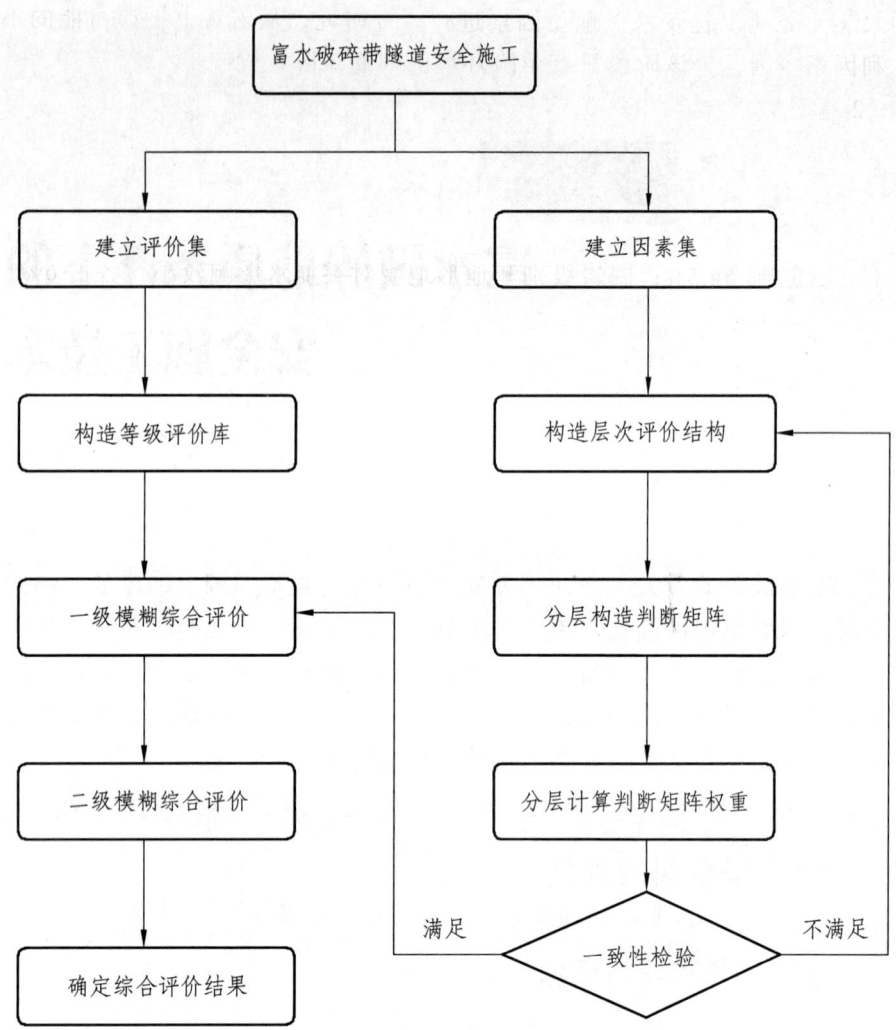

图 5.1 富水破碎地质带风险评估分析步骤

5.1.2 三阶段动态评估

1. 设计阶段评估

设计阶段评估主要是在勘察设计阶段完成的。勘察设计单位通过各种途径获取资料，完成设计方案。该阶段的工作主要是对造成岩溶、突水、涌泥的工程及水文地质因素进行调查研究，从宏观上把握可能的不利因素。因此，该阶段只有孕险环境的判断矩阵，权向量 w_{A1st-C} = [0.335, 0.240, 0.205, 0.100, 0.060, 0.060]，如图 5.2 所示。因此，各因子权向量排序为：$\omega_{C1} > \omega_{C2} > \omega_{C3} > \omega_{C4} > \omega_{C5} = \omega_{C6}$。从权向量分析可知，在初步评估阶段中，不良地质构造对岩溶隧道施工突涌水的影响最大，权重占比达到 33.5%；岩层岩性、可溶岩与非可溶岩接触带及地下水影响次之，三者之和占比达到 54.5%；围岩级别和地形地貌对突涌水影响较小，各占 6%。

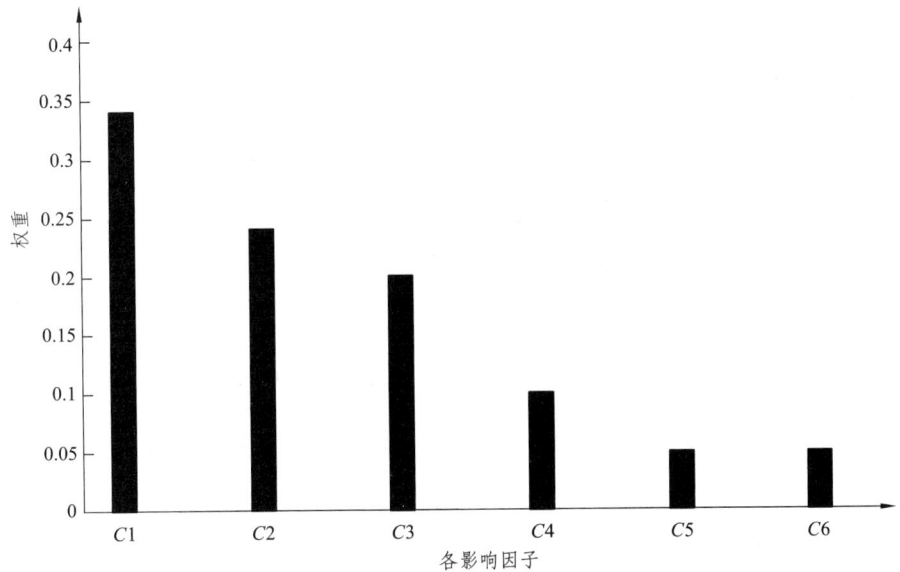

图 5.2 初步评估阶段影响因子权重柱状图

2. 设计阶段评估+施工阶段评估

施工单位依据设计单位提供的地勘资料制定施工组织方案，在对孕险环境中各因素致灾性做到整体把握的基础上，分析可能导致突水涌泥灾害的致险因子，逐步细化各风险因素的致灾可能性。

该两阶段指标层因素（$C1 \sim C9$）一级综合评判排序权向量 w_{A2nd-B} = [0.268, 0.192, 0.164, 0.080, 0.048, 0.048, 0.104, 0.064, 0.032]，如图 5.3 所示。因此，各因子权向量排序为：$\omega_{C1} > \omega_{C2} > \omega_{C3} > \omega_{C7} > \omega_{C4} > \omega_{C8} > \omega_{C5} = \omega_{C6} > \omega_{C9}$。综合考虑两阶段权向量，从图 5.3 可以看出，不良地质构造权重占比最大，为 26.8%，但相比初步阶段下降了 0.67%；岩层岩

性、可溶岩和非可溶岩接触带以及开挖方法权重占比次之,分别为 19.2%、16.4% 和 10.4%,其余影响因素权重占比较小。

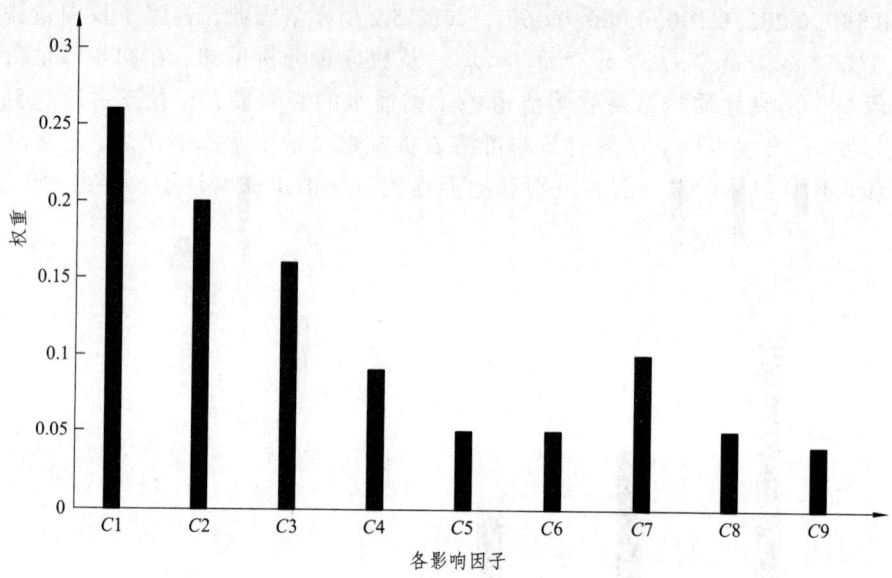

图 5.3　二次评估阶段影响因子权重柱状图

3. 设计阶段评估+施工阶段评估+监控阶段评估(即最终评估)

最终评估阶段是在综合初步评估和二次评估的基础上,综合考虑各方面的影响因素,根据监控阶段对前两阶段所做的工作进行进一步的修改和完善,从整体上把握各风险因素的致灾程度。

权向量 $w_{\text{Ard-B}}$ = [0.5631, 0.1230, 0.3039], $\lambda_{\max}$ = 3.0183, CI = 0.0092 <0.1, CR = 0.0155<0.1,满足一致性检验,因此上述判断矩阵合理。

因此,三阶段指标层因素($C1 \sim C12$)一级综合评判排序权向量 $w_{\text{Ard-B}}$ = [0.1886, 0.1351, 0.1154, 0.0563, 0.0394, 0.0338, 0.0338, 0.0639, 0.0396, 0.1899, 0.0726, 0.0413],如图 5.4 所示。因此,各因子权向量排序为 $\omega_{C10} > \omega_{C1} > \omega_{C2} > \omega_{C3} > \omega_{C11} > \omega_{C8} > \omega_{C4} > \omega_{C12} > \omega_{C9} > \omega_{C5} > \omega_{C6} = \omega_{C7}$。综合考虑三阶段风险评估,逐步完善了各风险因子在模糊评估中所占的比重。从图 5.4 可以看出超前地质预报和不良地质构造权重占比最大,分别为 18.99% 和 18.86%;岩层岩性、可溶岩和非可溶岩接触带权重占比次之,分别为 13.51% 和 11.54%,其余因素影响较小。

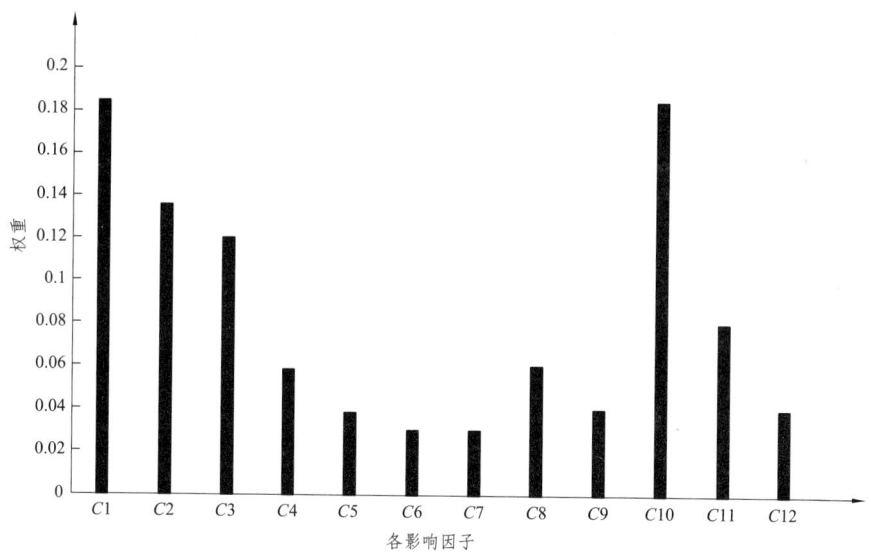

图 5.4 最终评估段影响因子权重柱状图

5.1.3 富水破碎地质带隧道突水涌泥风险综合评估

1. 富水破碎带隧道突水涌泥风险等级

富水破碎带隧道突水灾害等级的制定为隧道地质灾害的防治提供了依据。目前，主要根据突水灾害造成的人员伤亡、财产损失、生态破坏等几方面对隧道突水灾害的级别进行划分。依据《铁路隧道风险评估与管理暂行规定》，将隧道风险等级划分为极高、高度、中度和极低，对应的预警信号为红色、橙色、黄色和蓝色，即"四色预警机制"。相关等级划分标准如表 5.1、表 5.2 所示。

表 5.1 风险等级划分标准

概率等级		后果等级				
		轻微	较严重	严重	很严重	灾难性
		1	2	3	4	5
很可能	5	高度	高度	极高	极高	极高
可能	4	中度	高度	高度	极高	极高
偶然	3	中度	中度	高度	高度	极高
不可能	2	极低	中度	中度	高度	高度
很不可能	1	极低	极低	中度	中度	高度

表 5.2 富水破碎带隧道突水涌泥损失、概率风险等级划分标准及依据

风险损失等级	风险概率等级	依 据
Ⅴ级	Ⅴ级	发生特大型突水涌泥的可能性极大，必须消除风险
Ⅳ级	Ⅳ级	发生大型突水涌泥的可能性大，必须规避风险
Ⅲ级	Ⅲ级	发生中型突水涌泥的可能性极大，必须降低风险
Ⅱ级	Ⅱ级	发生小型突水涌泥的可能性较大，加强监测
Ⅰ级	Ⅰ级	发生突水涌泥的可能性极低，正常施工

2. 富水破碎带隧道突水涌泥综合评估模型

根据表 5.2 将富水破碎带隧道突水涌泥风险损失等级和风险概率等级划分为 5 级。为建立隧道突水涌泥风险分析的隶属度函数模型，制定专家评分表，通过调查问卷的形式邀请工程、水文地质和物理探测预报方面的工程技术人员对风险等级进行打分，从而建立基于专家评分方式的隶属度函数模型。其中，风险损失等级评价集 $U=[Ⅰ、Ⅱ、Ⅲ、Ⅳ、Ⅴ]$，风险概率等级评价集 $U=[Ⅰ、Ⅱ、Ⅲ、Ⅳ、Ⅴ]$。

设准则层中第 i 个因素下的指标层中第 j 个因素的评价等级为 p 等级，则因素等级集合为

$$\mu_{ijp} = (r_{ij1}, r_{ij2}, \ldots, r_{ijp}) \quad (i=1,2,3; j=1,2,\ldots,12; p=1,2,\ldots,5) \quad (5.1)$$

因此，指标层中单因素等级评价矩阵表示为

$$\boldsymbol{R}_{Bi-C} = \begin{bmatrix} r_{i11} & r_{i12} & \cdots & r_{i1p} \\ r_{i21} & r_{i22} & \cdots & r_{i2p} \\ \vdots & \vdots & & \vdots \\ r_{ij1} & r_{ij2} & \cdots & r_{ijp} \end{bmatrix} \quad (5.2)$$

3. 一级模糊综合评判

计算准则层下第 i 个因素的一级模糊综合评价矩阵 $\boldsymbol{B}_i$。

$$\boldsymbol{R}_B = \boldsymbol{W}_{Bi-C} \cdot \boldsymbol{R}_{Bi-C} = \begin{bmatrix} W_{B1-C} & R_{B1-C} \\ W_{B2-C} & R_{B2-C} \\ W_{B3-C} & R_{B3-C} \end{bmatrix} = (b_{i1}, b_{i2}, \cdots, b_{ip}) \quad (5.3)$$

式中，b_{ip}（$i = 1, 2, 3; p = 1, 2, 3, 4, 5$）是准则层中第 i 个元素对评判目标的第 p 个隶属度。

4. 二级模糊综合评判

在一级模糊综合评价的基础上进行二级模糊综合评价，计算二级综合评判矩阵为

$$\boldsymbol{R} = \boldsymbol{W}_{A-B} \cdot \boldsymbol{R}_B = \left(b_1, b_2, \cdots, b_p\right) \tag{5.4}$$

式中，$b_k(k = 1, 2, \cdots, p)$表示综合所有因素进行评价时，评判因素对评价目标的隶属度。

5.1.4 确定评判结果

万安隧道施工风险分析系统较为复杂，为了避免出现风险因素遗漏情况，选择专家调查法进行风险识别，应用层次分析法计算各因素权重值，建立万安隧道施工风险评估指标体系。

将风险损失及风险发生概率划分为 5 个等级，建立风险评估矩阵、风险等级接受准则，通过模糊综合评价理论，从单因素风险模糊评价开始逐级对万安隧道施工风险等级进行量化。风险评价结果如表 5.3 所示。

表 5.3 万安隧道施工风险评价结果

风险事件	风险等级隶属度					风险分值	风险等级
	一级	二级	三级	四级	五级		
洞口及浅埋段失稳风险	0.09	0.22	0.26	0.25	0.13	4.97	三级
掌子面失稳风险	0.03	0.29	0.22	0.27	0.12	4.97	三级
突水突泥风险	0.11	0.42	0.26	0.12	0.04	3.87	二级
塌方风险	0.06	0.19	0.28	0.21	0.16	4.94	三级
地表沉降过大风险	0.13	0.22	0.21	0.21	0.12	4.39	三级
支护结构失稳风险	0.08	0.21	0.21	0.29	0.13	4.96	三级

5.2 爆破施工安全技术

爆破作业是隧洞开挖施工重要的施工技术手段之一，也是一项高危行业，所用材料有电雷管、非电雷管、瞬发雷管、毫秒延时雷管、乳化炸药、硝铵炸药等，所用设备有各种常用的钻孔机械，如牛腿式凿岩机、潜孔钻机、液压掘进钻车。随着爆破因素的不断更新与变化，给爆破的安全管理提出了更高的要求。隧洞爆破采用光面爆破施工，通过光面爆破的弱震动、少扰动，基本消除了开挖轮廓线上的应力集中现象，降低了局部围岩受力集中后失稳坍塌、局部掉块的可能性，大大减少了隧洞施工的安全隐患。下面就如何做好隧洞爆破作业施工前的准备工作、施工过程中的控制、爆破器材的日常安全管理等作简要介绍。

5.2.1 工作要点

1. 健全组织机构，完善管理制度和安全责任制度

建立健全安全管理组织结构，完善管理制度和安全责任制度，是减少安全事故的重要手段。建立以项目部成立爆破作业安全生产领导小组，项目部经理、安全生产经理、安全员、班组长、兼职安全员等为主体的安全管理组织，将安全生产责任分解到具体部门、具体人员的身上，层层签订安全责任书、安全承诺书，层层分解任务，人人目标明确。

2. 科学设计施工方案

强化安全技术措施落实是爆破施工重要的技术保障措施。依法依规完善各种安全技术措施方案，做好技术操作规程的编制，做好爆破方法、器材选用、起爆等方面的设计，确保交底到位，并对施工作业的全程进行严密监控，及时消除安全隐患，使爆破安全风险降到最低。

（1）在进行爆破设计时，将地质、水文等资料与爆破设计结合起来，对爆破范围、爆破量、现场情况及周边环境等进行综合考虑，详细了解爆破区域的范围及深度，弄清被爆体的岩体结构、构造、岩性等是安全施工的前提。

（2）对爆破对象及周边情况进行全面、细致地调查，为制定切实可

靠及安全的爆破方案奠定坚实基础。项目部通过对爆破作业现场周边进行拉网式排查、走访干部群众取得第一手资料，详细了解作业现场周围民房、厂房、坟地、窑洞、水源地、电力线、水渠（管）及其他构筑物的走向、结构特点、与爆破区域的相对距离，特别关注有没有养殖场（如养鸡场、养猪场等）、附近道路的行车及行人流量、绕行方案等。根据汇总收集的现场条件结合施工技术要求，为制定爆破设计方案提供保障。

（3）配合业主、监理做好爆破施工可能影响范围内的建筑物外观及内部情况调查，及时拍照留存。

（4）爆破地震效应测试。由于局部爆破作业距民房、窑洞较近，为确保安全施工，避免因爆破作业引起的爆炸地震、空气冲击波、飞石和噪声对周边人员及财产安全带来影响。项目部配合监理及业主聘请有相应资质的单位进行爆破地震效应测试，根据反馈的测试结果，改进爆破施工方法，将爆破震动的影响降至最低。

（5）爆破设计书的安全评估与审批。爆破安全规程规定：A级、B级、C级和对安全影响较大的D级爆破工程设计书都应进行安全评估。未经安全评估的爆破设计方案，任何单位不准审批或实施。根据确定的爆破方案，进行炮位、炮孔深度和用药量设计，其设计图纸和资料应报送有关部门审批，经安全评估审批通过的爆破设计，施工时不得任意更改，并在征得所在县、市公安局同意后，方可进行爆破作业。

3. 强化人员安全监管，完善现场安全防护

（1）加强爆破作业队伍管理。严格落实爆破作业人员准入制度，持证上岗，严禁不符合资质条件的人员进行爆破作业。对所有爆破作业人员、涉爆人员（包含管理人员、辅助人员）必须到项目所在地公安派出所进行人员信息采集、登记备案。

（2）在所有隧道进出口安装视频监控设备，对现场进行全天候监控。在隧道进口设置值班室，对进入隧道作业人员（管理人员、来访人员）进行安全检查和个人防护告知，严禁携带手机、打火机及不符合安全规定的照明器材进入爆破作业区。

（3）在爆破作业面设置消除静电设施。完善现场警示警告标志，最大限度地减少安全隐患，降低爆破作业风险系数。

5.2.2 爆破施工过程控制

1. 爆破施工操作

施工中应根据施工方案结合围岩的具体情况和特点,合理选择爆破参数,科学确定周边钻眼间距、深度及最小抵抗线,严格控制炮眼的装药量,采用毫秒雷管微差爆破,使周边爆破拥有最好的临空面,减弱爆破对围岩的扰动,尽量避免因欠挖而带来的二次扰动,为下一步的支护创造良好的条件。

(1)钻孔、装药严格按照爆破操作规程及审批的爆破方案施工,树立"爱护围岩、少欠少超"的观点,根据临空面情况合理确定前排炮孔位置,并严格按照要求布设炮孔的排距、行距,利用钻孔设备自带测量工具或用专用仪器控制好钻孔的倾斜度,尽量采用垂直炮孔,如确需采用斜炮孔,炮孔的倾斜方向和角度必须保持一致。隧道钻孔施工过程见图3.6。

(2)装药前,用略小于炮孔直径的竹、木杆等不易产生火星的器物对炮孔进行清理和验收,以防炮孔堵塞影响装药效果。装药时同样采用竹、木杆装药,严禁用金属杆装药,尽量确保"一管药一通捣",避免出现间隔装药导致爆破不彻底,残留炸药,留下安全隐患。孔内装药后要留足填塞高度,尽量采用略潮湿的干净素土填塞,边填塞边捣实,填塞、捣实时要避免破坏起爆线。上述作业完毕后,如尚需时间引爆,须将裸露的起爆线盘起,用扁平石块或其他恰当的物体覆盖,防止破坏。装药结构见图3.7。

(3)连线、覆盖、起爆。目前电雷管的使用比较普遍。用电雷管起爆时必须逐个导通,用于同一网络的电雷管应为同厂同型号。爆破主线与爆破电源连接之前必须测全线路的总电阻值,总电阻值与实际计算值的误差必须控制在-5%~0.5%,否则禁止连接。要采用合格的导爆管,管内药中不得有杂质,断药长度不得大于15 cm。导爆管与雷管必须用卡口连接紧密,不得有异物进入。导爆管不得破损,不得过分打结、对折。导爆管雷管一般为延时雷管,施工时要严格按照爆破方案中确定的起爆网络、雷管段数进行连接,在起爆前还要逐一检查,防止错连,电雷管起爆时必须有足够的连接线,确保起爆人员到达安全区域或便于隐蔽的区域，严禁在雷电天气起爆。起爆器必须选用国家合格产品，并与起爆雷管的功率相匹配。起爆网络连接如图 5.5 所示。

图 5.5　起爆网络连接

2. 加强现场安全警戒

安全警戒包括装药警戒和爆破警戒。装药警戒要求开始装药时禁止一切无关人员进入现场，并在爆破区域周围插红旗示意，防止意外事故的发生。爆破警戒由爆破总负责人、警戒总负责人、警戒人员共同组成，警戒范围明确标定在平面图上，进入爆破危险区的所有通道必须安排岗哨及装备。爆破前以书面形式通知相邻单位爆破地点与时间，明确规定和公布各种信号表示的意义，防止带来不必要的负面效应。开始警戒时，警戒人员须将设计中规定的安全距离内的人员、设备撤离至核定的岗哨位置，执行警戒中决不缩小范围，确保人员、车辆不进入危险区，在规定的时间内准时起爆。

3. 对重点保护建筑的现场保护

在有可能危及人员安全或使邻近建（构）筑物、重要设施遭受损伤的场合进行工程爆破时，须采取各项防护措施。特别是在洞口及局部露天爆破作业时针对个别飞散物采用全面防护（覆盖爆破物）、重点防护（在保护对象周围设置遮障或两者综合的防护措施）。宁肯多做一些，绝不放宽要求。

4. 爆后检查，总结经验

爆破后进行认真的安全检查是整个爆破工程的最后一关。检查的内容包括有无盲炮、爆破效果、有无爆燃、有无残药等。爆破结束后，爆破工程技术人员应认真填写爆破记录，进行爆破总结，并进行爆破安全分析，找出施工中的不安全因素和隐患，提出防范办法和改善施工工艺的措施；对照监测报告和爆后安全调查，分析各种有害效应的危害程度及保护物的安全状况、处理方法及处理结果，总结经验和教训，指导下一步施工。

5.2.3 爆破器材的安全管理

在爆破作业中，炸药、电雷管、导爆管是必须的爆破器材，由于其特殊的性能，安全管理极为重要。由于炸药、导爆管、电雷管的物理性能各不相同，因而在保管、运输、储存、使用、受外界干扰等方面的安全要求也各不相同，给爆破的安全管理提出了更高的要求。

1. 爆破器材的购买

本标段每月按照爆破工程师出具的爆破器材计划数量填写爆破物品购买申请表，交由工程属地的公安分局审查，最后由市公安局治安支队审批开具爆破物品购买证后，到民爆公司购买。

2. 爆破器材的运输和验收

为了保证运输过程的安全，本标段爆破器材由民爆公司统一配送，施工现场设临时仓库保存 24 h 用量。既节省了到炸药库领取装药的时间，又将运输过程中的风险降至最低，也给作业班组充足的时间进行装药施工。避爆破器材到达现场以后，由保管员、安全员、带班长依据《民爆器材配送单》所填写的数量对民爆公司送达爆炸器材的规格型号、名称、外观、批次、出厂日期、合格证号、厂家、编码等进行检查登记，双方现场签名后方可使用。以班组为单位建立爆破器材明细账，认真做好使用过程登记手续。

3. 爆破器材的退库管理

爆破器材退库管理是指在所有爆破装药、堵塞、网络连线及起爆前检查完成后，剩余的爆破器材由保管员、带班长、安全员与民爆公司的接货人员对需退还炸药库的爆破器材数量、名称、规格、批次、出厂日期、厂家、编码进行确认，签字以后移交给民爆公司管理。

5.3 防排水设计

5.3.1 防水措施

富水地质是万安隧道的基本环境特征，伴随着裂隙扩展，隧道渗水严重。因此，在施工过程中选择运用压注法来填充裂缝，避免裂隙水渗流。

压注法是当下隧道施工围岩加固的主流方法之一，其主要操作是向隧道围岩中注入高压液浆来达到加固围岩的作用。其原理是利用水灰浆堵住渗透水通道，浆液在围岩内凝结，围岩间产生一定的摩擦约束力而形成一个整体。压注法可分为局部注浆、径向注浆、超前预注浆和补强注浆几种方式。

通过查阅该隧道工程地质和水文地质资料，利用红外线探水法大致划分围岩破碎带分布情况，再使用 TSP 探测技术对围岩破碎带进一步确认。当发现隧道某掌子面存在涌水和坍塌的可能性时，就需要进行注浆处理。施工前先编写一个注浆方案，该方案能对注浆范围、材料和参数等进行详尽的描述。针对万安隧道围岩注浆，我们采用的方法是超前小导管注浆，该方法在注浆后出现局部破碎的情况时，需要进行局部补浆处理。

5.3.2 排水措施

本隧道地下水主要分为松散层岩土体孔隙水、基岩裂隙水、构造裂隙水 3 类，地下水补给来源主要为大气降水，其补给量的多少受降水强度、降水持续时间、地形及地表节理裂隙的发育程度控制。

1. 总体排水方案

反坡排水需采用机械排水，设置固定泵站+移动泵站排水，工作面积水采用移动式潜水泵抽至就近泵站或临时集水坑内，其余已施工地段隧道渗（涌）水经隧道内侧沟自然汇集到临时集水坑内或泵站水池内，由固定排水泵站将积水经排水管路抽排至上一级排水泵站内，由固定式排水泵站将洞内积水抽排至洞外，经污水处理池处理后排放。工作水泵按使用1台、备用1台准备，针对隧道涌水量大时要适当增加工作水泵。

洞内反坡排水方式根据坡度、水量和设备情况布置管路和排水泵站，一次或分段接力排出洞外。根据本隧道的实际情况，拟在施工中采用的反坡排水系统布置有以下两种方式。

（1）集水坑接力式反坡排水。

对坡度较大作业面的施工需要扬程较高的排水电机，距离长必须采用集水坑反坡道排水接力方式，在一定的距离点开挖集水坑，设抽水机两台（备用一台），把积水抽至最后一段反坡，最后一个抽水机将积水排出洞外，采用接力的方式将水抽至洞外的污水沉淀处理池，如图 5.6 所示。

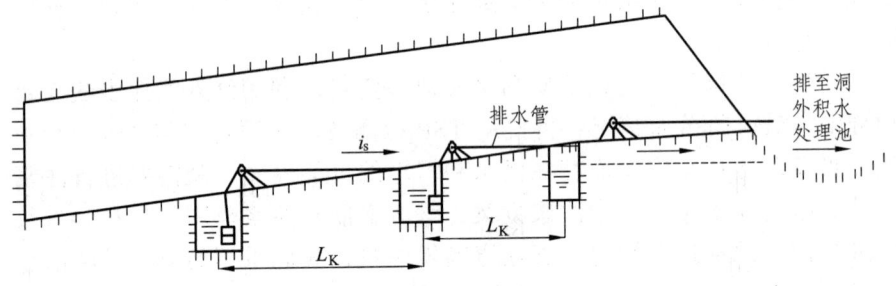

L_K—集水坑间距；i_s—线路坡度。

图 5.6　集水坑接力式反坡排水

（2）移动泵站收集式反坡排水。

对作业面附近排水采用移动泵站，泵站灵活，便于施工。用移动泵将开挖面的积水抽到最近的集水坑内，再由接力集水井将水排到洞外，如图 5.7 所示。

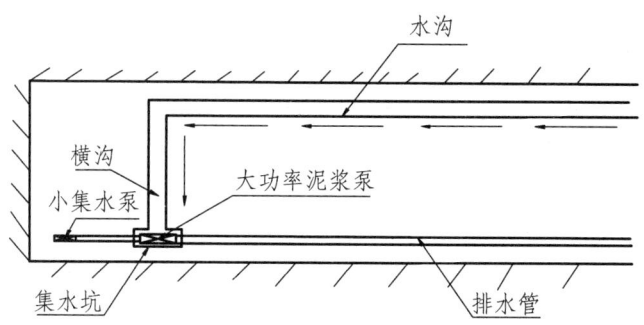

图 5.7 移动泵站收集式反坡排水

南元坑斜井井身全长 333 m，高差 31.892 m，高差较大，施工时采用机械排水，进入正洞后在与正洞交汇外 DK298+510 处设一固定泵站，利用水泵将水排至洞外，正洞施工为单方向掘进，与九龙坑贯通后再进行进口方向施工，排水在贯通前为顺坡排水，贯通后调头施工进口方向为反坡施工，可在开挖掌子面附近设临时集水坑，利用潜水泵将水抽至斜井口处固定泵站，由固定泵站排出洞外。

九龙坑斜井井身全长 1 631 m，高差 107 m，施工时采用机械排水，进入正洞后在与正洞交汇处 DK302+650 处设一固定泵站，利用大扬程水泵将水排到洞外，正洞施工为双头掘进，出口方向为自排，利用临时水沟将水汇流至斜井口固定泵站，进口方向为反坡排水，在进口方向 1 000 m 前利用移动水泵将水排至固定泵站，在进口方向 1 000 m 后，线路左侧设置一排水泵站，分级排入斜井口排出。

陈屋斜井井身全长 668 m，高差 60.54 m，井身排水采用机械排水，进入正洞后在与正洞交汇处 DK306+426 处设一固定泵站，利用大扬程水泵将水排出洞外，正洞施工为双头掘进，进口方向为反坡排水，与其他反坡施工方法相同，出口方向在变坡点 DK307+000 外以前为自排，以后为反坡排水，反坡排水段利用水泵将水排至变坡点之前水沟内汇流至固定泵站。

隧道出口施工全部为顺坡排水施工。

2．排水量计算

各工区排水量如表 5.4 所示。

表 5.4 各工区排水量

工点名称	里程	长度/m	排水类型	最大涌水量/[m³/(d·m)]	按200 m考虑/(m³/h)	固定泵站最小功率/(m³/h)
隧道进口	DK296+527.72~DK298+325	1 797.28	自排	2.46	—	—
南元坑	DK298+325~DK298+510	185	反坡	2.46	19	52
南元坑	DK298+510~DK300+825	2 315	自排	3.96	33	52
九龙坑	DK300+825~DK302+650	1 825	反坡	5.2	43	72
九龙坑	DK302+650~DK304+250	1 600	自排	3.46	29	72
陈屋坑	DK304+250~DK306+426	2 176	反坡	6.19	52	150
陈屋坑	DK306+426~DK307+000	274	自排	6.19	52	150
陈屋坑	DK307+000~DK308+314	1 314	反坡	11.77	98	150
隧道出口	DK308+314~DK310+455.5	2 141.5	自排	13.98	—	—

3. 设备选型配套

设备选型配套情况如表 5.5 所示。

表 5.5 设备选择配套

名称	水泵型号	流量/(m³/h)	扬程/m	功率/kW	水管径/mm	数量/台	备注
进口工区	—	—	—	—	—	—	自排
南元坑斜井	MD155-30-3 离心泵	185	81	75	150	2	固定泵站
南元坑斜井	100QW100-5-4	100	8	4	100	2	移动泵站
南元坑斜井	—	—	—	—	—	—	自排

续表

名称	水泵型号	流量 /(m³/h)	扬程 /m	功率 /kW	水管径 /mm	数量 /台	备注
九龙坑斜井	100QW50-35-11	50	35	11	100	2	移动泵站
	MD54-16-2	54	31	7.5	100	2	移动泵站
	MD155-30×6 离心泵	155	160	132	150	2	固定泵站
陈屋斜井	100QW80-40-22	80	40	22	100	2	移动泵站
	100QW100-5-4	100	8	4	100	2	移动泵站
	MD155-30×3 离心泵	185	81	75	150	2	固定泵站
出口工区	—	—	—	—	—	—	自排

4. 集水坑设计

固定式集水泵站，设置于线路左侧，以 10 min 最大涌水量设计，南元坑及九龙坑斜井处固定泵站结构尺寸为 4 m×3 m×1 m（长×宽×深），容量 12 m³，陈屋斜井处固定泵站结构尺寸为 5 m×4 m×1.5 m，容量 30 m³。移动泵站设置于开挖掌子面附近线路左侧，以 10 min 最大涌水量设计，其结构尺寸为 3 m×3 m×1 m，容量 9 m³，集水井顶部设置盖板，根据隧道开挖后的实际情况进行调整。

5.4 本章小结

建立富水破碎地质带隧道突水涌泥风险模糊综合评估体系，针对富水地质带隧道施工中可能遇到的突水涌泥等岩溶地质灾害，在充分研究工程、水文地质条件、施工管理、监测等资料的基础上，识别灾害所处的风险状态，辨识导致突水涌泥风险的因素，基于层次分析法和模糊数学原理构建综合评价体系，从而达到预防突水涌泥灾害的目的。

本章研究了围岩破碎地段的隧道爆破施工安全技术，做好隧洞爆破作业施工前的准备工作、施工过程中的控制、爆破器材的日常安全管理。通过建立健全爆破安全管理体系、科学设计施工方案和细致的过程管理、严格的现场监督管理，取得了良好的效果，从而确保了爆破施工安全，在施工过程中没有发生一起因爆破作业引起的人身伤亡及机械设备事故。

　　本章还从防水和排水两个方面规划完善了富水隧道施工防排水与结构防排水设计。防水方面，针对万安隧道围岩注浆，我们采用的方法是超前小导管注浆，该方法在注浆后出现局部破碎的情况时，需要进行局部补浆处理。排水方面，采用反坡排水，需采用机械排水，设置固定泵站+移动泵站排水，工作面积水采用移动式潜水泵抽至就近泵站或临时集水坑内，其余已施工地段隧道渗（涌）水经隧道内侧沟自然汇集到临时集水坑内或泵站水池内，由固定排水泵站将积水经排水管路抽排至上一级排水泵站内，由固定式排水泵站将洞内积水抽排至洞外，经污水处理池处理后排放。工作水泵按使用 1 台、备用 1 台准备，针对隧道涌水量大时要适当增加工作水泵。

第6章 超长掘进隧道施工通风技术

万安隧道设置了三座斜井,将隧道分为五个通风区段,每座斜井由送风斜井和排风斜井组成。斜井内安装轴流风机,隧道内安装射流风机,整个隧道采用轴流风机加射流风机的组合通风方式。本章通过对特长大隧道通风类型入手,分析证明了适用于万安隧道的通风方式;通过方案比选,确定了一套比较适合万安隧道的风机连接方式;通过计算各个工区的通风量与通风机机房环境的研究,形成了一整套适用于万安隧道等特长大隧道的施工综合通风技术。

6.1 风机串并联控制技术

6.1.1 施工通风设计原则

1. 施工通风目的

隧道施工通风的目的是向洞内供给足够的新鲜空气,并稀释、排除有害气体和降低粉尘浓度,使各作业面达到各项卫生标准的要求,以改善劳动条件,保证洞内工作人员身体健康和施工安全。

2. 设计原则

长大隧道施工必须采用机械通风，宜采用压入式或混合式通风，并辅以射流风机的通风系统。对于特长隧道应优先考虑混合式通风方法，当主通风机不能保证隧道施工通风要求时，需要设置局部通风系统。随着隧道掘进长度的延伸，通风设计应分阶段进行，通风量应是动态的。

3. 洞内有害气体与卫生指标要求

（1）开挖工作面进风流中（按体积计算），氧气不得少于19.5%。

（2）洞内每立方米空气中，有害气体含量最大容许值要求：当施工人员进入开挖面检查时，一氧化碳（CO）容许浓度可为100 mg/m³，但必须在30 min内降至30 mg/m³。空气中有害气体含量最大容许值如表6.1所示。

《铁路工程施工技术手册　隧道》（下册）规定：当作业时间在1 h以内时，一氧化碳（CO）容许浓度可放宽到50 mg/m³，0.5 h以内可达到100 mg/m³，15～20 min可达200 mg/m³，在以上条件下反复作业时，两次作业时间应间隔2 h以上。

（3）隧道内风量要求：① 每人每分钟供应新鲜空气3 m³，高原计算取4 m³；② 洞内使用柴油机械施工时，每千瓦每分钟供风量不宜少于4.5 m³。

表6.1　空气中有害气体含量最大容许值

有害气体名称		体积浓度/%	质量浓度/（mg/m³）
二氧化碳（CO_2）		<0.50	<10
一氧化碳（CO）		<0.002 4	<30
氮氧化合物换算成二氧化氮（NO_2）		<0.000 25	<5
瓦斯（CH_4）	总回风道	<0.75	
	从其他工作面进来的风流	<0.50	
	开挖面装药爆破前应小于1.0%		
	当开挖面浓度超过2%时，人员必须全部撤走		

（4）洞内风速要求：全断面（包括斜井）开挖时，最小风速应不小于0.15 m/s，导坑内最低风速应不小于0.25 m/s，隧道内最大风速不得大于6 m/s。《煤矿安全规程》规定架线电机车巷道容许最低风速为1 m/s，

采矿工作面、掘进中的煤巷和岩巷为 0.25 m/s。当风速大于 1 m/s 时，不会形成甲烷带。

（5）洞内温度要求：隧道内温度一般不宜高于 28 ℃，当空气温度和相对湿度一定时，提高风速可以提高散热效果。温度和风速之间的关系如表 6.2 所示。

表 6.2 温度和风速的适宜关系

空气温度/℃	<15	15～20	20～22	22～24	24～28
适宜的风速/（m/s）	<0.5	<1.0	>1.0	>1.5	>2.0

（6）空气中粉尘允许浓度：① 空气中含游离二氧化硅 10%以上粉尘（含石英、石英岩等）的允许浓度为 2 mg/m^3；② 空气中含游离二氧化硅 10%以下，不含有毒物质的矿物性和动植物性的粉尘的允许浓度为 10 mg/m^3；③ 空气中含有游离二氧化硅 10%以下水泥粉尘的允许浓度为 6 mg/m^3。

4. 控制指标

根据《客运专线铁路隧道工程施工技术指南》规定，隧道在整个施工过程中，作业环境应符合下列职业健康及安全标准。

（1）坑道中氧气含量按体积不小于 20%；
（2）坑道内气温不高于 28 ℃；
（3）坑道中一氧化碳质量浓度不大于 30 mg/m^3；
（4）坑道中二氧化碳体积浓度不大于 0.5%；
（5）坑道中氮氧化物质量浓度在 5 mg/m^3 以下；
（6）隧道通风能满足每人供应新鲜空气 3 m^3/h，采用内燃机械作业的满足供风量不小于 3 m^3/(min·kW)；
（7）洞内最小风速的确定：全断面开挖时不小于 0.15 m/s，分部开挖的坑道不小于 0.25 m/s。

6.1.2 隧道通风的分类

1. 自然通风与机械通风

根据施工通风过程中不同的通风动力，将其分为自然通风和机械通风,前者即在不采用任何辅助动力设备的条件下,根据当地气候条件,利用洞内外大气压力差和内外温度差等自然因素,实现隧道内外空气自然流动的通风方式。如图6.1所示为隧道施工过程中,利用开挖竖井造成隧道内污浊空气经竖井流向洞外,洞外新鲜空气经主洞输送至掌子面进行自然通风。自然通风可大量减少能源消耗,对环境基本不产生影响。但同时也存在不足之处,例如通风很大程度上受当地自然条件和所采用的隧道施工方法限制,洞内污染物排出周期较长,通风效率较低从而影响工程施工进度,隧道内风流方向及风速不易进行控制调节等诸多问题。自然通风在隧道及地下工程施工期间的应用较少,一般在隧道运营期间应用在部分长度较短的隧道中。

由于万安隧道线路近东南走向(约114°),采用单洞双线形式,起讫里程DK296+527.72~DK310+455.5,全长13 927.78 m。Ⅲ级围岩9 640 m、Ⅳ级围岩2 475 m、Ⅴ级围岩1 812.78 m,进口地面标高174 m,出口地面标高332.7 m,最大埋深约为718.95 m。如果采用自然通风显然无法满足特长大隧道在施工过程中的氧气含量,并且极其容易造成施工掌子面一氧化碳、二氧化碳等气体浓度过高以及施工温度过高。因此,万安隧道通风方式应采用机械通风。

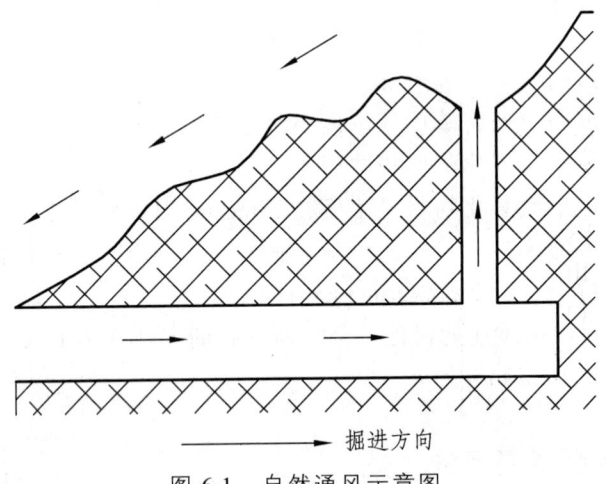

图6.1 自然通风示意图

2. 机械通风方式

隧道的机械通风方式主要有纵向式通风、半横向通风及全横向通风。

纵向式通风：纵向通风是指从隧道洞口或竖井引进新鲜空气，经过隧管纵向流动，并将污浊空气稀释至规定标准，最后由另一洞口或竖井排出的通风方式。主要优点是节省土建费用、风机投资及运营费。

半横向式通风：半横向通风是介于"纵向通风"与"全横向通风"之间的通风方式，可分为送风型与排风型，两者均于车行隧管一侧设置通风管道。送风型的新鲜空气由送风管道输入车行隧管，经与车道中的污浊空气混合后，在车道空间中作纵向流动，最后从隧道洞口排向外界。排风型的新鲜空气由隧道洞口进入，并沿车道作纵向流动，经与车道中的污浊空气混合后，通过排风管道吸出，排向高空。

全横向式通风：车道下面作为送风道，上部作为排风道，气流从下往上横向流动。

通过对国内外10 km以上的隧道进行调查，20世纪70年代以前，包括欧洲和日本修建的特长隧道（如瑞士的圣哥达隧道、奥地利的阿尔贝格隧道、法国至意大利的勃朗峰隧道等）基本上采用半横向通风或全横向通风；20世纪70年代以后修建的特长隧道（如日本的关越隧道、挪威的卑尔根隧道等）基本上采用纵向式通风。

纵向式通风是目前特长隧道的主要通风方式，因此拟在万安隧道施工过程中选择纵向式通风。

对于10 km以上的隧道，当采用纵向通风时，往往需要分段进行，分段的方式可采用通风井，通风井一般包括竖井或斜井，甚至平导。从国内外特长隧道的纵向通风方式来看，有向斜、竖井分段纵向式通风发展的趋势。我国目前新建或即将建设的特长隧道，如陕西秦岭终南山隧道（长约18 km）、湖南雪峰山隧道（长约7 km）、陕西包家山隧道（长约11 km）、山西太原至古交高速公路上的西山隧道（左洞长13.68 km，右洞长13.58 km）、台湾的坪林隧道（长约12.9 km）等，都采用分段纵向通风。

纵观国内外公路隧道的通风方式，从单纯依靠自然风或交通风的最简单的纵向通风方式到横向式、半横向式通风，现已逐步演变为利用射流风机、利用斜（竖）井送排风、斜（竖）井送排风和射流风机相结合、射流风机和电气集尘相结合等多种通风方式。分段纵向通风方式已成为长大隧道通风方式的主流。万安隧道全长13 927.78 m，整个隧道有三个斜井辅助施工，为了能够充分使用已有斜井，保证良好的通风效果，达到节省土建费用、风机投资及运营费用的目的,拟采用分段纵向通风方式。

3. 机械通风布置形式

根据隧道洞室内空气的流动,机械通风系统的布置形式又可分为压入式、抽出式(或压出式)、混合式三种。

(1)压入式。

压入式通风利用通风机或局部风机将新鲜空气经通风管道送到掌子面,稀释开挖面的有毒、有害气体和粉尘,并且将污浊的空气沿隧道排出洞外。新鲜空气从通风管道流向掌子面后,由于空气分子的径向运动,在风流边界层上与隧道内的污染物混合,发生能量和动量交换,使风速逐渐降低,射流断面不断增大。当压入的空气流流动到一定的距离后就反向流出工作面,从风筒口到风流反向点的距离称为有效射程。有效射程以外的粉尘及有害气体将会呈涡流状态,很难迅速排出。压入式通风布置如图6.2所示。

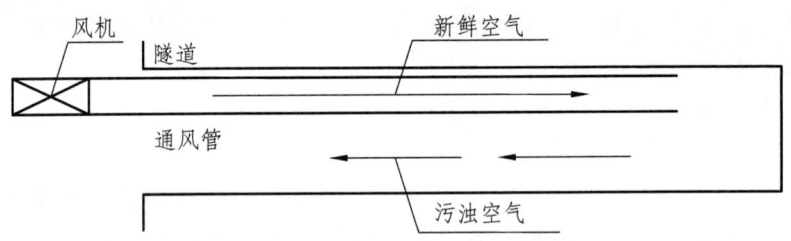

图 6.2 压入式通风布置示意图

压入式通风的优点:通风管可以将新鲜空气直接送到工作面,送风有效射程长,排烟较快,风速大,稀释和排除隧道内炮烟粉尘、有毒有害气体的效果好。沿隧道能够及时地带走洞内污染物,使工作面在短时间内得到充足的新鲜空气,对下一工序的开展更加有利,且回风涡流区不再经过风机和通风管。

压入式通风的缺点:对长大隧道而言考虑到送风距离较远,通风管的损失等因素,对通风机本身要求较高,且需风量较大;风流不能快速到达工作面,易形成回流污染隧道,严重的会形成倒灌。因此,在使用压入式通风时应当注意以下两点:

① 通风机应安装在隧道外,与洞口保持一定的距离,一般不得小于30 m,这样保证将新鲜空气压入隧道洞室内,避免回流污浊气体。

② 通风管一般选择柔性风管，出风口与掌子面保持一定的距离，一般在 15 m 以内，但对于大断面隧道，该距离可控制在 45~60 m。

（2）抽出式（压出式）。

抽出式通风，又可称为压出式通风，根据其通风机的位置可分为两种布置方式，如图 6.3 所示。新鲜空气在压力的作用下由外到内沿着整个隧道流动，气流进风口置于隧道掌子面附近，出风口置于隧道外，通风机或局部扇风机经通风管把粉尘及有毒有害气体抽到洞外。

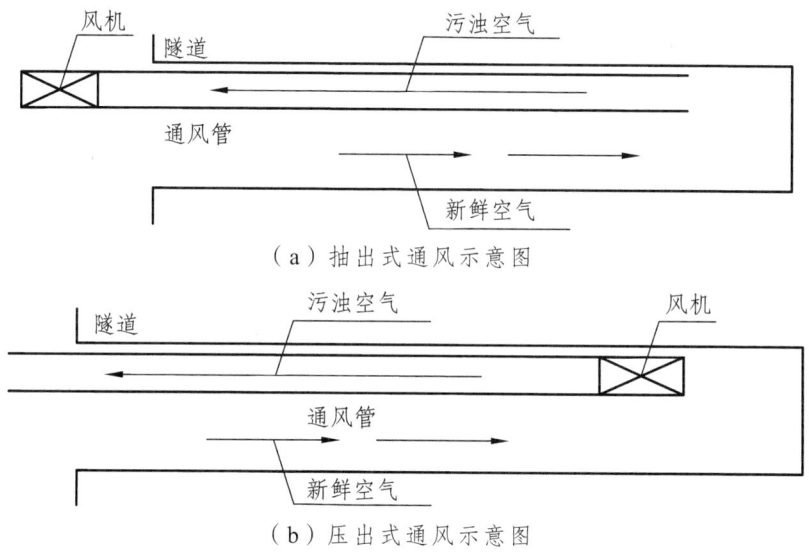

图 6.3 抽出式和压出式通风示意图

抽出式（压出式）通风的优点：掌子面排污效果好，整个通风系统需风量较小；污染物会直接进入通风管被排出隧道，不易形成回风涡流或回流，不污染隧道且不用设置专用的风门，有利于通风管理；当在高海拔地区时，能够避免污染物倒灌。

抽出式（压出式）通风的缺点：由于风量较小导致有效吸程短，当风离工作面较远时会导致通风效果不佳，但太近时又会因为施工导致布置困难。抽出式通风只能采用刚性通风管，大大增加了成本，且抽出式（压出式）通风不适用于瓦斯隧道，适宜运用在有轨运输的隧道。

（3）混合式通风。

混合式通风是由压入式通风和抽出式（压出式）通风两种通风方式

组合而成。由于抽出式（压出式布置使用柔性风管）使用的风机功率较大，因此作为主风机，而压入式风机作为辅助风机，在大型隧道施工时也可使用单机混合式通风，爆破后压入式通风系统工作，稀释炮烟后再风机反转，将炮烟沿风筒抽出，车辆出渣运输时风机又进行压入式工作。混合式通风布置如图 6.4 所示。

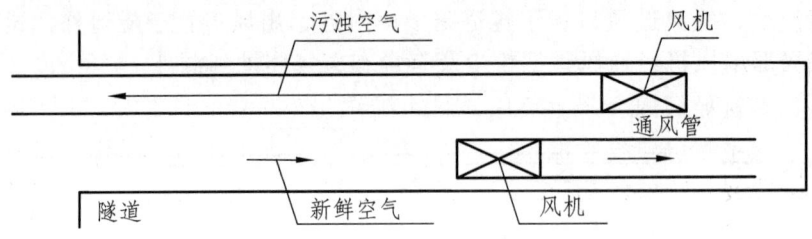

图 6.4　混合式通风布置示意图

混合式通风的优点：综合了压入式和抽出式通风的优点，利用压入式通风方法较长的射程，稀释污染物后使其远离工作面，再用抽出式（压出式）风机把污浊空气吸走，适合长大隧道及大断面隧道的施工。在采用喷锚支护的隧道，能够有效除烟排尘，降低粉尘浓度，通风效果良好。

混合式通风的缺点：施工通风过程中通风机和通风管复杂且数量较多，通风系统也较为复杂，不利于运输和安装，不能很好地控制两种施工通风的接力和转换，成本和能耗高，不适合瓦斯隧道。

混合式通风的使用应当注意以下几点：

① 通风管道的搭接长度必须大于 20 m，且两风机必须同时启动，以避免产生循环风，不利于污染物的排出。

② 压入式风管的端部与掌子面的间距应保持在有效射程范围内。

③ 为避免污染物倒灌回流，通风管出口必须与洞口保持一定的距离，并保持上弯。

④ 主风机的风量应大于辅助风机的风量，避免污染物顺着隧道流出与新鲜空气混合，再流入掌子面。

4. 利用辅助通道通风

长大隧道在施工过程中，为了实现"长隧短挖"和缩短通风距离，经常用平行导洞、斜井和竖井等方式作为辅助通风通道。

（1）巷道式通风。

巷道式通风是利用隧道成洞、平行导洞导坑以及联络横通道组成的通风系统，包括主风流和局部风流两个系统，并且两个系统之间互相配合达到施工通风的目的。隧道主洞和平行导洞之间的横通道组成了通风风流循环系统，在平行导洞的一侧挖一个通风洞，通风洞口安装一部主通风机，平行导洞的门口需设置两道风门，再把靠近工作面的横通道留作风流通道，其他的联络横通道必须全部设置风门。当主通风机向外抽风时，平行导洞内会产生负压，洞外新鲜空气就沿正洞流入，由于风门的关闭使得新鲜空气只能由隧道主洞进入，并逐渐流入掌子面，最后再带动粉尘及有毒有害气体从平行导洞排出洞外，从而达到通风供氧的目的。巷道式通布置如图 6.5 所示。

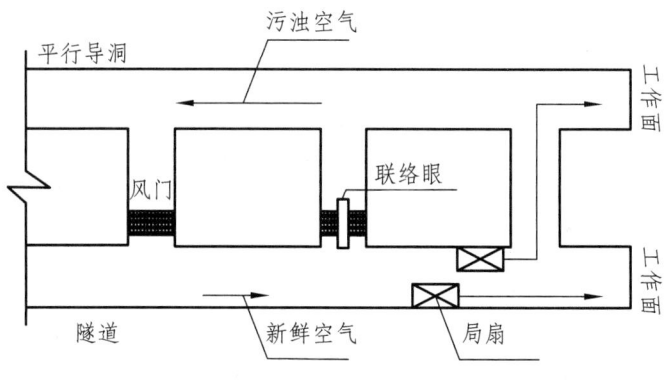

图 6.5　巷道式通风示意图

近年来，无风门巷道式射流通风技术被广泛应用。用射流风机取代轴流风机，运用升压原理，将射流风机的正压力变为侧压力，将风流引入平行导洞或另一侧隧道中。这种通风方式不再设置传统巷道式通风的风门、风道、风机房，因此被称为无风门巷道式射流通风技术。这种通风方式在长大隧道的施工中通风良好、可靠性高、能耗低、操作简单，在长大隧道中被广泛应用。

巷道式通风的优点：适合长大隧道施工，特别是高海拔地区的隧道施工，可以进行稳定的供风，且风量大、通风排污能力强、可靠性高。

巷道式通风的缺点：要设置平行导洞或用于双线隧道，且通风机数量多，成本高。

（2）辅助通道混合式通风。

在长大隧道的施工中，为了保证工作面有足够的新鲜空气和通风排污，往往会设置竖井或斜井。在竖井和斜井中安装抽出式风机，使粉尘和有毒有害气体沿斜井、竖井或钻孔中流出。若隧道埋深较大时，可以利用高差和自然风压来达到供氧除尘的目的。但由于自然风压随季节和地面气候变化较大，因此大多数情况下必须安装抽出式风机，且其风量应大于压入式风机的风量。这实际上是一种混合式通风系统。辅助通道混合式通风如图 6.6 所示。

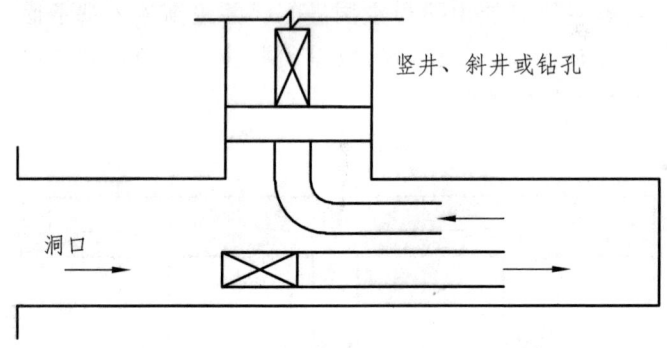

图 6.6 辅助通道混合式通风示意图

万安隧道是具有南元坑、九龙坑、陈屋三个斜井的单洞双线隧道，如果采用巷道式通风，必须采取平行导洞，既浪费经济人力物力，又不能充分发挥既有斜井的作用；并且需要设置大量通风机，成本过高。因此，拟采用斜井中安装通风机并在斜井长度超过 1 000 m 的九龙坑斜井处加设射流风机辅助通风。

6.1.3 通风机的并串联工作分析

在长大隧道通风（包括施工通风和运营通风）过程中常会遇到一台通风机不能满足隧道内需要的风量或一台通风机所产生的风压不足以克服相应的通风阻力的情况，并且在隧道内还会由于受净空限制无法布置多道通风管路或无法使用超大功率通风机等诸多因素影响，致使上面两种情况出现的概率更大，此时就可能需要采用两台或多台通风机联合工作来解决通风问题。通风机的联合工作包括并联、串联和并串联等几种情况，由于隧道通风中没有复杂的通风网络,几乎不会出现需要通风机并串联工作的情况,所以下面只结合隧道通风分析通风机的并联与串联工作的情况。

1. 通风机并联工作原理

通风机并联工作的主要目的是为了增加供风量,如图 6.7 所示,图 6.8 中 I 线和 II 线分别为 I 号和 II 号通风机的静压特性曲线,而 III 线就是 I 号和 II 号通风机并联工作的特性曲线。由于两台通风机的进风口风压相等(均为大气压力),出风口又均作用在同一风管或风道口上,其压力也相等,所以两台通风机的并联工作点风压必然相等,这样就形成了通风机并联工作的原则——"风压相等,风量相加",特性曲线 III 也就是这样形成的。R 为通风机的工作阻力曲线,M_1 和 M_2 为两台通风机并联工作时各自的工作点,M_0 为并联工作点,N_1 和 N_2 为两台通风机单独工作时各自的工作点,h_0、h_{M_1} 和 h_{M_2} 分别为 M_0、M_1 和 M_2 点的风压,Q_0、Q_{M_1} 和 Q_{M_2} 分别为点 M_0、M_1 和 M_2 的风量,点 Q_{N_1} 和 Q_{N_2} 分别为点 N_1 和 N_2 的风量。

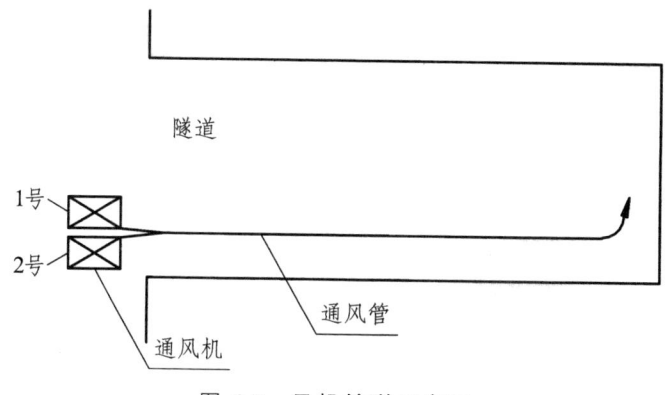

图 6.7 风机并联示意图

从图 6.8 中可以看出

$$h_0 = h_{M_1} = h_{M_2} \tag{6.1}$$

$$Q_{M_0} = Q_{M_1} = Q_{M_2} \tag{6.2}$$

$$Q_{M_0} < Q_{N_1} + Q_{N_2} \tag{6.3}$$

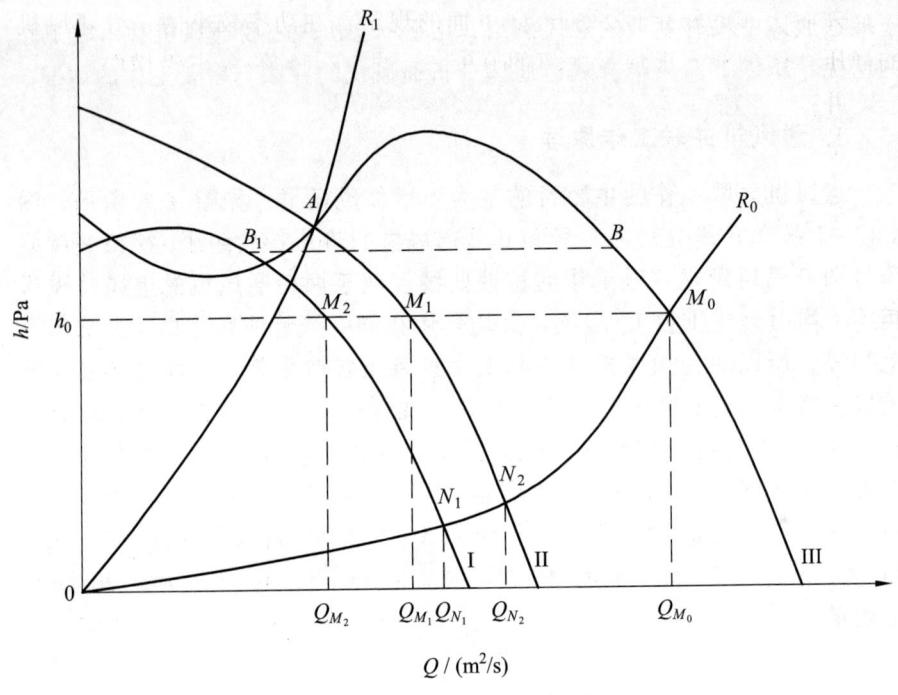

图 6.8 并联通风示意图

式（6.1）和式（6.2）证明了通风机并联工作遵循的原则，式（6.3）说明通风机并联工作并不能充分发挥每台通风机各自的作用，而且这种现象在通风阻力增加时更为明显。也就是说，通风机并联工作对于通风阻力的大小有一个适用范围，即随着通风阻力的增加存在一个极限点，图 6.8 中的 A 点就是极限点，R_0 为极限点的通风阻力曲线，此时功率较小的 Ⅰ 号通风机的工作风量 Q_{M_0}，表明该通风机在做无效运转，只有功率较大的 Ⅱ 号通风机在发挥作用。那么极限点也就是功率较大的 Ⅱ 号通风机的特性曲线 Ⅱ 与并联工作特性曲线 Ⅲ 的交点。如果通风阻力 R_1 继续增大，那么 Ⅰ 号通风机的工作风量将变为负值，说明该通风机不但不起作用，反而成了 Ⅱ 号通风机的一个出风通道，使进入风管或风道内的风量减小（风流短路与此类似）。但是，如果 Ⅰ 号和 Ⅱ 号通风机的型号相同，即 Ⅰ 线和 Ⅱ 线重合，就不会出现极限点的情况，也就是说并联通风机必须采用同一型号。

如果因受条件限制需要采用不同型号通风机并联工作时，那么为了保证并联工作的稳定性，应遵守下面的规定：在功率较小的Ⅰ号通风机的静压特性曲线Ⅰ上取最大值的 0.9 倍处的 B_1 点，在 B_1 点沿横向引平行线与并联工作特性曲线Ⅲ交于 B 点，B 点即为并联工作时工作点的上限，而其下限是必须保证功率较大通风机的工作效率大于 0.7、功率较小通风机的工作效率大于 0.6。

上面介绍的是两台通风机并联工作的情况，多台通风机并联工作仍然遵循"风压相等，风量相加"的原则，并且依据此原则可以绘制出多台通风机并联工作的特性曲线图进行分析，其原理与两台通风机并联工作相同，这里不再赘述。

2. 通风机并联适用条件

（1）在隧道施工通风中，需要的供风量较大，一台通风机不能满足，通风管的强度不允许采用超大功率通风机（或无超大功率通风机），隧道内受净空限制无法布置多道通风管路，此时为了保证足够的风量供应，就比较适合采用通风机并联工作的方式，如图 6.9 所示。

（2）在隧道运营通风中，当采用半横向式或横向式通风时，如果单台通风机不能保证风量供应，考虑到噪声和电力供应等因素影响又不适合采用超大功率通风机，那么可以考虑采用两台或多台通风机并联工作。

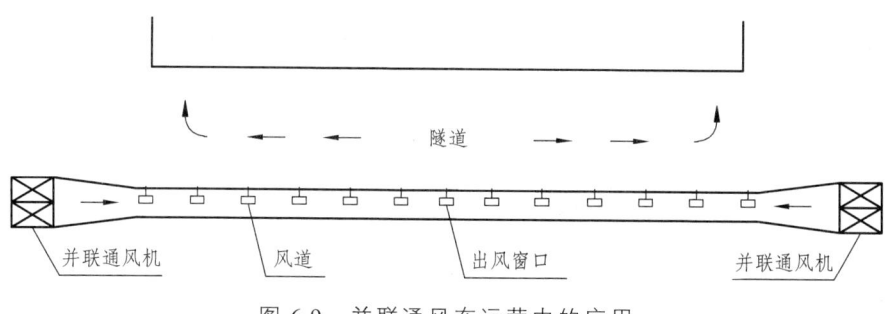

图 6.9　并联通风在运营中的应用

3. 通风机串联工作的原理

通风机串联工作的主要目的是为了增大通风压力，其串联方式可分为集中串联和间隔串联，两种串联方式和风压分布情况如图 6.10 和图 6.11 所示。

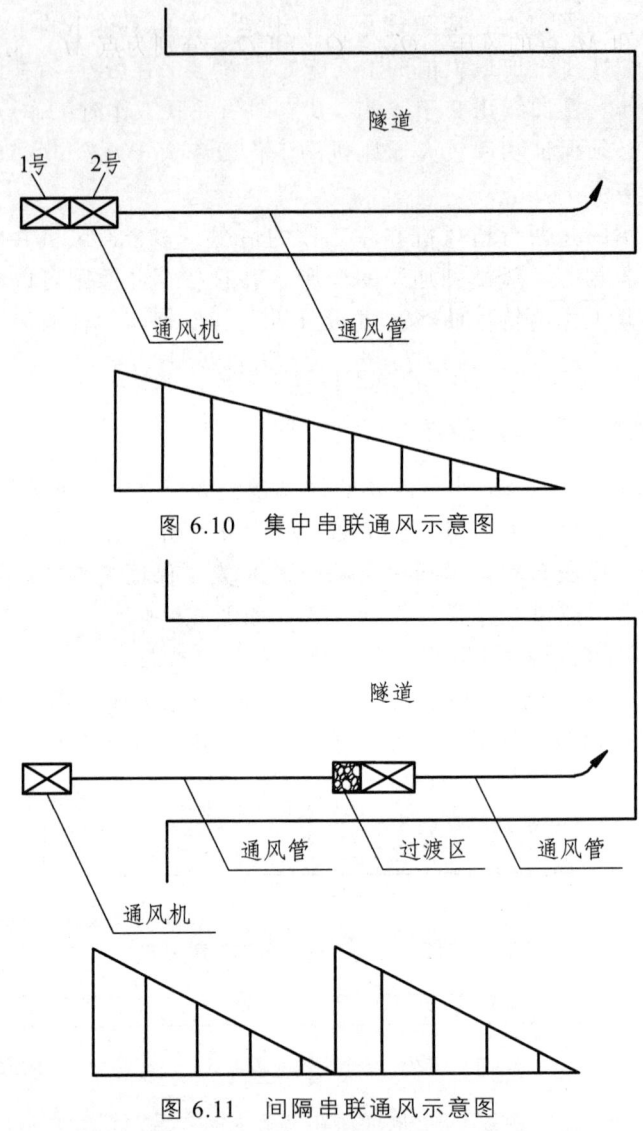

图 6.10 集中串联通风示意图

图 6.11 间隔串联通风示意图

集中串联遵循"风量相等，风压相加"的原则。如图 6.12 所示，Ⅰ线和Ⅱ线分别为Ⅰ号和Ⅱ号通风机的静压特性曲线，而Ⅲ线就是Ⅰ号和Ⅱ号通风机集中串联工作的特性曲线，R 为通风机的工作阻力曲线，M_1 和 M_2 为两台通风机集中串联工作时各自的工作点，M_0 为集中串联工作点，N_1 和 N_2 为两台通风机单独工作时各自的工作点，h_0、h_{M_1} 和 h_{M_2} 分别

为 M_0、M_1 和 M_2 点的风压，Q_{M_0}、Q_{M_1} 和 Q_{M_2} 分别为点 M_0、M_1 和 M_2 的风量，Q_{N_1} 和 Q_{N_2} 分别为点 N_1 和 N_2 的风量，h_{N_1} 和 h_{N_2} 分别为 N_1 和 N_2 点的风压。

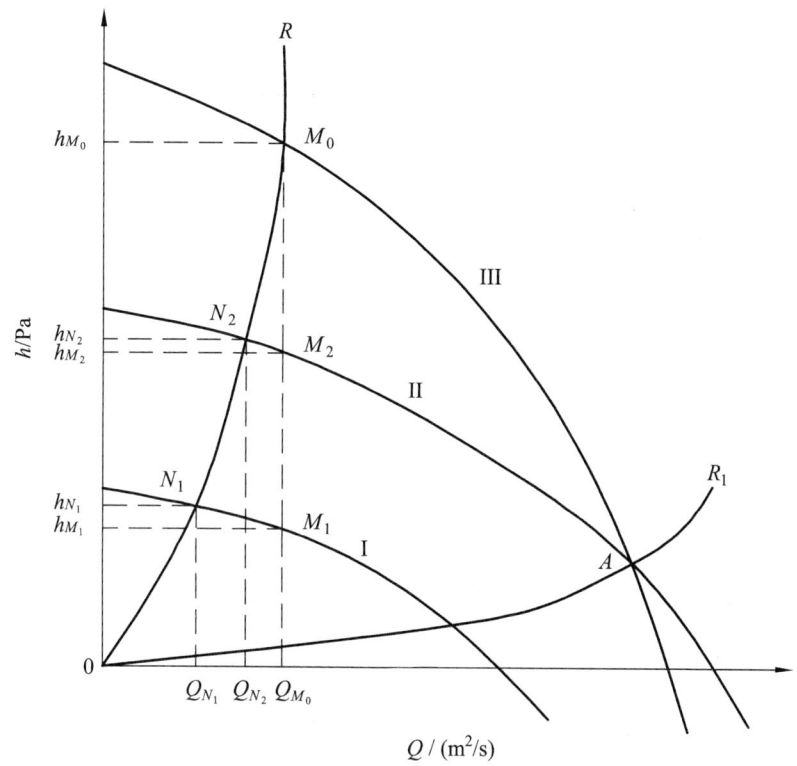

图 6.12 集中串联通风示意图

从图 6.12 中可以看出

$$h_{M_0} = h_{M_1} + h_{M_2} \tag{6.4}$$

$$Q_{M_0} = Q_{M_1} = Q_{M_2} \tag{6.5}$$

$$Q_{M_0} > Q_{N_2} > Q_{N_1} \tag{6.6}$$

式（6.4）和式（6.5）证明了通风机集中串联工作遵循的原则，式（6.6）说明通风机集中串联工作效果好时比单独一台通风机的工作风量要大，而且这种现象在通风阻力增加时更为明显，因此通风机集中串联工作对于通风阻力的大小也有一个适用范围。但是，集中串联是随着通风阻力的减小存在一个极限点的，图 6.12 中的 A 点就是极限点，R_1 为极限点的通风阻力曲线，此时 $Q_{M_1}=0$、$h_{M_1}=0$、$h_{M_0}=h_{M_2}$、$Q_{M_2}=Q_{M_0}$，表明功率较小的Ⅰ号通风机在做无效运转，只有功率较大的Ⅱ号通风机在发挥作用，那么极限点也就是功率较大的Ⅱ号通风机的特性曲线Ⅱ与集中串联工作特性曲线Ⅰ的交点。如果通风阻力 R 继续减小降到 A 点以下，那么Ⅰ号通风机的工作风量将变为负值，说明Ⅰ号通风机不但不起作用，反而成了Ⅱ号通风机的阻力，使集中串联工作的风量和风压均小于Ⅱ号通风机单独工作时的风量和风压，致使作用在风管或风道内的风量和风压均减小。但是，如果Ⅱ号和Ⅰ号通风机的型号相同，即Ⅱ线和Ⅰ线重合，就不会出现极限点的情况，因此串联通风机必须采用同一型号。

间隔串联的原理相对比较简单，相当于单台通风机针对各自的通风管路工作的简单串联组合，但是间隔串联的通风机间隔距离很难掌握，控制不好会出现两种风压分布的情况。如果采用的是刚性风管（负压风管）还影响不大，如果采用的是柔性风管（正压风管），会在负压区将风管吸瘪而造成通风中断。即使串联风机在正压区，其风管出口风压与串联风机的吸入风压也很难合理匹配，如果风管出口风压大于串联风机的吸入风压会造成能源浪费，如果风管出口风压小于串联风机的吸入风压也可能将正压风管吸瘪，所以采用此方式通风前必须进行准确的理论计算和现场监测。在条件允许时也可以采用不封闭间隔串联，即前一台通风机的风管出风口与接下来串联通风机的进风口连接处（图 6.11 中的过渡段）不完全封闭，以此来减小负压（或释放风管出口多余风压）而避免风管被吸瘪。但是，这种方式可能会造成少量的污风循环（或能源浪费），所以也必须结合现场的空气质量监测慎重采用。

上面介绍的是两台通风机串联工作的情况，多台通风机串联工作的原理与此相同，仍然可以结合串联工作的特性曲线图和风压分布图进行分析，这里不再赘述。

4. 串联风机适用条件

（1）在隧道施工通风中，如果独头送风距离过长、通风阻力很大，无法采用混合式通风、无法增设通风辅助坑道（竖井、斜井或支洞）、受净空限制也无法采用大直径通风管等手段来缩短送风距离和降低通风阻力时，采用通风机串联工作来实现增加风压克服通风阻力是比较合适的。

但是，必须保证采用的通风管的强度足以承受增大后的风压，否则通风管会因经常被吹爆而无法正常工作。如果集中串联风压过大，可根据现场条件考虑采用间隔串联。

（2）在隧道运营通风中，当采用半横向式或横向式通风时，如果风道的通风阻力过大，单台通风机不能满足需要，条件不允许采用更大功率通风机时，可考虑采用通风机串联工作。

5. 万安隧道风机布置

万安隧道各工区所需供风量、供风风压、风机功率等指标如表 6.3 所示。

表 6.3　万安隧道供风指标

工　区	供风距离/m	漏风系数	供风风量/(m³/min)	供风风压/Pa	风机功率/kW
隧道进口	1 797.28	1.22	2 469.6	1 820.3	98
南元坑斜井	2 835	1.4	2 827.3	3 198.5	197
九龙坑斜井进口方向	3 456	1.53	3 095.6	4 232.4	287
九龙坑斜井出口方向	3 231	1.48	2 992.7	3 835.9	251
陈屋斜井进口方向	2 844	1.4	2 830.8	3 212.3	199
陈屋斜井出口方向	2 556	1.34	2 421.3	2 790.2	166
隧道出口	2 141.5	1.27	2 577.8	2 237.1	126

（1）万安隧道进口。

从表 6.3 可以看出，万安隧道进口段所需风机供风量与供风风压较小，因此初步拟定万安隧道进口段的风机连接方式采用单独串联或并联两种方案。

根据图 6.13 和图 6.14 所示的万安隧道进口风机串并联可以看出：由于在万安隧道进口处供风距离接近 1 800 m、管道阻力较大且受净空限制，无法采用大直径通风管等手段来缩短送风距离和降低通风阻力。同时，由于此处没有通风辅助坑道，从经济和节约资源的角度考虑没必要采用混合式通风，所以采用通风机串联工作来实现增加风压克服通风阻力是比较合适的。因此，在万安隧道进口处选择两台 SDF-11 风机串联工作，如图 6.15 所示。

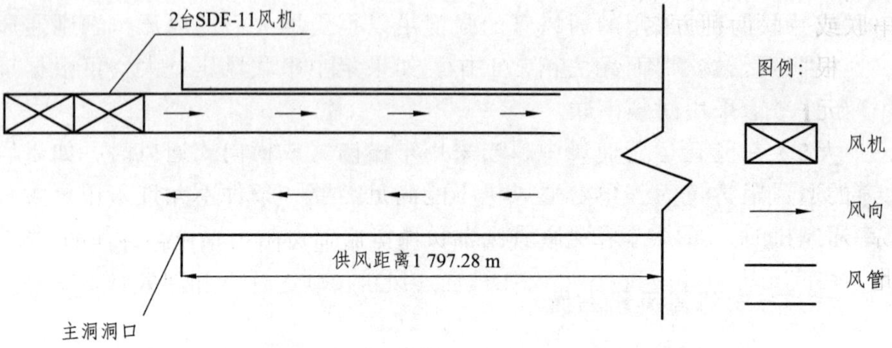

图 6.13 万安隧道进口风机串联示意图

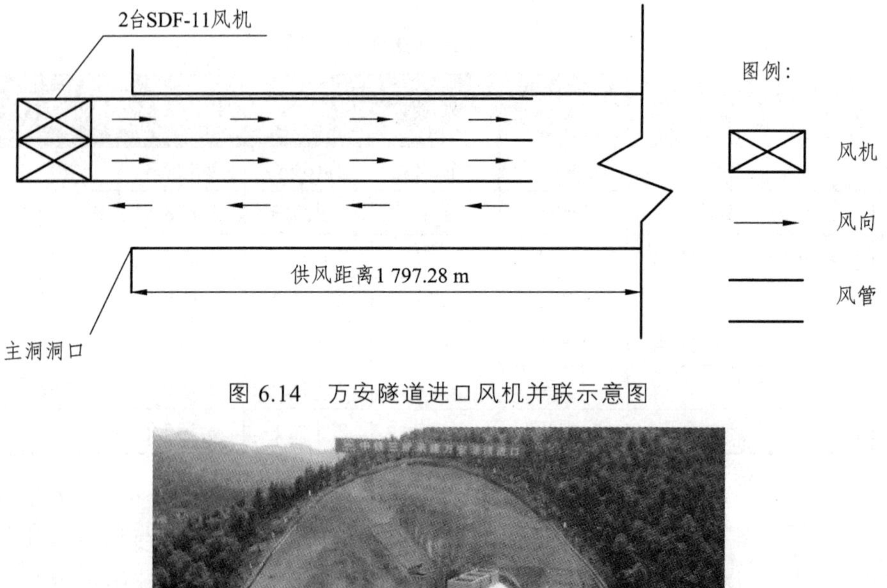

图 6.14 万安隧道进口风机并联示意图

图 6.15 SDF-11 风机串联

（2）南元坑斜井。

南元坑斜井长度仅有 333 m，属于小型辅助通道，且该段所需风机供风量与供风风压较小，因此初步拟定南元坑斜井风机连接方式采用单独串联或并联两种方案。

根据图 6.16 和图 6.17 所示的万安隧道进口风机串并联可以看出：由于南元坑斜井段的供风距离为 2 800 m，供风距离较长，管道内供风阻力也较大、受净空限制，无法采用大直径通风管等手段来缩短送风距离和降低通风阻力。同时，从经济和节约资源的角度考虑没必要采用混合式通风，所以采用通风机串联工作来实现增加风压克服通风阻力是比较合适的。因此，在南元坑斜井段选择两台 SDF-12.5 风机串联工作，如图 6.18 所示。

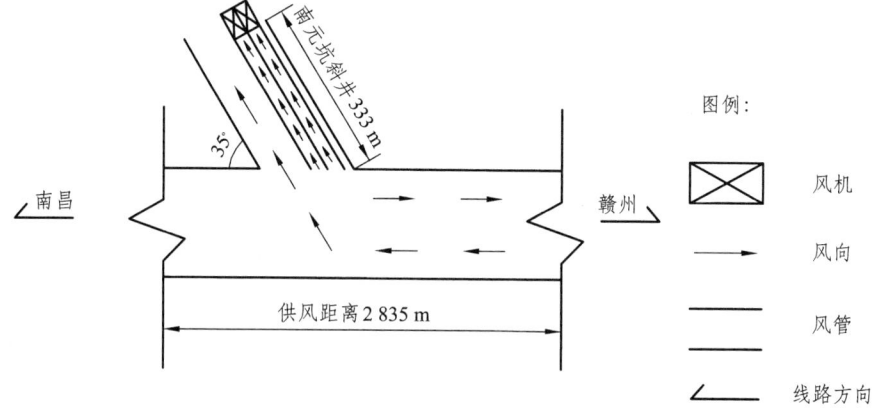

图 6.16　南元坑斜井风机并联示意图

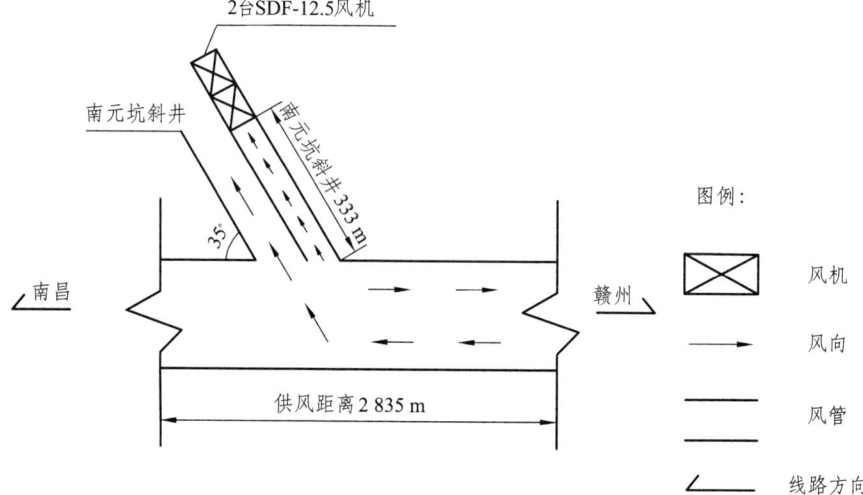

图 6.17　南元坑斜井风机串联示意图

图 6.18 SDF-12.5 风机串联

（3）九龙坑斜井。

九龙坑斜井为三个斜井中最长的一个，其通风距离、所需风压等参数条件也是所有工段之最。如果采用单一的风机连接方式，则无法满足其所需风量、风压等要求。因此，初步拟定采用串、并联结合的混合式通风方式。

在九龙坑斜井洞口处设置 4 台 SDF-11 型号的风机采用并联方式连接（见图 6.19），通过通风管将新鲜空气引入斜井与正洞交叉口处时，考虑到如果将通风机设置在交叉口的位置，会在交叉口处产生新鲜空气与排出废气的紊乱，影响正洞中废气的排出。因此，在交叉口两边距离交叉口 1 000 m 的位置再设置两台型号为 SDF（B）-16 的风机，并通过串联方式连接。具体风机布置如图 6.20 所示。

图 6.19 SDF-11 型号风机并联图

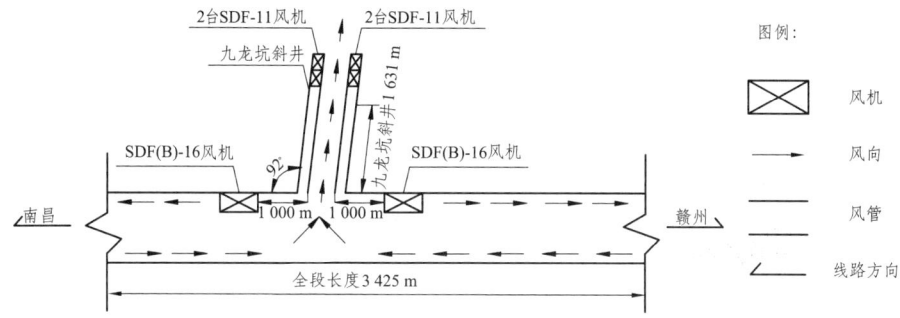

图 6.20　九龙坑斜井风机布置示意图

（4）陈屋斜井。

陈屋斜井虽然不是三个斜井中最长的一个，其通风距离所需风压等参数条件也要求较高。如果采用单一的风机连接方式，无法满足其所需风量、风压等要求。因此，初步拟定采用串、并联结合的混合式通风方式。

在陈屋斜井洞口处设置 4 台 SDF-11 型号的风机采用并联方式连接（见图 6.21），通过通风管将新鲜空气引入斜井与正洞交叉口处时，考虑到如果将通风机设置在交叉口的位置，会在交叉口处产生新鲜空气与排出废气的紊乱，影响正洞中废气的排出。因此，在交叉口两边距离交叉口 1 000 m 的位置再设置两台型号为 SDF(B)-16 的风机，并通过串联方式连接。具体风机布置如图 6.22 所示。

图 6.21　SDF-11 风机并联

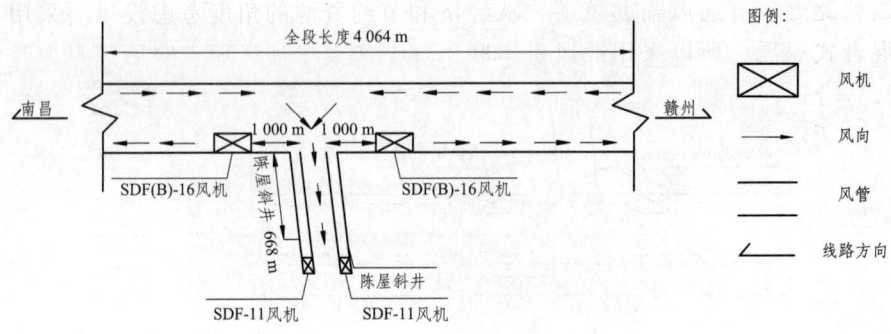

图 6.22 陈屋斜井风机布置示意图

（5）万安隧道出口。

万安隧道出口段所需风机供风量与供风风压较小，因此初步拟定在万安隧道进口段的风机连接方式采用单独串联或并联两种方案。

根据图 6.23 和图 6.24 所示的万安隧道进口风机串并联可以看出：由于在万安隧道出处供风距离接近 2 500 m，管道阻力较大且受净空限制，无法采用大直径通风管等手段来缩短送风距离和降低通风阻力。同时，

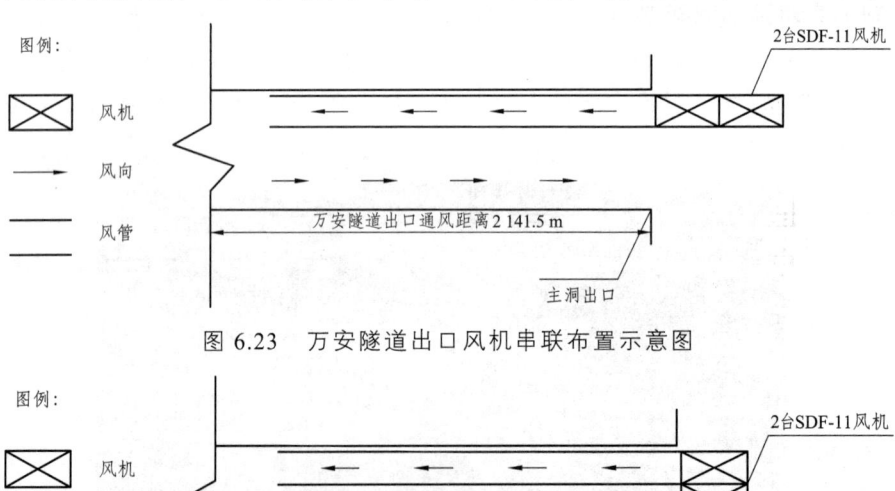

图 6.23 万安隧道出口风机串联布置示意图

图 6.24 万安隧道出口风机并联示意图

因为此处没有通风辅助坑道,从经济和节约资源的角度考虑没必要采用混合式通风,所以采用通风机串联工作来实现增加风压克服通风阻力是比较合适的。因此,在万安隧道出口处选择两台 SDF-11 风机串联,如图 6.25 所示。

图 6.25 SDF-11 风机串联

综上所述,得到万安隧道整体风机布置,如图 6.26 所示。

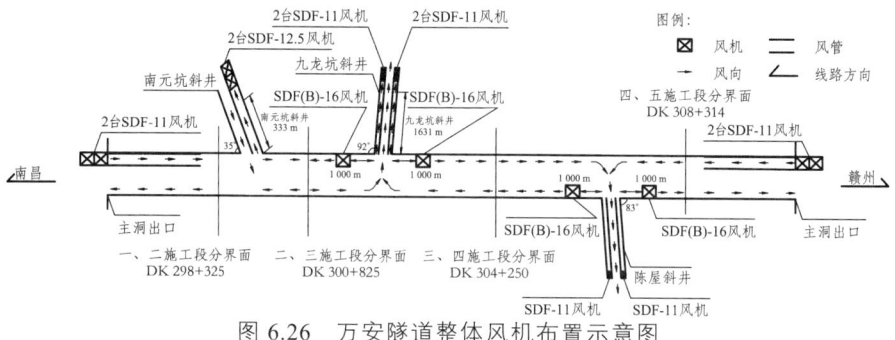

图 6.26 万安隧道整体风机布置示意图

6.2 机房环境控制技术

6.2.1 瓦斯控制

(1)运营隧道内,瓦斯浓度在任何时间、任何地点都不得超过 0.5%。

（2）瓦斯隧道运营通风宜在列车进入隧道前或在列车出隧道后进行，列车在隧道内运行时不应进行通风。

（3）瓦斯隧道运期间宜采用定时通风。

（4）当隧道内瓦斯浓度达到 0.4%时，必须启动风机进行通风，保证隧道内瓦斯浓度不大于 0.5%，当瓦斯浓度降到 0.3%以下时，可停止通风。

（5）瓦斯隧道应设置控制室，对隧道内各分站的瓦斯、风速等有关参数及分站设备的工作状态、馈电状态等进行连续自动监测。当出现瓦斯浓度超限或其他异常情况时，控制室中心站应能自动报警，并发出风机启动信号，启动风机对隧道内进行通风，排出隧道内的瓦斯。

6.2.2 通风道要求

（1）通风道不应设置在有塌方、滑坡等不良地质地段，也不应设在地表水或地下水汇集的山沟与低洼处。必要时，经技术、经济比较后，机械设备可置于地下洞室。

（2）风道进口宜与地形等高线正交或接近正交。

（3）选择风道位置、风道与隧道的夹角等，除按有关公式计算进行通风效果比较外，尚应考虑地形、地质与施工等条件。风道与隧道的夹角不宜小于 15°，通常采用 15°~20°。

（4）风道长度宜短，风道断面不宜太小和变化过多，断面形状可取半圆拱并使断面高宽接近。风道口（隧道边墙处）断面形状与高宽比可按地质情况、施工条件与结构条件等因素确定。紧靠风机的一段风道应顺直，风道的中心线应与风机轴线一致。

（5）双侧风道（并联）与单侧风道布置方式的选择可按施工与运营管理等条件比选确定。

（6）风道内下坡坡度应不小于 3%，除竖井、斜井外，风道纵坡也不宜过大。

（7）风道口（隧道边墙处）底部高程宜高出该处轨面 15~20 cm。当风道坡度较大时，风道与隧道连接段，应有不小于 10 m 的缓坡，使风流通畅。

（8）风道内风速宜采用 15~20 m/s。

（9）利用辅助坑道进行隧道运营通风时，应核算其断面面积，并使其符合通风的要求。

（10）凡初、近期以内燃牵引过渡，远期为电力牵引时，都应在初设文件中针对如何设置运背通风提出具体意见，而仅做一次电化时，应按内燃牵引隧道对通风的要求，作"预留运营通风"的勘测设计，即风道、风机房场地等土建工程与隧道一起施工，风机房及机电设备等缓建。

（11）风道进口与隧道洞口的选择是一样的，因而要求风道进口尽可能与等高线正交。

（12）吸入式通风中隧道短路长度、风道与隧道夹角以及风道长度等对通风效果的影响均可用公式定量计算。短路段应不长于上坡列车出洞时活塞风引进新鲜空气段长度，短路段最小长度以保证隧道、风道的结构要求与施工安全为度，一般可用至 40 m 左右（短路段长度也可缩短至 0，即当隧道洞口有条件时可扩大洞口断面，风机设在扩大的洞口，风机口即风道口）。风道、隧道夹角宜不小于 15°，以便施工，不宜过大以免影响通风效果。

（13）两台风机的并联，可采用一个风道、两台风机并列的方式，也可采用在隧道两侧各设一个风道的双风道方式，双风道要设两座风机房，以免机房人员使用管理有所不便。

6.2.3　风机房控制

（1）风道外洞口地形、地质应适应风机房施工场地与运营养护的需要。

（2）风机房应保持干燥，采用吸出式通风时应避免风道漏水随风吸出而淋湿风机、电动机等设备。

（3）风机房不应设在深挖槽内，宜设在地势开阔处，并需注意通风时的风流作用，不使雨水淋电动机、风机等设备。

（4）风机房应安装避雷设备并设置遮断开关，保障安全。

（5）对风机房提出若干要求是为了保证运营操作的安全和工程的稳定，在设计中对于安全、稳定的其他方面也应予以注意。

6.2.4　通风机

（1）隧道运营通风，应根据所需的供风量和风压选择风机，并按风机特性曲线选定风机的型号、工况点（风量、风压）和叶片角度。根据经济技术条件比选，确定采用一台大的风机或用两台较小的风机并联。

（2）吹入式通风可不装扩散器，吸出式通风必须装扩散器。

（3）风机可不考虑备用的台数。

（4）采用竖井（斜井）式通风时，风机电动机等设备不宜设在井下。

（5）双线隧道通风宜采用射流风机。

（6）射流风机的选型应结合采用洞内壁悬挂式或洞口堆放式所引起隧道断面增加的工程量比选确定。

（7）为节省动力，风机应选低风压、大风量的，一般用轴流式风机（风机叶轮直径宜大，转速宜低），需要风量大时，可两台或多台风机并联使用。

（8）吸出式通风风机宜装扩散筒。

（9）一般情况下，风机不考虑备用台数。

6.2.5 机电设备

（1）通风动力宜采用电力驱动。两台风机并联时，通风动力应满足两台风机同时起动的需要。

（2）供电时，应考虑电力变压器至风机房的线路压降，电力变压器至机房距离不宜过远。

（3）在雷击区变电系统均应安装避雷设备。电力变压器的高压端尚应设置断开开关。

（4）风机动力为二级供电系统，不考虑备用电网，应与其他供电线路分开，避免相互干扰。瓦斯隧道的风机动力应为一级供电系统，必要时应设置部分备用电源。

（5）用内燃机驱动风机时，应采取措施防止内燃机废气随风带入隧道。设计时应考虑油料的供应和储放设施。

（6）通风动力以电力为主，如电力供应困难或有其他原因，必要时可考虑用内燃机为动力的方案。若以内燃机为动力时，应做好供油设施的设计，并应采取措施防止内燃机烟气随风进入隧道。

（7）两台风机并联时，通风动力应满足两台风机同时起动的需要。

（8）要注意变压器至机房的线路压降，变压器至机房距离不宜太远。

（9）除变压器高压端设置遮断开关外，风机房也应设置遮断开关以保证安全。风机动力供电系统应与其他线路分开，以免互相干扰。

（10）在雷击区，除变电系统应安装避雷设备外，风机房也应安装避雷设备。

（11）瓦斯隧道为确保安全，要求其风机动力应为一级供电系统，必要时应设置部分备用电源。

6.3 长大隧道多工作面综合通风技术

6.3.1 所需风量计算

1. 按洞内同时工作的最多人数计算

所需风量计算公式为

$$Q_1 = qmk \tag{6.7}$$

式中　q——每人每分钟呼吸所需空气量，取 $q = 3\,(\mathrm{m}^3/\mathrm{min})$；

　　　m——同时工作人数，取 $m = 80\,(人)$；

　　　k——风量备用系数，取 $k = 1.15$。

由此可得 $Q_1 = qmk = 3 \times 80 \times 1.15 = 276\,(\mathrm{m}^3/\mathrm{min})$。

2. 按允许最低平均风速计算

工作面供风量计算公式为

$$Q_2 = 60AV \tag{6.8}$$

式中　A——隧道断面积 (m^2)；

　　　V——坑道内平均风速，正洞取 0.15 m/s。

由数据可知正洞面积为 154.6 m²，代入式（6.8）中，可得 $Q_2 = 60AV = 60 \times 154.6 \times 0.15 = 1391.4\,(\mathrm{m}^3/\mathrm{min})$，即允许最低风速所需要的风量为 1 391.4 m³/min。

3. 按爆破后稀释一氧化碳至许可最高浓度计算

压入式通风所需风量计算公式为

$$Q_3 = \frac{7.8\sqrt[3]{GA^2L^2}}{t} \tag{6.9}$$

式中　t——通风时间，取 $t = 30$ (min)；

　　　G——同时爆破炸药用量，斜井、正洞均按Ⅲ级围岩考虑，每循环最大进尺取 3.5 m。正洞单位装药量取 1.6 kg/m³，则 $G = 154.6 \times 3.5 \times 1.6 = 865.7$ (kg)；

　　　L——掌子面满足下一循环施工的长度，取 $L = 200$ (m)。

将数据代入式（6.9），可得

$$Q_3 = \frac{7.8\sqrt[3]{865.7 \times 154.6^2 \times 200^2}}{30} = 2\,023\,(\text{m}^3/\text{min})$$

即按照稀释爆破有害气体所需要的风量为 2 023 m³/min。

4. 按稀释内燃机废气所需空气量计算

采用无轨运输，洞内内燃设备配置较多，废气排放量较大，供风量应足够将内燃设备所排放的废气全面稀释和排出，使有害气体降至允许浓度以下，工作面考虑施工高峰期需要的内燃机械使用情况为：CAT315Dl 挖掘机 1 台（功率 110 kW），ZLC50B 装载机装载机 1 台（功率 162 kW），汽车 5 台（每台功率为 180 kW，洞内同时工作 3 台），混凝土罐车 2 台（每台功率为 85 kW），总功率为 982 kW。稀释内燃机排出废气的需要空气量为

$$Q = \frac{\sum \beta \cdot P}{K} \tag{6.10}$$

式中　β——室内燃机产生的有害气体，按照有净化装置机械产生的一氧化碳气体取 $\beta = 0.09 \times 10^3$ [m³/(min·kW)]；

　　　P——内燃机功率，取 $P = 982$ kW；

　　　K——允许浓度，取 $k = 0.008\%$。

将数据代入式（6.10）中，可得 $Q = V/K = (0.09 \times 10^3 \times 982)/0.008\% = 1104.8\,(\text{m}^3/\text{min})$，即按稀释内燃机废气所需要空气量为 1 105 m³/min。分类计算所需风量如表 6.4 所示。

表 6.4 分类计算所需风量统计

分类计算风量	计算结果/（m³/min）
按洞内同时工作的最多人数计算	276
按允许最低平均风速计算	1 391.4
按照爆破后稀释一氧化碳至许可最高浓度计算	2 023
按稀释和排除内燃机废气计算	1 105

上述 4 种计算结果，取其最大值 2 023 m³/min 作为通风布置设计量。

（1）九龙坑斜井进口方向供风。

正洞通过斜井井口大功率风机送风到储风室，再由风室处设置的轴流风机向进口方向通风。根据施工安排，单洞掘进最大长度 L = 3 456 (m)。

正洞风管漏风系数为

$$P_c = (1-\beta)^{-l/100} \tag{6.11}$$

取 β = 0.015，l = 3 456 (m)，代入式（6.11），可得 P_c = 1.53。

通风机供风量为

$$Q_{供} = p_c \times Q \tag{6.12}$$

由式（6.12）计算得九龙坑进口方向 Q_{max} = 1.53×2023 = 3 095.6（m³/min）。

（2）九龙坑斜井出口方向供风。

正洞通过斜井井口大功率风机送出风到储风室，再由风室处设置的轴流风机向出口方向排风。根据施工安排，单洞掘进最大长度 l = 3 231 (m)。

取 β = 0.015，l = 3 231 (m)，代入式（6.11），可得正洞风管漏风系数 P_c = 1.48。

由式（6.12）计算得九龙坑出口方向通风机供风量 Q_{max} = 1.48×2 023 = 2 992.7（m³/min）。

（3）万安隧道进口。

万安隧道进口根据施工安排单洞掘进最大长度 l = 1 797.28 (m)。

取 β = 0.015，l = 1 797.28 (m)，代入式（6.11）可得正洞风管漏风系数 P_c = 1.22。

由式（6.12）计算得万安隧道进口方向通风机供风量 Q_{max} = 1.22×2 023 = 2 469.6（m³/min）。

（4）南元坑斜井。

南元坑斜井根据施工安排单洞掘进最大长度 l = 2 835 (m)。

取 β = 0.015，l = 2 835 (m)，代入式（6.11），可得正洞风管漏风系数 P_c=1.397。

由式（6.12）计算得南元坑进口方向通风机供风量 Q_{max} = 1.397×2 023 = 2 827.3（m³/min）。

（5）陈屋斜井进口。

陈屋斜井进口根据施工安排单洞掘进最大长度 l = 2 844 (m)。

取 β = 0.015，l = 2 844 (m)，代入式（6.11）可得正洞风管漏风系数 P_c=1.399。

由式（6.12）计算得陈屋斜井进口方向通风机供风量 Q_{max} = 1.399×2 023 = 2 830.8（m³/min）。

（6）陈屋斜井出口。

陈屋斜井出口根据施工安排单洞掘进最大长度 l = 2 556 (m)。

取 β = 0.015，l = 2 566 (m)，代入式（6.11）可得正洞风管漏风系数 P_c=1.334。

由（6.12）计算得陈屋斜井出口方向通风机供风量 Q_{max} = 1.334×2 023 = 2 421.3（m³/min）。

（7）万安隧道出口。

万安隧道出口根据施工安排单洞掘进最大长度 l = 2 141.5 (m)。

取 β = 0.015，l = 2 141.5 (m)，代入式（6.11）可得正洞风管漏风系数 P_c=1.27。

由式（6.12）计算得万安隧道出口方向通风机供风量 Q_{max} = 1.27×2 023 = 2 577.8（m³/min）。

6.3.2 通风机风压计算

1. 管道阻力系数计算

风阻系数计算公式为

$$R_f = 6.5\alpha L / 5D \quad (6.13)$$

式中　α——摩擦系数，取 α = 0.000 8；
　　　L——通风长度(m)；
　　　D——通风软管直径(m)。

根据目前的施工经验、隧道断面以及常用性能稳定的风机选定通风管直径，为便于管理和维修，屏边隧道斜井通风软管统一采用取直径 D = 1.5 m。管道阻力系数 R_f 求值如表 6.5 所示。

表 6.5　管道阻力系数

地　点	通风长度/m	管道阻力系数
万安隧道进口	1 797.28	1.23
万安隧道出口	2 141.5	1.47
九龙坑斜井进口	3 456	2.37
九龙坑斜井出口	3 231	2.21
陈屋斜井进口	2 844	1.95
陈屋斜井出口	2 556	1.75
南元坑斜井	2 835	1.94

2. 考虑管道阻力损失的风压计算

考虑管道阻力损失的风压计算公式为

$$H_f = R_f Q_j Q_i / 3600 + H_D + H_{其他} \quad (6.14)$$

式中　Q_j——通风机供风量，取设计风量(m³/min)；
　　　Q_i——管道末端流出风量(m³/min)；
　　　H_D——隧道内阻力损失，取值 50；
　　　$H_{其他}$——其他阻力损失，取值 60。

由上可知风机设计全压 $H_f = R_f Q_j Q_i / 3600 + 110$，以下为各个地点的通风全压计算。

万安隧道进口风机全压计算如下：

$$\begin{aligned}H_{\max} &= R_f Q_j Q_i / 3600 + 110 \\ &= (1.23 \times 2\,469.6 \times 2\,023 / 3\,600) + 110 = 1\,820.3\,(\text{Pa})\end{aligned}$$

因此万安隧道进口所需风压为 1 820.3 Pa。
万安隧道出口风机全压计算如下：

$$H_{max}=R_fQ_jQ_i/3\,600+110$$
$$=(1.47\times2\,577.8\times2\,023/3\,600)+110=2\,237.1\,(Pa)$$

因此万安隧道出口所需风压为 2 237.1 Pa。
九龙坑斜井进口风机全压计算如下：

$$H_{max}=R_fQ_jQ_i/3\,600+110$$
$$=(2.37\times3\,095\times2\,023/3\,600)+110=4\,232.4\,(Pa)$$

因此九龙坑进口所需风压为 4 232.4 Pa。
九龙坑斜井出口风机全压计算如下：

$$H_{max}=R_fQ_jQ_i/3\,600+110$$
$$=(2.21\times2\,992.7\times2\,023/3\,600)+110=3\,835.9\,(Pa)$$

因此九龙坑出口所需风压为 3 835.9 Pa。
陈屋斜井进口风机全压计算如下：

$$H_{max}=R_fQ_jQ_i/3\,600+110$$
$$=(1.95\times2\,830.8\times2\,023/3\,600)+110=3\,212.3\,(Pa)$$

因此陈屋斜井进口所需风压为 3 212.3 Pa。
陈屋斜井出口风机全压计算如下：

$$H_{max}=R_fQ_jQ_i/3\,600+110$$
$$=(1.74\times2\,421.3\times2\,023/3\,600)+110=2\,790.2\,(Pa)$$

因此陈屋斜井出口所需风压为 2 790.2 Pa。
南元坑斜井风机全压计算如下：

$$H_{max}=R_fQ_jQ_i/3\,600+110$$
$$=(1.94\times2\,827.3\times2\,023/3\,600)+110=3\,198.5\,(Pa)$$

因此南元坑斜井所需风压为 3 198.5 Pa。
表 6.6 为各地点风机全压。

表 6.6　各地点风机全压

地　点	管道阻力系数	供风风量/（m³/min）	供风风压/Pa
万安隧道进口	1.23	2 469.6	1 820.3
万安隧道出口	1.47	2 577.8	2 237.1
九龙坑斜井进口	2.37	3 095	4 232.4
九龙坑斜井出口	2.21	2 992.7	3 835.9
陈屋斜井进口	1.95	2 830.8	3 212.3
陈屋斜井出口	1.75	2 421.3	2 790.2
南元坑斜井	1.94	2 827.3	3 198.5

3. 风机功率计算

风机功率计算公式为

$$W = QHK/60\eta \quad (6.15)$$

式中　Q——风机供风量(m³/min)；

　　　H——风机工作风压(Pa)；

　　　η——风机工作效率，取 80%；

　　　K——功率储备系数，取 1.05。

万安隧道进口风机功率为

$$W = QHK/60\eta$$
$$= 2\,469.6 \times 1\,820.3 \times 1.05/60 \times 0.8 = 98\,(\text{kW})$$

万安隧道出口风机功率为

$$W = QHK/60\eta$$
$$= 2\,577.8 \times 2\,237.1 \times 1.05/60 \times 0.8 = 126\,(\text{kW})$$

九龙坑斜井进口风机功率为

$$W = QHK/60\eta$$
$$= 3\,095 \times 4\,232.4 \times 1.05/60 \times 0.8 = 287\,(\text{kW})$$

九龙坑斜井出口风机功率为

$$W = QHK/60\eta$$
$$= 2\,992.7 \times 3\,835.9 \times 1.05/60 \times 0.8 = 251\,(\text{kW})$$

陈屋斜井进口风机功率为

$$W = QHK/60\eta$$
$$= 2\,830.8 \times 3\,212.3 \times 1.05/60 \times 0.8 = 199\,(\text{kW})$$

陈屋坑斜井出口风机功率为

$$W = QHK/60\eta$$
$$= 2\,421.3 \times 2\,790.2 \times 1.05/60 \times 0.8 = 166\,(\text{kW})$$

南元坑斜井风机功率为

$$W = QHK/60\eta$$
$$= 2\,827.3 \times 3\,198.5 \times 1.05/60 \times 0.8 = 197\,(\text{kW})$$

4. 综合计算统计

综合计算统计如表 6.7 所示。

表 6.7 综合计算统计表

地 点	供风距离/m	漏风系数	管道阻力系数	供风风量/(m^3/min)	供风风压/Pa	供风风机功率/kW
万安隧道进口	1 797.28	1.22	1.23	2 469.6	1 820.3	98
万安隧道出口	2 835	1.4	1.47	2 577.8	2 237.1	197
九龙坑斜井进口	3 456	1.53	2.37	3 095	4 232.4	287
九龙坑斜井出口	3 231	1.48	2.21	2 992.7	3 835.9	251
陈屋斜井进口	2 844	1.4	1.95	2 830.8	3 212.3	199
陈屋斜井出口	2 556	1.34	1.75	2 421.3	2 790.2	166
南元坑斜井	2 141.5	1.27	1.94	2 827.3	3 198.5	126

通过以上计算结果，得到以下结论：

（1）满足万安隧道进口方向通风风压和风量的要求，万安隧道进口方向风机应满足井底总风量为 2 469 m³/min，风压为 1 820.3 Pa，功率为 98 kW。

综合考虑，万安隧道进口选取 2 台 SDF-12.5 型号风机。

（2）满足南元坑斜井进口方向通风风压和风量的要求，南元坑斜井进口方向风机应满足井底总风量为 2 827.3 m³/min，风压为 3 198.5 Pa，功率为 197 kW。

综合考虑，南元坑斜井选取 2 台 SDF-12.5 型号风机。

（3）满足九龙坑斜井进口方向通风风压和风量的要求，九龙坑斜井进口方向风机应满足井底总风量为 3 095.6 m³/min，风压为 4 232.4 Pa；功率为 287 kW。

综合考虑，九龙坑斜井进口选取 4 台 SDF-11 型号和 2 台 SDF（B）-16 型号风机。

（4）满足九龙坑斜井出口方向通风风压和风量的要求，九龙坑斜井出方向风机应满足井底总风量为 2 992.7 m³/min，风压为 3 835.9 Pa，功率为 251 kW。

综合考虑，九龙坑斜井出口选取 4 台 SDF-11 型号和 2 台 SDF(B)-16 型号风机。

（5）满足陈屋斜井进口方向通风风压和风量的要求，陈屋斜井进口方向风机应满足井底总风量为 2 830.8 m³/min，风压为 3 212.3 Pa，功率为 199 kW。

综合考虑，陈屋斜井进口选取 2 台 SDF-11 型号和 2 台 SDF(B)-16 型号风机。

（6）满足陈屋斜井出口方向通风风压和风量的要求，陈屋斜井出口方向风机应满足井底总风量为 2 421.3 m³/min，风压为 2 790.2 Pa，功率为 166 kW。

综合考虑，陈屋斜井出口选取 2 台 SDF-11 型号和 2 台 SDF(B)-16 型号风机。

（7）满足万安隧道出口方向通风风压和风量的要求，万安隧道出口方向风机应满足井底总风量为 2 577.8 m³/min，风压为 2 237.1 Pa，功率为 126 kW。

综合考虑，万安隧道出口选取 2 台 SDF-12.5 型号风机。

表 6.8 为根据计算参数对各工区风机及风管的配置。

表 6.8　各工区风机及风管配置

地　点	供风距离/m	通风方式	风管直径/m	风机型号及参数	风机数量/台	布置方案
万安隧道进口	1 797.28	压入式通风	1.5	SDF-11 (55kW)	2	串联
万安隧道出口	2 835	压入式通风	1.5	SDF-12.5 (110kW)	2	串联
九龙坑斜井进口	3 456	压入式通风	1.5	SDF-11 (55kW)	4	串联
				SDF(B)-16 (110kW)	2	
九龙坑斜井出口	3 231	压入式通风	1.5	SDF-11 (55kW)	4	串联
				SDF(B)-16 (110kW)	2	
陈屋斜井进口	2 844	压入式通风	1.5	SDF-11 (55kW)	2	串联
				SDF-12.5 (110kW)	2	
陈屋斜井出口	2 556	压入式通风	1.5	SDF-11 (55kW)	2	串联
				SDF-12.5 (110kW)	2	
南元坑斜井	2 141.5	压入式通风	1.5	SDF-12.5 (110kW)	2	串联

5. 高压供风

高压供风采用电动空压机组成压风站集中供风方式，分两阶段供应，即洞口段 1.0 km 范围内在洞外设置电动空压机组集中供风；施工超过 1.0 km 后，在洞内进行增压，供洞内钻眼、喷射混凝土及断面清理等施工用风。

高压风管直径采用 ϕ150 mm 焊接钢管，进洞后采用托架法安装在边墙上，沿全隧道通长布置，高度以不影响仰拱及铺底施工为宜。主管道每隔 300～500 m 分装闸阀和三通，以备出现涌水时作为排水管使用，管道前段距开挖面 30 m 距离主风管头接分风器，用高压软管接至各风动工具。空压机配备按洞内风动机械同时工作最大耗风量及管道漏风系数等计算。

$$Q_i = \sum Q \times (1+\delta) \times k \times k_m \quad (6.16)$$

式中　δ——安全系数，电动取 0.3～0.5；
　　　k——空压机本身磨损的修正系数，取 1.05～1.10；
　　　k_m——不同海拔高度的修正系数，取 1.14；
　　　$\sum Q$——风动机具同时工作耗风量总和(m^3/min)。

$$\sum Q = \sum q \times q_n \quad (6.17)$$

式中　q_n——管道漏风系数，取 1.15。

同时，工作的各种风动工具耗风量为

$$\sum q = N \times q \times K_1 \times K_2 \quad (6.18)$$

式中　N——使用台数；
　　　q——每台耗风量(m^3/min)；
　　　k_1——同时工作系数，取 0.8；
　　　k_2——风动机磨损系数，取 1.10。

总风量按各工作面全部采用风动工具凿岩，正洞工作面按 20 台风枪考虑，每台耗风按 3 m^3/min 计，两个工作面喷射混凝土同时用湿喷机，每台耗风量按 20 m^3/min 计。

斜井正洞按两个工作面，每个工作面按 20 台风枪考虑，每台耗风按 3 m^3/min 计，两个工作面喷射混凝土同时用湿喷机，每台耗风量按 20 m^3/min 计。

（1）YT28 凿岩机风量计算。

风量计算公式为

$$Q_1 = N \times q \times K_1 \times K_2 \times K_3 \qquad (6.19)$$

将 $N = 20$，$q = 3$ (m³/min)，$K_1 = 0.8$，$K_2 = 1.1$，$K_3 = 1.15$ 代入式(6.19)中，得 $Q_1 = N \times q \times K_1 \times K_2 \times K_3 = 20 \times 3 \times 0.8 \times 1.1 \times 1.15 = 60.72$（m³/min）。

（2）混凝土喷射机风量计算。

将 $N = 2$；$q = 20$ (m³/min)，$K_1 = 1.0$，$K_2 = 1.1$，$K_3 = 1.15$ 代入式(6.19)中，得 $Q_2 = 2 \times 20 \times 1.0 \times 1.1 \times 1.15 = 50.6$（m³/min）。

6. 最大通风距离计算

隧道开挖面工作风压要求不小于 0.5 MPa，取风量为 113 m³/min，钢管内径为 150 mm 时，查得每 1 000 m 长的风管损失，风压损失为 0.2 MPa，则最大通风距离 $L = 1.0$ km。因此，当隧道施工供风达 1.0 km 后，在洞内设置增压泵供风。

7. 机械配置

本隧道进口掘进距离 1 797.28 m，洞口采用洞口风站集中供风。根据施工用风量，洞口风站风量按 120 m³/min 设计，配备 1 台 40 m³/min 电动空压机和 4 台 20 m³/min 电动空压机，风管采用 ϕ150 mm 的焊接钢管。

南元坑斜井一个工作面按进口同等配置，配备 4 台 20 m³/min 和 140 m³/min 电动空压机。九龙坑斜井两个工作面，按进口双倍风量进行配备，配备 12 台 20 m³/min 电动空压机。陈屋斜井两个施工工作面，按进口双倍风量进行配置，配备 8 台 20 m³/min 和 2 台 40 m³/min 电动空压机，出口按进口同等配备，配 1 台 40 m³/min 电动空压机和 4 台 20 m³/min 电动空压机，空压机房设置专人看管和维护。

6.4 本章小结

本章首先通过对特长大隧道通风类型入手，分析证明了适用于万安隧道的通风方式；其次通过方案比选，确定了一套比较适合万安隧道的风机连接方式；最后通过计算各个工区的通风量与通风机机房环境的研究，形成了一整套适用于万安隧道等特长大隧道的隧道施工综合通风技术。

万安隧道进口采用压入式通风，在进口设一台 2×110 kW 轴流主风机，通过 ϕ1 500 mm 风筒布将新鲜空气送入开挖面，污浊空气沿隧道外排。万安隧道共有 3 个斜井，其中万安隧道南元坑斜井采用压入式串联通风，于斜井口设一台 2×110 kW 轴流主风机，通过 ϕ1 500 mm 负压风筒布将空气压至掌子面，污浊空气沿隧道外排。万安隧道九龙坑斜井采用压入式串联通风，于斜井口设两台 2×132 kW 轴流主风机，通过 ϕ1 500 mm 负压风筒布将风分送至风室，风室设置在斜井与正洞交叉口处并配置两台 2×55 kW 轴流风机分别向进、出口两方向送风。考虑九龙坑斜井施工距离长，为防止污浊空气与新鲜空气混流，在斜井底风室处设两台 55 kW 射流风机，通过 ϕ1 500 mm 风筒布将污浊空气导入斜井，顺斜井排出到洞外。为防止斜井与正洞交叉口处进出口方向的污浊空气串流，在顶部设置挡风帘。万安隧道陈屋斜井采用压入式串联通风，于斜井口设两台 2×132 kW 轴流主风机，通过 ϕ1 500 mm 风筒布分别将风分送至进口、出口方向的工作面。考虑陈屋斜井施工距离长，为防止污浊空气与新鲜空气混流，在斜井底风室处设两台 55 kW 射流风机，通过 ϕ1 500 mm 风筒布将污浊空气导入斜井，顺斜井排出到洞外。为防止斜井与正洞交叉口处进出口方向的污浊空气串流，在顶部设置挡风帘。万安隧道出口采用压入式通风，在洞口设一台 2×110 kW 轴流主风机，通过 ϕ1 500 mm 风筒布将新鲜空气送入开挖面，污浊空气沿隧道排出。

第 7 章

隧道 BIM 综合信息化施工技术

万安隧道围岩类型错综复杂，尚无统一的理论公式模型可以准确计算隧道各部位所承受的压力。因此监控量测就显得尤为必要。施工中的监控量测是施工安全的保障，在施工过程中必须按要求进行此项工作，并将结果做系统处理后及时反馈指导工作。TSP（Tunnel Seismic Prediction）系统是目前较成熟的一种隧道预报方法，其采集方便、耗时短，一般情况下，仅一个小时左右就可完成整个采集过程。在数据处理上采用 TSPwin 配套软件，处理流程直观易懂。本章从信息化技术在定位系统、有害气体监控系统、施工应变检测、监控量测、语音双重对讲等 5 个方面的应用进行了阐释。应用 TSP 技术对隧道施工进行超前地质预报和监控量测，并利用 BIM 技术将量测结果进行可视化建模并展示，实现隧道施工 BIM 综合信息化管理。

7.1 隧道施工信息化监控量测技术

7.1.1 信息化技术在定位系统的应用

定位系统的应用主要是针对隧道内施工人员，利用网络技术和计算机可以精确掌握施工人员位置，对施工人员进行实时的监控，从而使管理人员对隧道内的实际情况有所掌握。在实际的隧道施工管理过程中，应加强定位系统的应用，促使管理人员精准地掌握施工人员位置和情况，并能够将监控数据通过互联网传送到监控中心，从而更科学地布控施工人员数量，针对当前隧道内的实际情况指导和管理施工人员，为提高隧道施工质量和效率提供保障。例如在人事管理方面的应用，管理人员通过定位系统可以明确施工人员的在岗情况，提高考勤效率。表7.1为隧道施工人员安全管理系统生成的数据，通过定位系统的应用，可以监测到施工人员的出勤情况。同时，如果施工中出现安全事故，通过定位系统可以快速在控制中心反馈出施工人员的具体位置，方便监控中心第一时间向隧道内发布救援，并有针对性地处理安全事故，有助于提高管理人员的决策效率，从而在最佳的时间段进行救援，避免安全事故造成人员伤亡，降低经济损失。但值得注意的是，定位系统固然有诸多好处，但是需要有硬件和软件做出基础，所以需要定期优化配置，提高定位精度。

表 7.1 施工人员定位

编 号	姓 名	部 门	职 务	日 期
5	测试员1	开挖	普工	2017-10-10
6	测试员2	开挖	普工	2017-10-10
11	测试员9	开挖	普工	2017-10-10
13	测试员23	开挖	普工	2017-10-10

7.1.2 信息化技术在有害气体监控系统中的应用

隧道工程在施工时会破坏地质结构，所以会产生大量的气体和粉尘等物质，对施工人员的身体健康产生一定影响，并且也带有较大的安全隐患。特别是隧道施工的过程中，由于对土地造成破坏，很容易使地底的气体泄露，气体蔓延在隧道当中不易散去，长时间空气不流通会累积大量的有害气体，威胁着施工人员的身体健康，极易发生中毒、窒息等状况，严重时还会有爆炸的危险。所以，在隧道施工管理中，必须要将有害气体检测工作做好，充分利用有害气体监控系统实现对隧道内气体的实时监测，并保证其监测效率和精准度，减少隧道施工的安全隐患。将信息化技术应用到隧道施工管理中，能够实时采集并检测隧道内的空气，对空气进行分析，同时分析结果会及时传送到监控中心，如果隧道内的有害气体含量达到设定峰值时，系统会自动发出警报，管理人员会立即疏散施工人员，同时利用科学的方法对隧道内的有害气体进行处理，当隧道内空气质量达标时，再组织施工人员进行工作，从而保证施工人员的安全。利用有害气体监控系统测量万安隧道内的空气质量，结果如表 7.2 所示，各项监测数据显示正常，因此可以继续开展隧道施工。

表 7.2　瓦斯监测结果

瓦斯浓度	温　度	相对湿度
0.0001%	20 ℃	65%

7.1.3　信息化技术在施工应变监测中的应用

该工程基于 COTDR（Coherent Optical Time Domain Reflectometer）技术进行隧道应变探测。由于光纤本身材质的原因，在各种环境下使用的光纤必须加工成具有相应机械性能的光缆，才能保证光纤在铺设、安装、使用、维护的过程中确保自身的安全。由柔性金属光纤加工成的各种规格的室内外光缆，具有体积小、重量轻、环境特性优越等特点。由于 COTDR 技术本身主要用于温度、应变、损耗等静态参数的测量，因此在隧道中布设单模光缆，采用 COTDR 技术检测的方式，对冲击振动的敏感度不高。隧道施工过程中产生的冲击振动造成监测系统误报警的可能性很小。为保证对隧道形变的有效监测，光缆采用如图 7.1 所示方式安装。

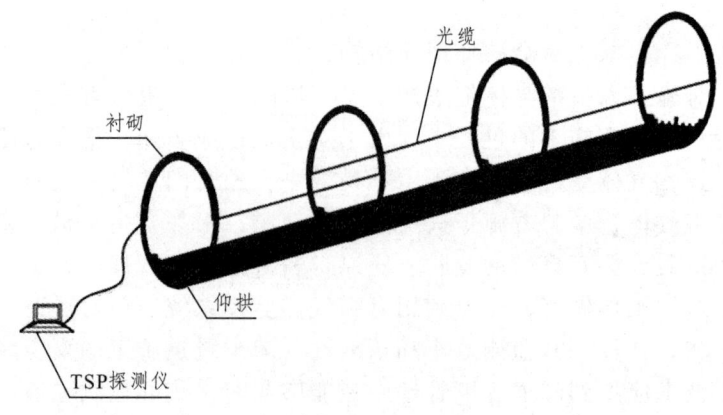

图 7.1　隧道内探测光缆安装方式

如图 7.1 所示，将探测光缆每隔一段距离（如 50 m），取出一定长度（如 10 m）光缆盘成直径为 d（可取 25 cm）的线圈，此时应让线圈中光缆自然弯曲不受力，通过固定件和支撑杆，安装于隧道顶部。通常情况下，隧道发生形变的主要原因是受到自上而下的巨大压力，当隧道顶部受到压力而发生形变时，光缆线圈也随之发生形变。在隧道出入口设置相应的地表沉降观测点，便于工作人员实时了解围岩的稳定情况。

根据《铁路隧道监控量测技术规程》的规定，极限相对位移值（U_0）是指极限位移与两测点间的距离之比，具体来说就是拱顶下沉的变化值的最大值相对隧道高度的百分比，或者净空收敛的变化值的最大值相对隧道开挖宽度的百分比。一般都是 U 为实测位移值，U_0 为允许相对位移值（也叫极限值），就是绝对不能超过的值，与这个值相对应的有三个管理等级，用来控制隧道的安全性及施工进度。U_0 的算法是根据隧道宽度、围岩的脆塑性、覆盖层厚度、围岩级别综合确定。极限相对位移值是一个经验统计值，主要用来结合变化速率去判断监控量测数据的可靠性，确定初期支护的稳定性，判断监控量测的结束时间等。

7.1.4 信息化技术在监控量测中的应用

在隧道施工中监控量测工作至关重要，它直接关系到隧道施工的安全，在施工期间必须严格依照相关规范标准进行操作，确保测量结果的准确性，然后对测量结果进行系统处理分析后及时反馈施工、指导工作。在隧道施工中，对围岩形变的实时监控量测，其目的在于掌握围岩的动态形变情况，以对围岩稳定性作出评价；为确定初期支护的形式、支护参数和支护时间提供根据；了解初期支护结构的受力情况；评价初期支护结构的合理性和安全性，为施工提供合理指导，以确保施工运营的安全。

以此实现隧道信息化动态施工控制，既能达到安全快速施工的要求，又能节省工程造价。在隧道开挖过程中，可以依据量测断面的信息，确定不同围岩级别与支护形式的合理配置，以达到确保安全、经济、合理的目的。通过监控量测了解某地质条件下所反映出来的隧道工程的规律和特点，可为本工程施工提供指导，为今后类似工程提供借鉴。

为掌握施工过程中地表隆陷情况及其变化规律性，确保既有建筑物、地下管线的安全成本,制定了详细的监测方案,其监测项目如表7.3所示。

表7.3 隧道监控量测项目

序号	监测项目	量测类型	量测仪器
1	洞外观察	必测	观测、记录
2	地表隆陷	必测	徕卡 DNA03 电子水准仪、徕卡 TCR1201+全站仪、钢尺、棱镜
3	隔离桩水平位移	必测	
4	地下管线监测	必测	
5	隧道沉浮和水平位移	必测	
6	地层位移	必测	CX806D 型测斜仪、沉降仪(或多点位移计)
7	衬砌环内力和变形	选测	GTY-202 型振弦频率读数仪
8	地层管片的接触应力	选测	

关于隧道监控量测技术,国家有专门的技术规范。另外,各个工程项目的具体展开也有属于自己的一套作业方法,主要是依托技术规范,根据施工工艺的不同,以及所处的施工地的地质情况采取相应的监测方法。

为了削弱高程归化和高斯投影引起的长度变形,需要建立工程独立坐标系统,在较小的过程区域内,使得长度投影变形较小或者相互抵消,达到与实际测量接近或相等,从而不做或少做边长改正。根据现场监控量测获得的数据进行分析后,结合现场施工方面的信息,再与由经验和理论所建立的标准进行比较,若与预先设计指标基本相符,就可以继续施工;若差别过大,就应修改设计,通常是加强或减弱初期支护参数,或者改变开挖方法和频率,改变施工方法,调整作业时间,以求隧道安全可靠,经济合理,尽量不要出现各种塌方事件,以及因此带来的人员和机械的危险。如图7.2所示为信息传递流程。

现场的监控量测数据具有一定的离散性,因此量测数据在时间-位移图上的波动性比较强,为保证量测结果的可靠性和正确性,真正了解围岩的受力情况、形变规律和稳定性的状态,需要对监控量测数据进行回归分析。同时,位移-时间曲线是最能直接反映围岩以及初期支护衬砌受力状态随时间的变化情况的分析图标,在监控量测的数据中也必须严格要求。

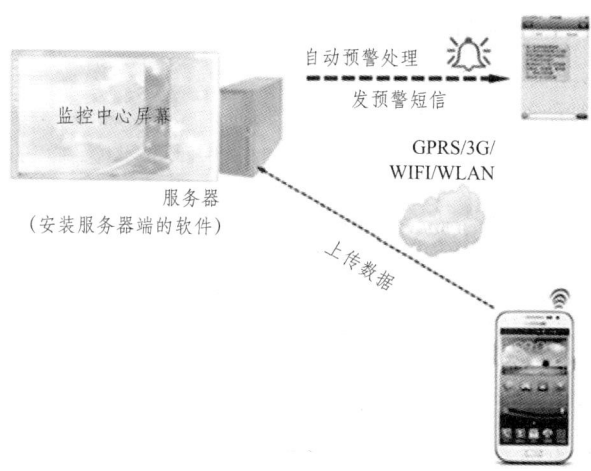

图 7.2 信息传递流程

地层位移监测是为了了解爆破施工过程中地层不同深度的垂直变位与水平变位情况,判断盾构掘进过程中隧道开挖外轮廓土体的稳定性。我方采用 CX-806D 型测斜仪、配套 PVC 测斜管以及沉降仪、沉降磁环或者多点位移计对地层位移进行监测,监测精度可达到 ± 0.01 mm/500 mm,探头抗震性达到 50 000 g。地层水平位移测量采用测斜的方式,在具有代表性的地段布设 1 个断面,设置 2 个测孔。垂直位移监测在每一代表性的地段布设 1 个断面,设置 1 个测孔。地层垂直位移选用土体分层沉降仪观测。地层位移由测量小组人员定期观测,每次监测,重复量测两次,两次误差绝对值不大于 1.0 mm。数据根据水准测量结果修正后,计算各土层沉降情况并绘制水平位移-埋设深度关系曲线和垂直位移-埋设深度关系曲线,将监测结果附于日报中报于施工方和监理方。

7.1.5　信息化技术在语音双重对讲系统中的应用

语音双重对讲系统是隧道施工中应用非常广泛的技术。它实质上是一种在信息监控技术下实现的实时语音传输功能。通过语音双重对讲系统,施工管理人员可以及时与项目施工现场联系,了解项目建设情况,从而及时有效地管理和控制项目。一旦施工过程中出现特殊情况,语音双重对讲系统的施工人员可以及时上报情况。管理人员还可以根据施工人员报告的情况，指导施工人员进行初步处理，以避免情况进一步扩大和有效减少项目的损失。隧道建设需要深度，所以很多信号设备不能正常使用。语音双重对讲系统有效填补了沟通空白，能够有效实现隧道内与隧道外的及时有效沟通，实现有效的施工管理和控制。

该技术在隧道施工管理中的应用主要是为了更好地定位隧道施工人员，利用互联网信息技术及时监测和掌握施工人员的位置，以便更好地把握其实际情况。在施工管理过程中，加强语音双重对讲系统的应用，及时掌握施工人员的情况，准确地进行施工人员的定位。同时，监测结果可以及时传送到监测中心，以便更好地了解人员的实时情况。这样便于远程管理和指导施工人员。例如，对于人员出勤，可以及时监控和掌握。一旦出现安全问题，施工人员的位置可以及时反馈给控制系统。此时，监测中心可以结合人员分布进行有针对性的处理和改进，以便决策能够得到确定和执行。同时，提供证据和支持以更好地确保救援的及时性，并尽量减少由此造成的损失。然而，定位精度常常受到软件和硬件的限制。因此，有必要对此进行有针对性的配置和优化，以更好地满足实际需要，同时避免浪费资金。

在隧道施工过程中应用先进的地质预报方法，如先进钻井技术和TSP技术，能够有效掌握岩土结构的性质和状态，以及隧道施工前的地下水及天然气分布情况和地面应力条件等地质信息，将进一步指导隧道施工，避免施工过程中发生重大事故，确保施工安全。在隧道施工期间，使用先进的钻机。根据蓝图的测量控制点，建立测量网络并进行测量，并根据施工测控网络进行施工放样。这主要是利用先进的预测技术，在隧道施工之前，对岩土结构、地位、性质和地下水含量以及瓦斯等的分布情况进行掌握和预测，以便为隧道施工提供指导，有效防止施工安全事故发生，确保整个施工过程的安全。先进技术主要包括先进的地质预报技术和TSP预测技术，及时掌握隧道情况，结合先进勘探成果，以优化和改进为目标，以更好地保证隧道施工质量和安全，最大限度地避免安全事故的发生。

7.2 基于BIM的TSP系统实测技术

TSP超前地质预报技术基于反射波理论，一般由定量乳化炸药作为激发震源，布置在隧道边墙上排列的 24 个钻孔内，钻孔等间距排列，一般间距为 1.5 m，采用三分量检波器进行接收。地震波在前方岩石中传播时，遇到波阻抗差异层面就会发产生反射，相差越大，反射的能量就越强。根据反射波信号的强弱及走时，在处理后便可确定破碎带、断层、不连续面、含水层等不良地质体的方位、厚度、物理力学参数等信息，TSP-203 的工作原理如 7.3 所示。

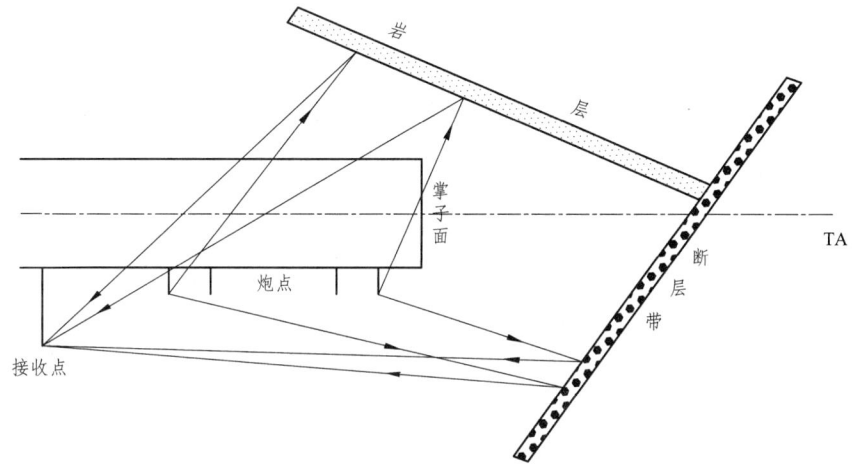

图 7.3　TSP-203 的工作原理示意图

TSP 系统是目前较成熟的一种隧道预报方法，其采集方便、耗时短。一般情况下，仅一个小时左右就可完成整个采集过程。在数据处理上采用 TSPwin 配套软件，处理流程直观易懂。TSP 系统的整个流程包括数据采集、数据处理及数据解释三个部分。

隧道的超前预报作为隧道信息化的一部分，对安全施工具有重要的指导意义。隧道的预报成果虽依赖于地质资料，但是却不能与地质资料进行协同管理。针对这种情况，本章选用 BIM 应用中的 Revit 初步建立隧道三维地质模型，在模型中实现隧道的 TSP 数据三维可视化。

7.2.1　TSP 技术野外采集设计

1. TSP 系统组成

TSP-203plus 仪器系统可大致分为记录单元、接收单元、引爆装置和附件部分。

（1）记录单元。

记录单元是 TSP 系统的核心部分，功能是记录地震波信号和把控信号质量。构件包括一台专用手提电脑（Panasonic）和 A/D 电子转换元件，如图 7.4 所示。

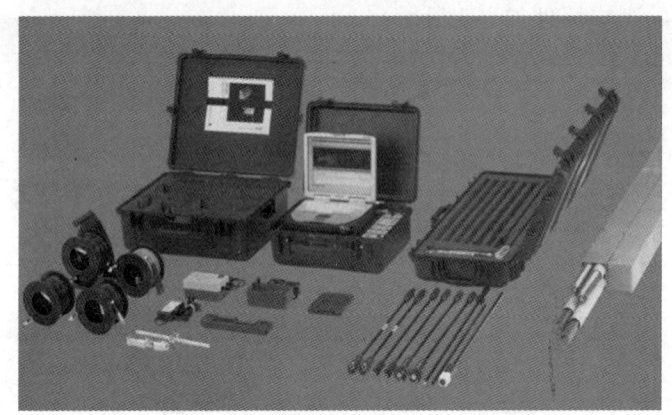

图 7.4　TSP-203plus 系统记录单元

系统配套的手提电脑具有 4 个三分量检波器接收插孔，用来记录地震信号，并对信号质量进行把控。地震信号质量的好坏对后期地震数据处理和解释至关重要，质量很差的地震信号处理后非常容易出现误判现象，影响最终探测精度。TSP-203plus 采用 24 位的 A/D 转换器，可接收 10~8000 Hz 频率范围的信号，其主要的技术参数如表 7.4 所示。

表 7.4　TSP-203plus 系统记录单元技术参数

参　数	性能指标	参　数	性能指标
记录道集	12 个	采样间隔	62.5 μs、125 μs
记录长度	14 468 采样点	记录带宽	4 000~8 000 Hz
动态范围	120 dB	最大输入信号	10 vpp（峰值）

（2）接收单元。

TSP-203plus 系统采用两个三分量检波器作为接收单元。地震信号的接收单元按照类型的不同，可以大致分为纵波、横波检波器。TSP-203plus 系统采用的三分量检波器，可以接收三维空间全波场的纵波（P 波）、横波（SV 波、SH 波）地震信号。

在采集地震信号时，把检波器放置于套管内，并在套管与周围岩石接触位置用锚固剂（双组分环氧树脂）或水泥浆固定，其主要的技术参数如表 7.5 所示。

表 7.5　TSP-203plus 系统记录单元技术参数

参　数	性能指标	参　数	性能指标	参　数	性能指标
灵敏度	(100±5) mV	横向灵敏度	<1%	检波器	三分量（X-Y-Z）接收
频率范围	0.5~5 000 Hz	工作环境温度	0~65 ℃		

（3）引爆装置。

TSP-203plus 系统的引爆装置通过外接触发器与引爆线路相连，触发器一侧连接小型雷管，另一侧接入记录单元。在进行引爆时，要确保人员撤离危险区域，由掌子面最近的炮点依次引爆。只有在记录单元和触发器同步时，起爆盒上的指示灯显示为绿色，才可安全引爆雷管。

2. TSP 观测系统布置

在预报过程中，TSP-203plus 仪器布置的观测系统主要用来探测掌子面前方岩石参数变化，即岩层波阻抗差异。整个探测过程是通过布置在隧道侧壁的小剂量炸药爆破产生地震波，当遇到断层、破碎带等地质不良体产生的波阻抗层面时，一部分能量就会在波阻抗界面上发生反射，剩余能量继续向前方传播。反射回的能量就会被布置在隧道两侧壁上的高分辨率三分量检波器接收到，最终会显示在屏幕上。

在一般情况下，在隧道一侧洞壁上布置 24 个炮孔，根据施工环境差异不得少于 15 个，每个炮孔深 1.5 m，以 1.5 m 呈等间距、等高度排列。在距离最近炮孔 20 m 的位置处在洞壁两侧各布置一个接收器，接收器炮孔深度 2.0 m，详细技术参数如图 7.5 所示。

TSP 系统的所有炮孔和接收器位置建立在选取的隧道空间坐标系内，即在 X 轴方向布设，若相对坐标系设置在右侧边墙上，即 X 位于右边墙，炮孔和接收器的位置就布置于右边墙；若相对坐标系设置在左侧边墙上，则相应地布置在左边墙。炮孔和接收器钻孔的技术参数如表 7.6 所示，相应的孔位布置如图 7.6 所示。

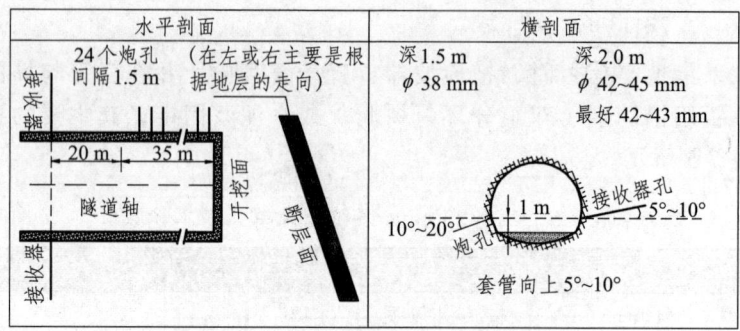

图 7.5　TSP-203plus 现场布置剖面示意图

表 7.6　炮孔和接收器钻孔技术参数

参　数	孔　位	
	炮孔	接收器钻孔
数量	24 个	2 个，左右侧壁各一个
直径	38 mm	35~45 mm
深度	1.5 mm	2 m
方位	沿轴径向，向下斜 10°~20°	沿轴径向，向下斜 5°~10°
高度	距地面约 1 m	距地面约 1 m
位置	第一个钻孔距接收器 20 m，其余间距 1.5 m	距离掌子面 55 m

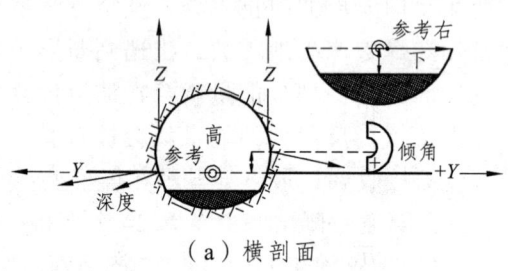

(a) 横剖面

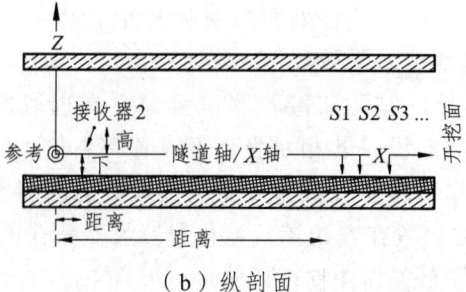

(b) 纵剖面

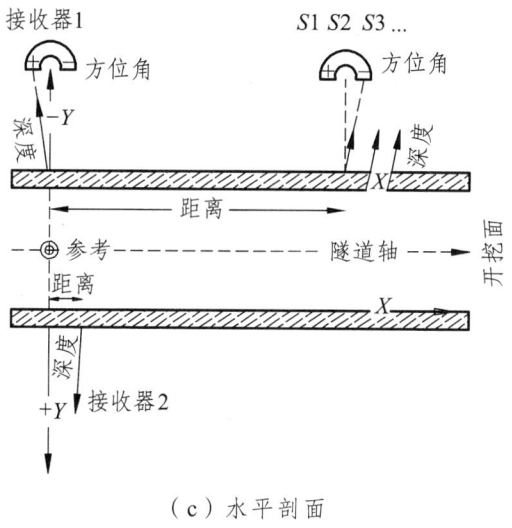

（c）水平剖面

图 7.6　TSP 炮孔和接收器几何参数示意图

7.2.2　TSP 数据处理

TSP 系统的数据处理是通过专业软件 TSPwin 完成的，处理程序根据地震波的动力学及运动学特性，对待测区域进行预报工作。TSPwin 地震处理程序主要包括数据设置、带通滤波、初至拾取、拾取处理、炮能量均衡、Q 因子估算、反射波提取、纵横波提取、速度分析、深度偏移、反射层提取等步骤。

7.2.3　TSP 技术数据成果在 BIM 中的实现

1. BIM 应用在铁路地质勘查中的定义

BIM（Building Information Modeling）是建筑信息模型的简称，是通过建立数字化模型对整个建设工程的设计、建造、运营维护的全周期进行统筹管理。模型涵盖了整个工程的所有建筑单元的几何、材料、功能等信息，既具有几何特性，又具有功能特性。不同的参与方可在项目的各个阶段对本专业的相关数据进行管理维护。与此同时，其他的参与方可实时地对更新的数据进行协同处理，例如设计方可对隧道预报中已更新的地质数据建立模型，并进行数值计算、模拟分析等工作，如图7.7所示。

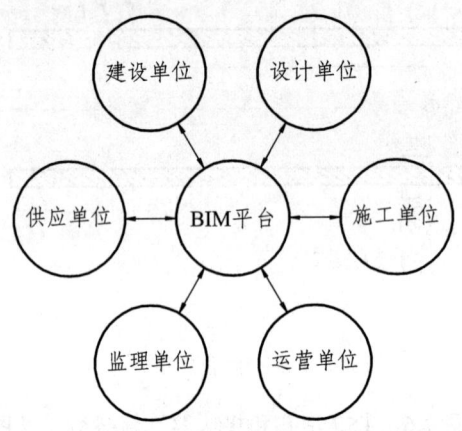

图 7.7　BIM 在项目全生命周期中实现信息共享

BIM 应用可在建设工程的整个生命周期中实现信息共享，有效提升工作效率，大幅缩减项目成本，是对整个建筑行业的一次技术革新。目前，在建筑、水利等行业 BIM 的应用已相对发展成熟，逐渐被市场认可。虽然目前 BIM 技术在推广中存在诸多问题，但是 BIM 的应用和发展已成为必然趋势。

与建筑行业不同的是，铁路的建设项目为线状工程，跨越范围广，地形复杂多变，这就要求铁路项目的 BIM 要建立在整条线路的三维地质模型上，也就是说勘察阶段的 BIM 实现是铁路项目 BIM 实施的前提。与常规勘察内容不同的是，BIM 的勘察阶段不仅要收集地形、地貌等地质资料，还要完成道路交叉、地表重要构筑物、水文等勘察工作。然后将收集的信息载入三维地质模型中，设计方根据已完成的三维地质模型进行桥梁、隧道等工程的设计工作，其他相关方可以通过平台接口了解信息模型，实现多专业间的信息交互。

2. 基于 BIM 应用的隧道三维地质模型的建立

根据测绘数据生成隧道纵断面图纸，再将该标段由测绘得来的地形数据文件导入到 Revit，利用体量生成三维地形模型，如图 7.8 所示。

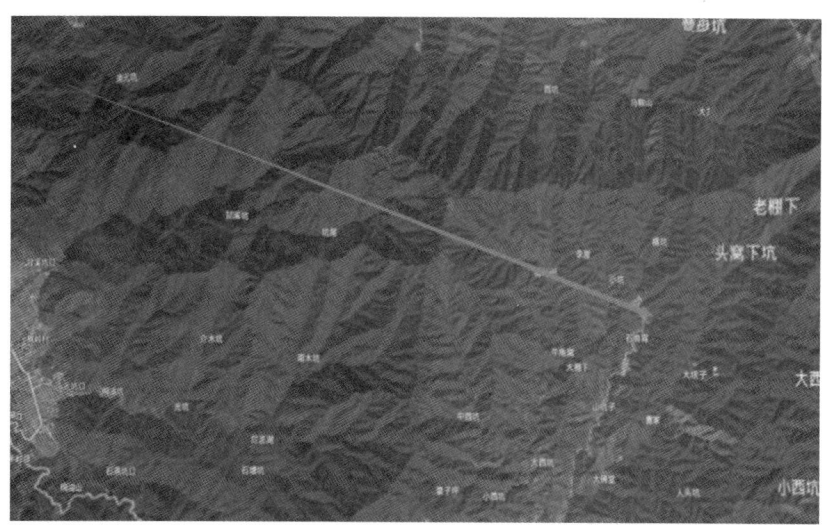

（a）地形俯视图

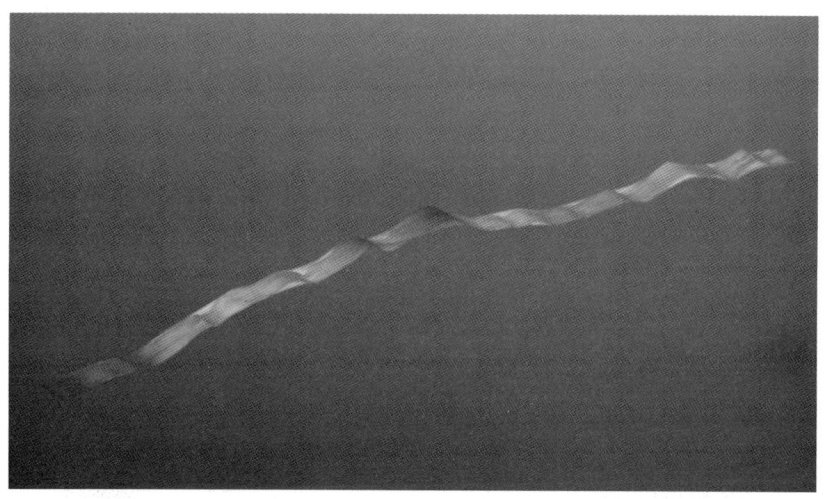

（b）隧道段地形模型

图 7.8　隧道三维地形模型

将隧道测绘地形、地质数据导入软件 EVS，通过 CAD 剖面图的地层分界线，获取了每个地层的三维空间点坐标，将这些坐标信息读入 krig_3d_geology 模块中，该过程的实现如图 7.9 所示。软件通过克里金插值方法得到了地质模型，模型建立过程如图 7.10 所示。

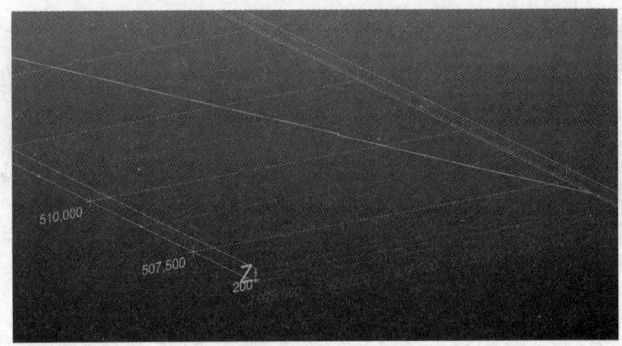

图 7.9 地形数据导入

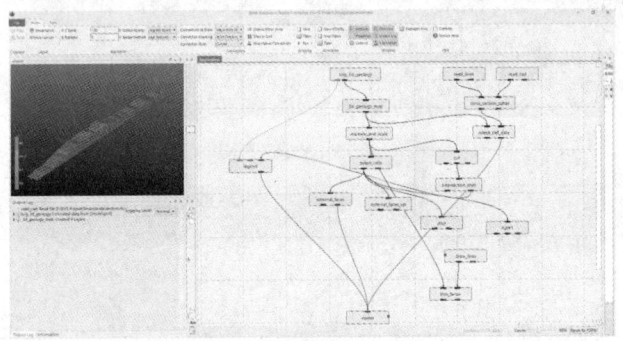

图 7.10 地形模型建立

沿隧道中心线方向均等截取 14 个地质图,各桩号断面图如图 7.11 所示,图中显示不同里程中隧道在掘进过程所遇到的不同地质详情,从而达到安全、有效地指导施工。

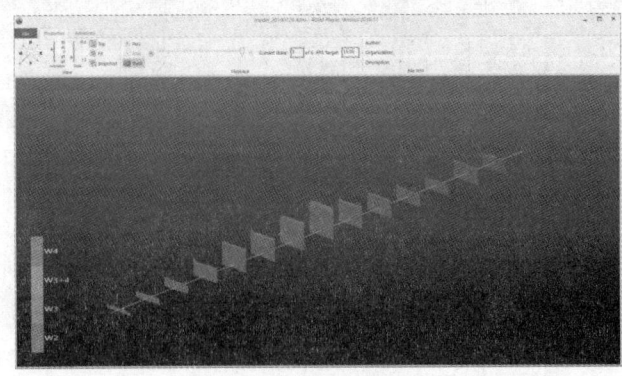

图 7.11 桩号断面图

3. 基于 BIM 应用的 TSP 数据三维可视化

TSP 技术为地震波反射法的一种，在数据处理及解释上依赖于专业的物探人员，专业性强，导致信息交互性差，其他的非物探人员很难读懂预报的结果。以万安隧道的某次探测结果为例，依托已建立的隧道三维地质模型实现 TSP 数据的可视化，形成隧道三维地质分块模型（见图7.12）、隧道三维地质分层模型（见图 7.13）和隧道三维地质整体模型（见图 7.14）。万安隧道某次探测结果表明，在隧道掌子面前方检波器速度下降，泊松比明显变大，动态杨氏模量变小，该段岩体较完整，根据相关地质资料推断前方为断层破碎带。

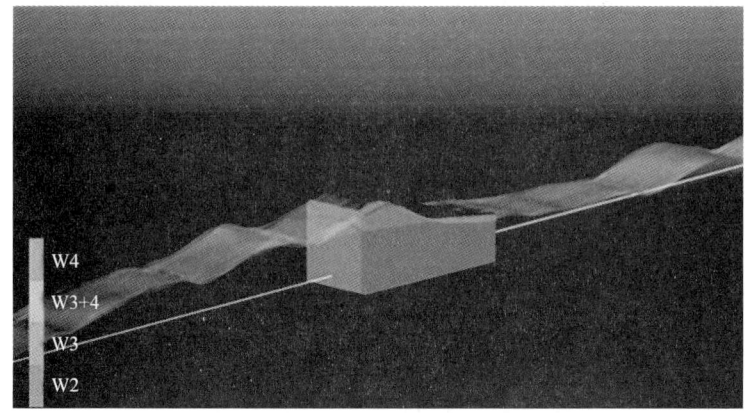

图 7.12　隧道三维地质分块模型

图 7.13　隧道三维地质分层模型

图 7.14 隧道三维地质整体模型

7.3 本章小结

目前由于隧道施工的类别不同，围岩类型错综复杂，尚无统一的理论公式模型可以准确计算隧道各部位所承受的压力，因此监控量测就显得尤为必要。施工中的监控量测是施工安全的保障，在施工过程中必须按要求进行此项工作，并将结果做系统处理后及时反馈指导工作。总的来说，信息化技术在隧道施工中有如下应用：

（1）通过配置相关设备，利用网络技术和计算机可以精确掌握施工人员位置，对施工人员进行实时的监控，从而使管理人员对隧道内的实际情况有所掌握。

（2）将信息化技术应用到隧道施工管理中，能够实时采集并检测隧道内的空气，对空气进行分析，同时分析结果会及时传送到监控中心，从而保证施工人员的安全。

（3）通过配置相关应变监测设配，可以实时监测施工过程中各工作面、隧道内的应变，从而使工作人员实时了解围岩的稳定情况。

（4）在隧道施工中对围岩形变进行实时监控量测，以此实现隧道信息化动态施工控制，既能达到安全快速施工的要求，又能节省工程造价。

（5）通过语音双重对讲系统，施工管理人员可以及时与项目施工现场联系，了解项目建设情况，从而及时有效地管理和控制项目。

以万安隧道的某次探测结果为例，依托 BIM 技术所建立的隧道三维地质模型实现 TSP 数据的可视化，形成隧道三维地质分块模型、隧道三维地质分层模型和隧道三维地质整体模型。万安隧道某次探测结果表明，在隧道掌子面前方检波器速度下降，泊松比明显变大，动态杨氏模量变小，该段岩体较完整，根据相关地质资料推断前方为断层破碎带。

第 8 章

基于 BIM 的隧道 CRTS Ⅲ 型无砟轨道施工控制技术

本章首先介绍了 CRTS Ⅲ 型板式无砟轨道的设计概况，然后对万安隧道无砟轨道施工组织方案以及工艺流程进行了介绍。重点从施工进度、成本和物流 3 个方面的控制方案进行阐述，因地制宜，建立了完善的施工物流运输方案，利用软件 Revit 建立万安隧道 CRTS Ⅲ 型板式无砟轨道 BIM 3D 模型并进行碰撞检查；将 BIM 3D 模型与进度计划进行关联，生成 BIM 4D 模型，利用软件 Navisworks 的 Timeliner 模块对 BIM 4D 模型进行可视化仿真模拟；在 BIM 4D 模型的基础上引入成本维度，导入各工序人工费、材料费和机械费，建立 BIM 5D 模型；基于 BIM 5D 模型，利用挣值法对计划进度和实际进度进行偏差分析，并提出相应的改进措施。

8.1 无砟轨道设计概况

8.1.1 隧道建筑限界

万安隧道为单洞双线形式。隧道建筑限界采用《高速铁路设计规范》（TB 10621—2014）中的高速铁路建筑限界轮廓及基本尺寸，隧道衬砌内轮廓采用上述规范中的 300 km/h、350 km/h 双线隧道内轮廓，轨面以上内轮廓净空面积为 100 m^2，区间正线间距为 5 m，曲线地段及接触网下锚段衬砌内轮廓不考虑加宽。如图 8.1 所示为 350 km/h 双线隧道内轮廓。

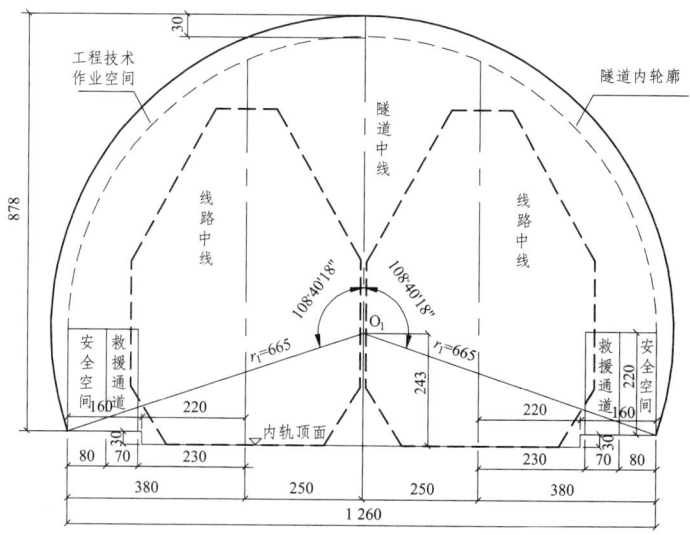

图 8.1　350 km/h 双线隧道内轮廓

8.1.2　轨道结构

万安隧道正线采用 CRTSⅢ型板式无砟轨道,结构组成为钢轨、弹性扣件、轨道板、自密实混凝土、限位凹槽、混凝土底座等。隧道地段轨道结构高度为：176（钢轨）+34（扣件）+38（承轨台）+200（轨道板）+90（自密实混凝土）+200［底座（含 4 mm 隔离层）］= 738（mm）。隧道直线段和曲线段的无砟轨道断面图如图 8.2 和图 8.3 所示，CRTSⅢ型板式无砟轨道结构如图 8.4 和图 8.5 所示。

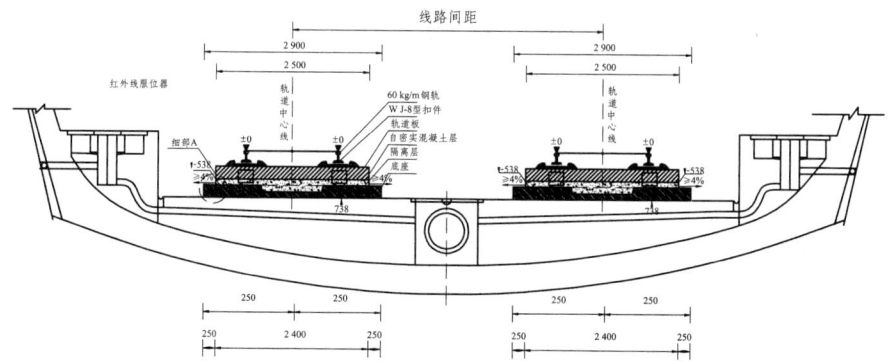

图 8.2　隧道直线地段 CRTSⅢ型板式无砟轨道横断面

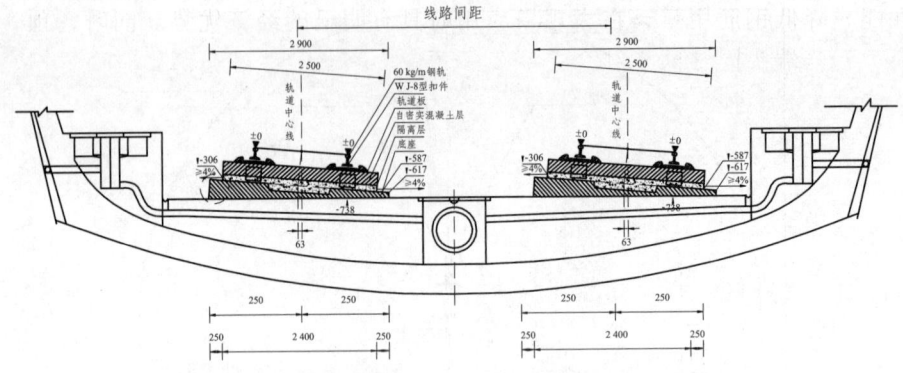

图 8.3 隧道曲线地段 CRTS Ⅲ 型板式无砟轨道横断面

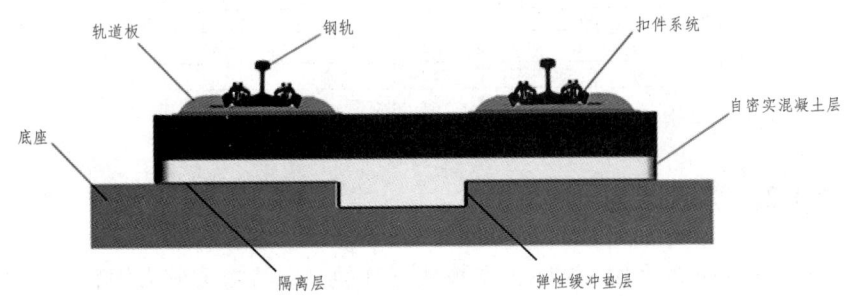

图 8.4 CRTS Ⅲ 型板式无砟轨道结构示意图

图 8.5 CRTS Ⅲ 型板式无砟轨道分层结构示意图

轨道板板厚均为 200 mm，宽度 2 500 mm，混凝土强度等级为 C60。轨道板采用纵、横向预应力钢丝的双向先张预应力结构，增强黏结握裹性能，降低钢筋用量，在大规模应用时具有明显的经济优势。同时，预应力钢筋端头同锚固板结合，减少了预应力损失。板底设门型抗剪锚固钢筋，使轨道板与自密实混凝土形成复合结构。

自密实混凝土强度等级为 C40，设计厚度为 90 mm，长度和宽度与轨道板对齐，采用单层钢筋焊网。自密实混凝土的功能定位为施工中的调整层、硬化后成为结构层，要求其具有高流动性、高间隙通过性、高抗离析性、高耐久性和高体积稳定性。CRTSⅢ型板式无砟轨道自密实混凝土层结构如图 8.6 所示。

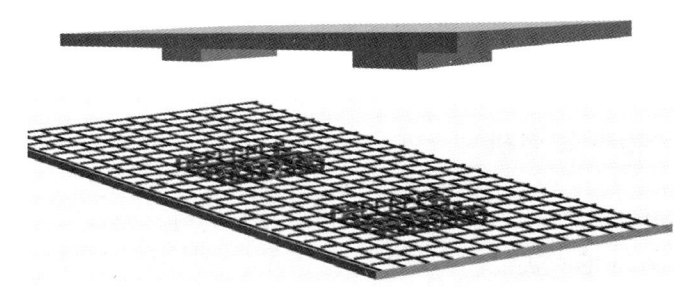

图 8.6 CRTSⅢ型板式无砟轨道自密实混凝土层结构示意图

底座板宽度 2 900 mm，直线地段底座厚度为 200 mm，曲线地段底座采用外侧抬高过渡，底座板每个单元之间设置伸缩缝，伸缩缝宽 20 mm，用聚乙烯塑料泡沫板及有机硅酮填充密实。伸缩缝设置如图 8.7 所示。

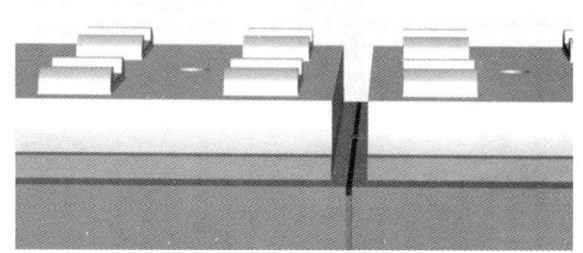

图 8.7 伸缩缝设置

8.1.3 轨道板单元布置

隧道内共设置 4 576 块直线轨道板、332 块曲线轨道板和 1 636 个底座单元(连续 3 块轨道板为一个底座单元),轨道布置为 1 636×(3-P5600),板缝为 7~8 cm。轨道单元结构如图 8.8 所示。

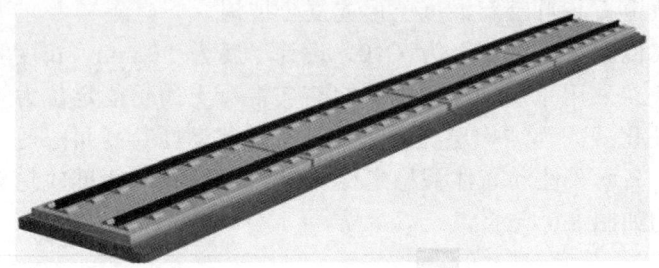

图 8.8　轨道单元结构

8.1.4　扣件及钢轨

钢轨采用 60N/U71Mng,扣件采用 WJ-8 型扣件,由螺旋道钉、平垫圈、弹条、WJ8 绝缘轨距块、WJ8 轨距挡板、WJ8 轨下垫板、WJ8 铁垫板、WJ8 铁垫板下弹性垫板和预埋套管 D1 组成,如图 8.9 所示。此外,

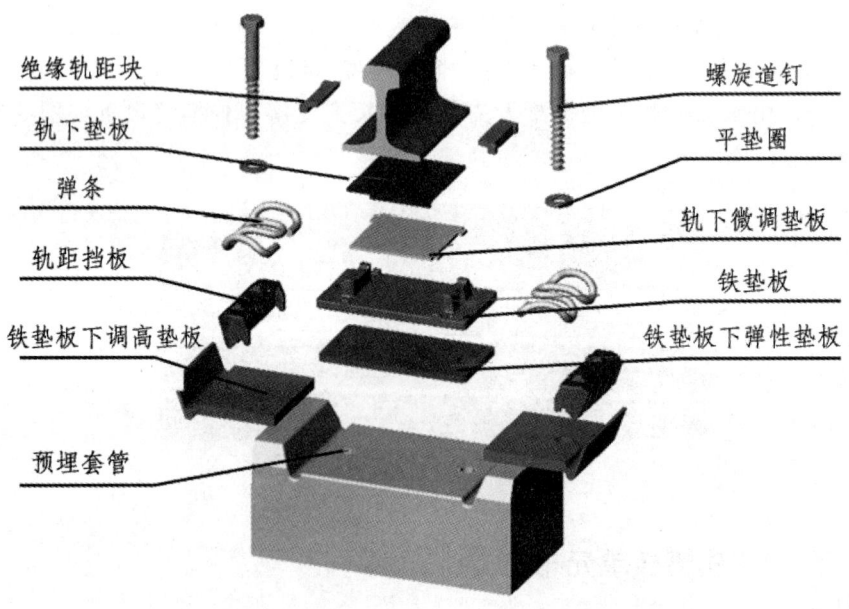

图 8.9　扣件系统

为了钢轨高低位置调整的需要，还包括 WJ8 轨下微调垫板和 WJ8 铁垫板下调高垫板。

8.1.5 主要工程数量

隧道内无砟轨道主要工程数量如图 8.10 所示。

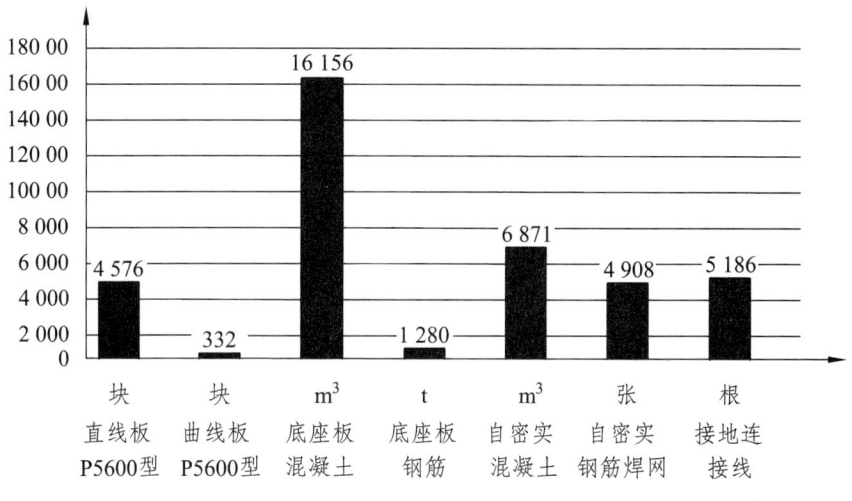

图 8.10　隧道内无砟轨道主要工程数量

8.1.6 曲线板设置情况

轨道板铺设时，由于各交点曲线要素不同，板的超高值不同，根据昌九公司下发的《关于昌赣客专 CRTSⅢ型板式无砟轨道缓和曲线轨道板生产研讨会会议纪要》(〔2017〕161 号)，曲线地段外轨超高在底座上设置，并在缓和曲线地段按线性变化完成过渡。圆曲线地段轨道板均用直线板，缓和曲线段超高变化量通过调整外侧承轨台高度实现，缓和曲线段轨道板（简称曲线板）承轨台最大调整量为 1.662 mm。对于承轨台调整高度 0~1 mm 的曲线板采用直线板代替，在 1～1.66 mm 的曲线板，我标段统一按照 1.332 mm 超高值预制，既能满足设计要求也便于施工。

8.2 整体施工方案

8.2.1 组织机构

成立"中铁三局集团有限公司昌赣客专 CGZQ-9 标项目经理部",项目经理部设"五部两室",即工程部、财务部、工经部、安质部、物机部和综合办公室、试验室,下设两个分部,各分部下设五部两室,七个无砟轨道工区为进口、南元坑、九龙坑斜井小里程、九龙坑斜井大里程、陈屋斜井大里程、陈屋斜井小里程及出口。项目组织机构如图 8.11 所示。

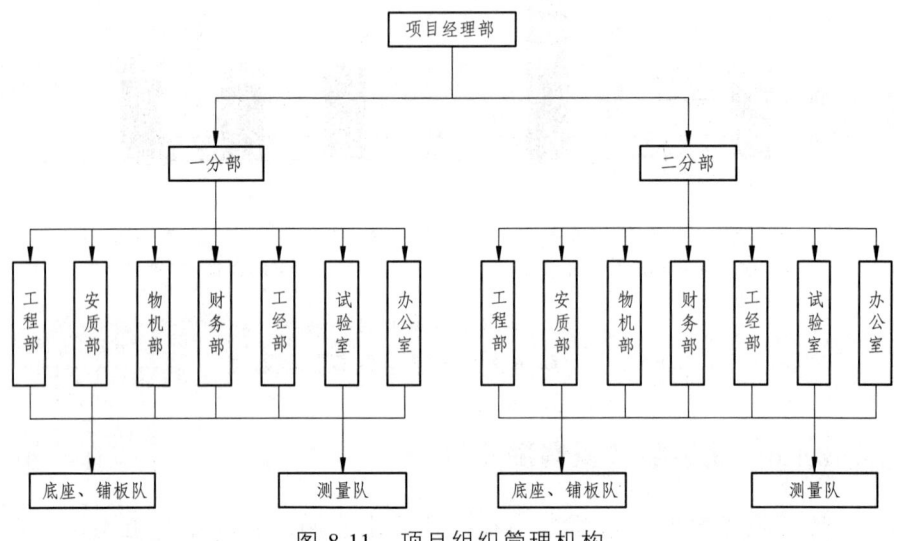

图 8.11 项目组织管理机构

8.2.2 任务划分

按项目法组织施工,根据工程特点及工程分布情况,成立"中铁三局集团昌赣客专 CGZQ-9 标项目经理部",组织机构按照经理部→项目分部→架子队三级管理模式组建。共投入 7 个轨道作业队,其中底座板、轨道板施工各作业面人员情况、各工作面任务划分如图 8.12 所示。

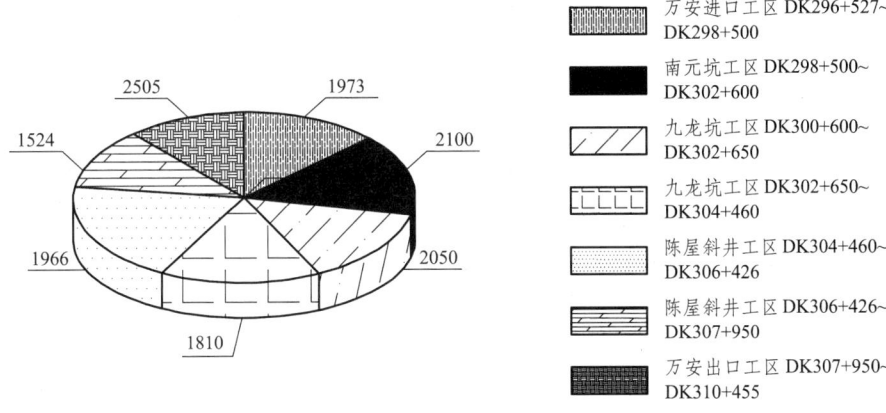

图 8.12 各工作面任务划分情况

8.2.3 施工准备

1. 拌和站改造

（1）搅拌机组改造。

根据自密实混凝土配合比使用材料（水泥、矿粉、粉煤灰、黏度改性材料、膨胀剂、5~10 mm 碎石、10~16 mm 碎石、砂及减水剂等）情况，供应万安隧道轨道工程施工需对 2#、3#、4#、5#拌和站改造。改造后，2#站负责供应万安进口工区、南元坑斜井工区混凝土；3#站负责供应九龙坑大里程工区、小里程工区混凝土；4 号站负责供应陈屋斜井小里程工区、大里程工区混凝土；5 号站负责供应出口工区混凝土；改造拌和站原有混凝土生产设备和料仓均不能满足自密实混凝土生产及试验检测要求，分别对每个拌和站内的 1 套混凝土拌和机组进行改造，同时砂石料仓也要做相应调整，具备自密实混凝土生产条件并通过验收后投入使用，改造后的自密实混凝土拌和站要与原有未改造的混凝土拌和机组进行严格分离，独立生产。

（2）粉料罐改造。

原拌和站搅拌设备为 HZS180 型，粉料罐 5 个（水泥罐 3 个，粉煤灰罐 2 个）；砂石料仓 8 个（4 个待检仓，4 个合格仓）。改造后的机组需配置水泥罐 2 个、粉煤灰罐 1 个、矿粉罐 2 个、黏度改性材料罐 2 个、膨胀剂罐 2 个，单个机组总共设置 9 个粉料罐。水泥、矿粉、粉煤灰使用原有的，单罐容积 100 t，新增黏度改性材料罐 2 个（30 t）、膨胀剂罐 2 个（40 t）。

（3）料仓改造。

根据自密实混凝土配合比及试验检测要求，每种材料均需 1 个待检仓和 1 个合格仓，所以改造后的机组需要 6 个料仓，其中砂 2 个料仓，5~10 mm 碎石 2 个料仓，10~16 mm 碎石 2 个料仓。但是，原有站内共有 8 个料仓，只能满足其他混凝土施工，受场地限制采取在原有料仓附近选取位置新建料仓以满足检测要求，拌和站改造后如图 8.13 所示。

图 8.13　拌和站改造

2. 线下工程验收

CRTSⅢ型板式无砟轨道施工前，先进行线下工程验收。核实中线桩和高程、平整度及几何尺寸等情况。

无砟轨道工程施工前应先做好以下工作：

（1）隧道中线、高程、宽度、平整度、排水坡、预埋件位置等应符合设计要求，其施工允许偏差应符合相关技术要求。

（2）填充面拉毛质量应符合设计及相关技术要求。拉毛应为横向均匀设置，深度为 2 mm，在拉毛不合格的情况下需要进行凿毛，凿毛纹路应均匀、清晰、整齐，凿毛范围见新面不小于75%，以露出石子面为准，凿毛后及时清理基面的浮渣、碎片、尘土等，并提前进行预湿，保湿2小时以上且无多余积水。

3. 沉降变形观测及CPⅢ测设评估

无砟轨道工程施工前，必须严格按照沉降观测方案和频率对线下工程进行沉降观测，及时向评估单位提供详尽的观测数据资料，由建设单位组织相关单位进行评估，符合要求后，确定无砟轨道施工时间。

根据《新建铁路昌赣客运专线线下工程沉降变形观测及评估实施细则》的要求，在连续观测点位3个月后才能进行沉降观测预评估。沉降变形观测预评估通过后，方可开展轨道控制网的数据采集和CPⅢ建网评估、无砟轨道底座施工。

4. 试验准备

经理部设立中心试验室，拌和站设立试验检测组，试验人员、设备、仪器由经理部中心试验室统一协调、配备，以保证现场施工需要。进场后及时组建工地中心试验室，包括设备的安装、调试、标定。

试验准备工作主要包括原材料料源考察与检验，底座板混凝土和自密实混凝土的配合比设计、试配与选定，型式检验以及自密实混凝土工艺性试验，新材料新工艺现场试验等工作。

5. 线外工艺性试验

为确保隧道内轨道工程顺利实施，选择在万安车站加工场设自密实混凝土工艺性试验基地，通过工艺性试验，总结出CRTSⅢ型板式无砟轨道底座板、自密实混凝土施工时各项工艺参数及注意事项。

自密实混凝土配合比由中南大学咨询单位初步选定，在施工过程中综合考虑原材料、作业环境等因素，通过开展现场工艺性灌揭板试验，并根据揭板试验结果调整确定最终的施工配合比。最终施工配合比为水泥∶粉煤灰∶矿粉∶砂∶碎石∶膨胀剂∶减水剂∶黏度改性材料∶水 = 1∶0.278∶0.576∶3.478∶3.071∶0.180∶0.037∶0.122∶0.706，同时根据气温、砂石含水率的变化调整减水剂掺量即可，工艺性试验现场验收如图8.14所示。

图 8.14　工艺性试验验收

6. 首件段施工及验收

根据《关于印发<无砟轨道和高速道岔首件工程评估实施细则>的通知》(昌九工〔2016〕39号)文件要求,首件评估后方可上道施工,通过CRTSⅢ型无砟轨道板首件段施工,结合昌赣客专施工条件及特点,对自密实混凝土性能及施工工艺进行验证,总结出一套成熟CRTSⅢ型板铺设施工工艺,同时对施工管理人员及作业人员进行现场培训教育,以便于快速掌握施工要点,为全面施工创造条件。

成果总结主要有以下几方面:

(1)通过首件段施工,确定轨道板粗铺、精调、安装、固定和限位控制方法,完善和掌握CRTSⅢ型无砟轨道板的施工工艺流程,尤其是关键工序的施工工艺。在首件段施工过程中加强数据的收集,适时进行总结。

(2)通过首件施工确定轨道板湿润工艺、模腔封边方法、自密实混凝土充填层灌筑工艺方法及其参数等,掌握自密实混凝土的施工工艺。

(3)解决无砟轨道正线铺设时存在的重点、难点问题,形成一套适应施工现场完整的施工工装及机具设备。

(4)锻炼施工队伍,培训施工人员的技术水平,为万安隧道施工做好准备。

8.3 施工工艺及流程

8.3.1 底座板施工

1. 施工准备

底座板施工前,应完成并通过沉降观测及CPⅢ评估,测量组应对基底平整度、高程进行复测验收,满足设计、规范要求方可进行施工。

根据线路平、纵断面资料,确定底座高程,注意消除因线路纵坡及平面曲线引起的误差,必要时对轨道板板缝宽度进行调整。底座施工前,除按技术要求放出底座中心线外,同时在底座基面上放样底座边线、伸缩缝位置和凹槽中心线位置(弹出凹槽底部边线),以便于作业。

2. 底座基面处理

底座板施工前应复核底座范围表面平整度、高程并对底座范围基面凿毛处理,凿毛标准为40 mm(水平)×20 mm(深度),凿毛纹路均匀、清晰、整齐,露出新鲜石子面,凿毛范围不小于75%。为提高底座板与隧道仰拱填充层黏结质量,该长大隧道采用XM200K型铣刨机对基面进行铣刨,铣刨过程及其效果如图8.15所示。

(a)铣刨过程　　　　　　　　(b)铣刨效果

图8.15　铣刨过程及铣刨效果

3. 底座钢筋焊网安装

底座钢筋网片由工厂加工成型，其他钢筋（如架立筋、U形筋、连接筋等）由钢筋加工场集中加工，再运输至施工现场使用。

钢筋网片运输车辆的长度与网片长度相匹配，钢筋网片吊装时采用专用吊具进行，确保吊装过程中网片不松动、不变形。安放钢筋网应根据设计的平面位置及高程调平、调直。

安装底座钢筋前，按保护层厚度要求安放好钢筋保护层垫块（保护层厚度35 mm），按设计要求安装钢筋网片，核对钢筋网片规格、数量、位置。保护层垫块每平方米4块，呈梅花形布置，如图8.16所示为底座板钢筋安装示意图。

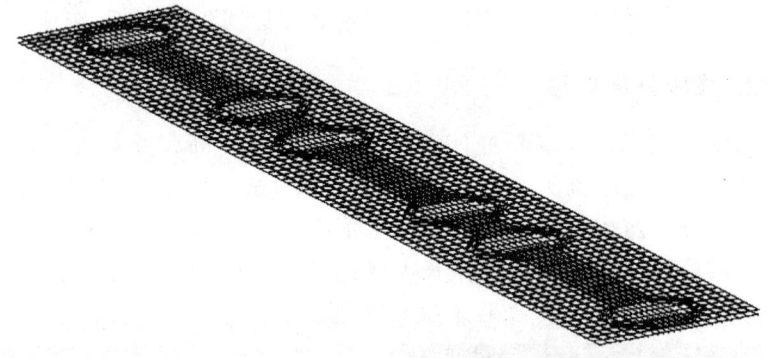

图8.16 底座板钢筋安装示意图

安装及绑扎顺序：首先进行底层钢筋网片安装，其次进行顶层网片安装，最后进行架立筋及限位凹槽防裂筋安装。架立筋和U形筋的尺寸应满足设计要求，以保证钢筋网片位置准确。

曲线超高地段钢筋根据现场实际底座厚度进行调整架立筋高度，满足设计排水坡要求及钢筋保护层厚度要求。

4. 底座模板安装

由于CRTSⅢ型板式无砟轨道对底座标高和平整度要求高，底座侧模、限位凹槽采用定型钢模板，底座板模板间用螺栓连接，在凹槽底部以螺栓调节凹槽标高，以控制凹槽深度。底座板2 cm伸缩缝采用埋设泡沫板的方式实现。

顶面采用刮杠收面，以便更好地控制底座表面平整度。模板应定位准确，并应采取固定措施，防止其偏位、上浮。

为方便轨道板的扣压，在底座施工时压紧装置应对应底座板位置，以 PVC 管或薄铁皮管预留 $\phi25$ mm 轨道板压紧用锚固孔，锚固孔在底座靠下位置，高度不大于保护层厚度，深度以 30 cm 为宜。为保证压紧时花篮螺栓不滑动，预留孔设置一定向下的角度。底座板模板安装效果如图 8.17 所示。

（a）

（b）

图 8.17　底座板模板安装效果

模板安装前必须对模板表面清理后涂刷脱模剂。模板安装时，测量模板平面位置及高程，在模板顶部安装方钢使模板顶标高达到底座顶面设计标高。

每块轨道板对应的底座板范围内设置两个限位凹槽（凹槽），凹槽深度为 10 cm，凹槽上口长宽尺寸为 1 022 mm×700 mm。

5. 底座混凝土施工

采用模板顶面标高法进行底座板顶面标高控制，模板比设计高 4 cm，通过调节排水坡模板上的螺栓对底座板标高进行控制，混凝土浇筑完成后初凝前采用刮杠对底座混凝土进行收面整平,混凝土初凝前及时拆除排水坡模板,变坡点处带线人工收光不少于 3 遍,确保坡度满足设计要求。

浇筑混凝土时采取一端向另一端推进,一次成型。混凝土的入模温度应控制在 5~30℃,混凝土的坍落度及含气量应控制在设计(坍落度 120 mm±20 mm;含气量 2%~4%)范围内。混凝土浇筑时,先用人工大致摊平,然后用 $\phi 50$ mm 插入式振捣器振捣。混凝土浇筑采用定制漏斗和滑槽下落。

混凝土浇筑时的自由倾落高度不宜大于 2 m,采用滑槽辅助下落。出料口距混凝土浇筑面的高度不宜超过 1 m,保证混凝土不出现离析现象。

6. 底座混凝土收面及养护

底座板两侧 25 cm 横向排水坡处采取压光处理,其余区域采取收面处理。收面区域采用刮杠严格控制顶面高程及平整度,收面遍数不少于 3 遍。

底座板 6%横向排水坡变坡点位于自密实混凝土边缘向轨道中心线方向 5 cm 处。浇筑混凝土时,采用专用抹子抹平,压光次数不少于 3 次。

养护采用"一液一布一膜"方式,收面、压光完成后及时喷洒养护液,待表干后,覆盖湿润土工布,再覆盖塑料薄膜保湿养护,养护时间不少于 14 天,如图 8.18 所示。混凝土强度达到 2.5 MPa 以上时,方可拆模,拆模的具体时间以拆模时不损伤混凝土表面和棱角为准。在混凝土未达到设计强度的 75%前,严禁各种施工机具在底座上通行。

图 8.18 底座覆盖"一布一膜"养护

7. 底座伸缩缝嵌缝

底座板按照每 3 块轨道板长度设置一个单元，单元间设置横向伸缩缝，伸缩缝宽度 20 mm。伸缩缝按前述方法固定隔开，混凝土浇筑完成后及时拔出钢板。将定尺加工的闭孔聚乙烯泡沫板填充至伸缩缝内，在伸缩缝顶面和两侧采用嵌缝材料有机硅酮密封，其中伸缩缝顶面嵌缝材料尺寸为 20 mm×20 mm×底座宽度（深×宽×长），伸缩缝两侧嵌缝尺寸 40 mm×20 mm×底座厚度（深×宽×长）。缝材料尺寸为 20 mm×20 mm×底座宽度（深×宽×长），伸缩缝两侧嵌缝尺寸 40 mm×20 mm×底座厚度（深×宽×长），底座伸缩缝处理如图 8.19 所示。

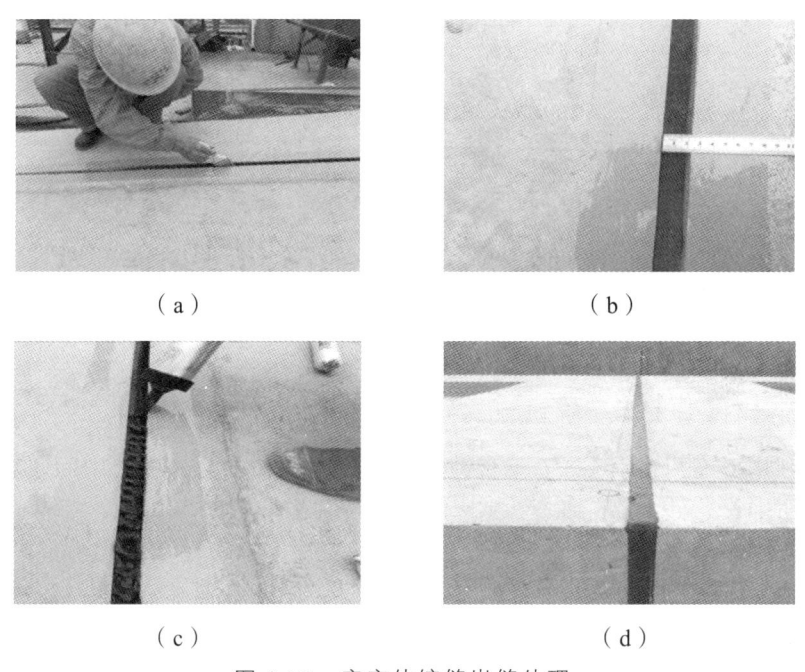

图 8.19 底座伸缩缝嵌缝处理

8.3.2 中间隔离层及弹性垫层施工

1. 中间隔离层施工

施工前检查确保底座凹槽混凝土完整，底座混凝土强度达到设计强度的 75%后，方可铺设土工布和弹性缓冲垫层。弹性垫层和土工布施工前应将底座表面和限位凹槽清理干净并保持干燥，隔离层施工如图 8.20 所示。

图 8.20 中间隔离层施工

2. 隔离层土工布铺设

利用 CPⅢ控制网对土工布铺设范围进行测量放样，弹出中间隔离层土工布铺设边线。

首先将整张土工布铺在底座表面，所需的土工布尺寸为 2.6 m×4 mm（宽×厚），两侧与放样的边线对齐，长度与底座两端伸缩缝边沿对齐。铺设平展后在限位凹槽的位置用刀割出与凹槽上口开口大小一致的方孔。割下的那一块刚好补在凹槽结构的底面，并用宽胶带将土工布与弹性垫层进行连接密贴，使自密实混凝土与底座板隔离，土工布铺设如图 8.21 所示。

土工布铺设应平整、无褶皱、无破损，每一段内的土工布连续铺设，轨道板范围内土工布不允许搭接或缝接。土工布铺设时较自密实混凝土层四周边缘宽出 5 cm（宽 2.6 m）。

（a）土工布铺设　　　　　　（b）土工布剪裁

图 8.21　中间隔离层土工布铺设

3. 弹性垫层施工

安装弹性垫板前须将凹槽内清理干净，在限位凹槽内涂刷胶粘剂，粘贴弹性垫板，弹性垫板应与凹槽周边混凝土及凹槽地面隔离层粘贴牢固，顶面与底座表面平齐，周边无翘起、空鼓、封口不严等缺陷。弹性缓冲垫层安装完成后采用丁基胶带进行密封。弹性垫板粘贴完毕后，采用橡皮锤对四周进行轻捶加固，弹性垫板、闭孔泡沫板安装如图 8.22 所示，隔离层、限位凹槽成型效果如图 8.23 所示。

凹槽周围设弹性缓冲垫层及泡沫隔离材料。线路纵向采用 B 型弹性垫板，尺寸为 600 mm×60 mm×8 mm；线路横向采用 A 型弹性垫板，尺寸为 900 mm×60 mm×8 mm。垫板与混凝土面密贴，用胶带将弹性垫条固定在限位凹槽侧面。弹性垫层需平整、无翘起、无气鼓和无褶皱现象。

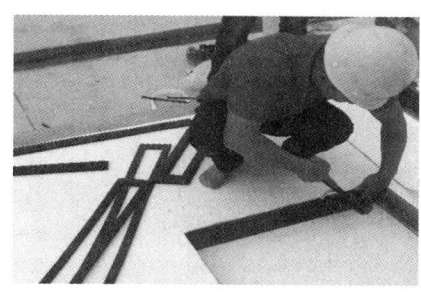 

图 8.22　弹性垫板、闭孔泡沫板　　图 8.23　隔离层、限位凹槽
　　　　安装　　　　　　　　　　　　　　成型效果

8.3.3 自密实钢筋网铺设及轨道板粗铺

施工前须完成对中间隔离层和弹性垫板施工质量的检查验收，如有问题及时整改。

1. 钢筋网片安装

自密实混凝土层纵横向钢筋采用 CRB550 级冷轧带肋钢筋网片，由工厂一次加工成型，凹槽及轨道板门型筋中纵向钢筋采用 HRB400 级冷轧带肋钢筋，由钢筋场集中加工，运至现场绑扎安装。轨道板铺设前通过绝缘塑料卡将两根纵向钢筋固定在门型筋内侧，钢筋焊网铺设如图 8.24 所示。

(a)

(b)

图 8.24 钢筋焊网的铺设

在已铺设好的隔离层上安放与混凝土等级及保护层厚度相同的混凝土垫块，垫块按每平方米不少于 4 个呈梅花形布置，必要时在钢筋网片上侧面固定一定数量的垫块，以保证灌注混凝土时钢筋网片不上浮、不下沉，以满足混凝土保护层厚度要求。

2. 轨道板吊装

轨道板吊装前应对其外观质量进行检查，查看是否存在破损、掉角，挡间是否有破损裂纹，承轨面、锚穴是否完好，并予以记录破损板不得使用。轨道板装卸时应码放整齐。起吊轨道板的吊耳必须加垫 3~5 mm 的橡胶垫并将起吊螺栓充分拧紧后才能开始起吊工作。轨道板起吊必须保持板体水平且缓慢进行。吊装过程中必须有操作人员扶着板体，以便于掌握轨道板的运行方向，减少轨道板的晃动，每块轨道板最重约 8 t，轨道板装卸过程中应避免磕碰。吊装作业中，安排专人现场指挥吊装，严格按照吊装程序操作，起吊过程不能过快，防止由于起吊过快或指挥不当损坏板件。轨道板吊装作业时，严禁指挥人员和作业人员站在吊装物下操作，轨道板粗铺安全支墩如图 8.25 所示。

图 8.25　轨道板粗铺安全支墩

轨道板吊装就位时放置在安全支墩上，检查轨道板预制时其底面的门型钢筋不能扭曲、倒伏，其位置应低于板底面，出现问题立即整改。纵向穿入门型钢筋水平筋，并用绝缘卡加以固定，绑扎门型筋内纵向钢筋如图 8.26 所示。

图 8.26　绑扎门型筋内纵向钢筋

3. 轨道板粗铺

用全站仪准确放出轨道板四角位置，然后用墨线弹出轨道板四条边线，方便轨道板准确定位。轨道板铺设时根据设计文件选择对应的轨道板型号。在座板上放线，确定轨道板位置，在靠近 4 个吊装孔位置放置 10 cm×10 cm×10 cm 方木垫块，工字钢垫块上安装土工布垫，垫块的高度小于精调器竖向最大调程。轨道板通过精调器竖向调整抬高撤出垫块。轨道板粗铺时，专人核对轨道板编号与底座板标示号是否一致，确保轨道板"对号入座"。轨道板粗铺时的位置偏差纵向不大于 5 mm，横向不应大于精调支架横向调程的 1/2。纵向位置采用与设计板缝相同尺寸的方木条控制，轨道板就位时人工控制紧贴木条下落。轨道板粗铺需注意轨道板放置方向，确保轨道板铺设后接地端子与线路综合接地贯通地线在同一侧，轨道板粗铺过程如图 8.27 所示。

图 8.27　轨道板粗铺

8.3.4 轨道板精调

1. 精调标架的布置和安放

首先在测段线路前后两侧各 2 对共 8 个 CPⅢ 点套管上插入配套的观测棱镜，再将全站仪架设在测量前进方向的轨道板上，其中心尽量靠近轨道板中心线，使全站仪分别照准至少 6 个 CPⅢ 棱镜进行设站，建站精度为 0.7 mm。精调前利用标准标架对另外 3 个标架（精调标架数量与所采用产品及软件有关）进行检校，满足 1 mm 精度要求。

精调标架采用扣件的预埋套管定位结构形式并采用与之配套的精调处理软件。精调前，将 1 号和 6 号与 2 号和 5 号标架插脚放置到待调轨道板第 2 个承轨台和第 8 个承轨台的扣件预埋套管内，将 3 号和 4 号标架放置在前一块已调整到位的轨道板向内数第 2 个承轨台上。测量过程中，全站仪的位置与 1 号标架间距控制在 6~40 m，超过此范围时宜重新设站。全站仪与精调标架布设位置如图 8.28 所示。

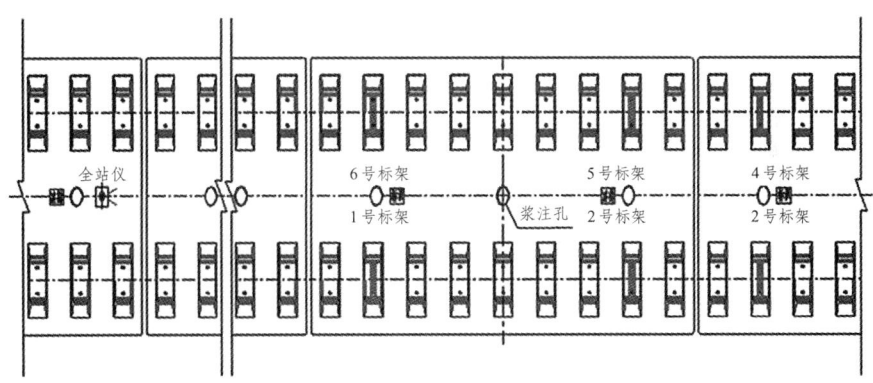

图 8.28　精调标架布置

2. 测量与精调

设站完成后先调整高程，后调整横向位置。4 个精调支座各配置 1 名操作人员，作业时按照手簿显示数据或精调技术员发出的指令等方式进行轨道板调整，调整高程时注意避免单个支座受力，调整水平时须作业两侧同向调整。正常情况下调整 2~3 次即可到位，轨道板精调过程如图 8.29 所示。

（a）
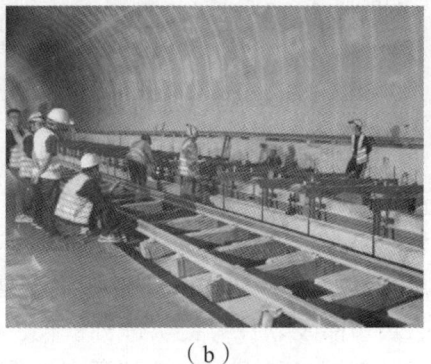
（b）

图 8.29　轨道板精调

3. 自密实封边与轨道板固定

轨道板与隔离层间为自密实混凝土，为保持精调成果，提高轨道板的精调质量和作业效果，在轨道板精调后 24 h 内完成板下自密实混凝土灌注。

自密实混凝土模板每套由转角模板 4 块、端头模板 2 块、中间模板 6 块、挡浆插板 4 块、压紧装置 5 件组成，共计 21 件。

自密实层模板使用 14 cm 高槽钢制作成，使用 140 mm×6 mm Q235 钢板。模板内侧粘贴透气模板布以利于自密实混凝土的排气和拆模后混凝土表面平整，如图 8.30 所示。

图 8.30　自密实混凝土模板粘贴布

模板按照顺序依次安装到位，顶部紧贴轨道板混凝土面，底部和中间隔离层压贴密实,根据压紧装置处的螺栓顶紧模板。模板拼装接缝处采用子母板(可配合螺栓)连接,端头模板连接处采用子母板、卡扣式连接确保模板接缝小于等于 1 mm,平面度小于等于 1 mm。

轨道板四角设置排气孔,排气孔上边缘高于轨道板顶面。排气孔模板安装前应检查轨道板是否精调到位,模板预埋件是否安装齐备,预埋螺栓是否松动。

模板安装完成后应注意检查,模板接缝是否严密。螺栓是否顶紧模板,扣压是否满足要求,检查完成后方可进行下步工序施工。模板固定及排气孔模板安装如图 8.31 所示。

(a)

(b)

图 8.31 模板固定及排气孔模板安装

4. 压紧装置固定

压紧装置由锚杆、反立架及螺栓组成。每个轨道板至少设置 5 个压紧装置。固定扣压装置底部采用在轨道板底座上打孔预埋钢筋,确保在自密实混凝土灌注时轨道板不发生上浮和位移。

采用预埋钢筋固定压紧装置时,应采用冲击钻钻出直径为 ϕ20 mm、深度为 200 mm 的孔洞,孔洞口稍向下倾斜,并采用气筒吹出粉尘,接着插入直径 20 mm 的钢筋,钢筋外漏不宜过长,一般在 5~10 cm 左右即可。压紧装置紧固螺栓采用扭力扳手校核扭力,根据相关揭板试验经验,扭力应控制在 40~50 N·m,压紧装置安装如图 8.32 所示。

图 8.32 压紧装置安装

立模完毕后,在轨道板四角安装 4 个防上浮百分表,在一侧安装 2 个防侧移百分表,并将初始值调零。百分表安装完毕后严禁踩踏碰撞,在灌注时应避免同时、多人站在轨道板上而导致读数异常。灌注完毕后应每隔 5 分钟读数一次并记录在表格上。上浮值不应大于 2 mm,否则应及时配合测量人员调整压紧装置,保证轨面标高。

5. **数据采集处理**

CRTSⅢ型轨道板铺设精度测量数据的采集处理采用专用软件进行。一个工作日或一个测量段落完工后,现场测量人员须向内业数据处理技术人员提交现场测量数据,内业组人员应及时检查测量数据并及时上传到信息化系统。

现场测量数据由内业数据处理技术人员集中归档保存。

(1) 数据上传和分析。

采用移动或联通 4G 模块,将现场采集的轨道板检测数据、轨道板精调数据、轨道板复测数据实时上传至服务端,服务端实时显示收到的数据;服务端根据轨道板检测采集的数据,对轨道板的翘曲情况进行分析,得出同一批次轨道板翘曲概况,指导轨道板精调;根据轨道板精调数据和复测数据对比,分析灌浆后轨道板上浮量。通过轨道板检测数据的分析,可以评估某板场某时间段轨道板质量状况,轨道精调时,根据轨道板质量评估结果,采取相应的措施,提高轨道板铺设质量。

（2）数据评估和实时报警。

通过上传的轨道板精调数据、复测数据，对轨道板铺设质量和施工进度情况进行评估，服务端可以设置精调数据超限报警、复测数据超限报警、施工进度严重延误报警等报警方式和相关人员，便于施工质量的实时管控。出现超限报警，相关人员应积极响应，发现超限原因，提出相应处理方案，及时处理。报警方式以邮件短信的方式发出报警信号。

（3）主要仪器设备。

CRTSⅢ型板式无砟轨道精调施工主要设备配置如表8.1所示。

表8.1 铺板设备配置

序号	设备名称	规格	单位	数量	备注
1	全站仪	徕卡TS15	台	1	CPⅢ测量用
2	螺栓孔速调标架		个	6	调板用
3	棱镜	徕卡通用棱镜	个	8	放样及调板用
4	百分表		个	12	监控浮板用

8.3.5 自密实混凝土灌注

自密实混凝土模板及压紧装置安装完成后，进行轨道板复测，符合要求后，进行自密实混凝土灌注。

1. 自密实混凝土拌制

自密实混凝土搅拌时，宜先向搅拌机投入粗骨料、细骨料、水泥、矿物掺和料和其他材料，干粉搅拌不少于30 s，再加入所需用水量和外加剂，并继续搅拌不小于3 min。

自密实混凝土入模前必须检测自密实混凝土拌和物的温度、坍落扩展度、扩展时间T500、含气量和泌水情况等拌和物性能，满足要求时方可灌注。

自密实混凝土扩展度控制在630 mm±30 mm，T500达到4~6 s，含气量在4%~6%之间，只有拌和物性能指标符合设计要求时方可灌注，试验检测过程如图8.33所示。

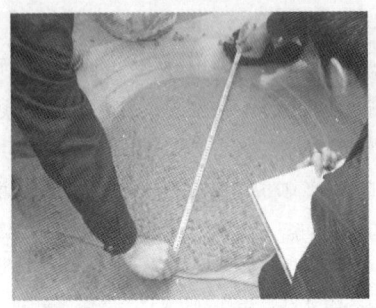
(a)扩展度检测

(b)含气量检测

(c)L形充填比检测

(d)J环高差检测

图 8.33 自密实混凝土试验检测

2. 自密实混凝土运输

自密实混凝土运输便道应平坦畅通,以确保混凝土在运输过程中的均匀性,在运到浇筑地点时不发生分层、离析和泌浆等现象,并具有相应的自密实性和含气量等工作性能。当罐车到达浇筑现场时,应使罐车高速旋转 20～30 s 方可卸料。

在灌注现场应确保不要出现有罐车等待灌注现象,应保证灌注等待运输,确保每罐混凝土均在 2 h 内灌注完成,不得采用机动翻斗车、手推车等工具长距离运输混凝土。为了减少自密实混凝土的损耗,运输时间在 30 min 以内的,每车混凝土数量按照 4 块板拌和(6 m³)。

3. 自密实混凝土灌注

（1）灌注前应检查轨道板四周模板的密封情况，轨道板之间横向边缝的密封情况，不得漏浆，不得污染隧道基面。在混凝土灌注前应将底座混凝土表面土工布和轨道板下面喷雾润湿，且不得产生积水，并检查轨道板的支撑和限位装置是否牢固。

（2）转运大料斗操控人员注意控制混凝土出料速度，小料斗有专人观察混凝土面高度，发现大料斗下料速度过快或过慢时，应及时通知大料斗操控人员调整下料速度。应有专人控制蝶阀流速，防止局部混凝土溢出。灌注时间应控制在 6~12 min。

自密实混凝土采用轨道板中间灌注孔进行灌注，四角预留排气孔方式进行。灌注时混凝土通过下料管注入。自密实混凝土灌注速度不宜过快，采取"慢-快-慢"的方式灌注，且保证下料的连续性。

（3）通过下料管口内混凝土下降情况和其他灌注孔观测混凝土流动到的部位，随时检查混凝土在轨道板下的流动情况，当流动情况不良时及时调整混凝土下料速度。待观察到排气孔流出匀质、有较多大石子的混凝土时，关闭灌注料斗阀门，停止灌注。灌注完毕后，灌注漏斗内多余混凝土应及时清除。直线段轨道板上设置的下料管距轨道板上表面高度不宜小于 70 cm，防溢管露出轨道板上表面的高度不宜小于 30 cm，防溢管露出轨道板上表面的高度不宜低于超高一侧轨道板上表面最高处高度。自密实混凝土灌注速度不宜过快，宜采取"慢-快-慢"方式灌注，应保证下料的连续性和混凝土拌和物在轨道板下的满空间连续流动。

（4）一块轨道板灌注结束后，推移小料斗进行下一块轨道板自密实混凝土灌注。自密实混凝土从开始灌注到灌注结束的持续时间不宜超过 12 min，每盘自密实混凝土从拌和到灌注结束不宜超过 2 h。

（5）自密实混凝土灌注过程中，及时观察并记录百分表的读数，以便确定轨道板的上浮值。

（6）自密实混凝土灌注完成后 3 h 内不得拔除观察孔及中间下料管。

（7）在低温条件下（当昼夜平均温度低于 5℃或最低温度低于-3℃时）灌注自密实混凝土时，应采取适当的保温防冻措施，保证混凝土抗压强度达到 15 MPa 之前不得受冻。

（8）在相对湿度较小、风速较大的环境下灌注自密实混凝土时，应采取适当的挡风措施,防止混凝土失水过快。

(9)在自密实混凝土灌注过程中,应按要求取样制作混凝土强度、弹性模量和耐久性等试件,试件制作数量应符合相关规定。自密实混凝土灌注现场如图 8.34 所示。

图 8.34　自密实混凝土灌注

4. 观察孔、灌浆孔封堵

灌注孔和观察孔的填充在灌注充填层自密实混凝土时一次性成型。当自密实混凝土失去流动性时(灌注后 2~3 h),取掉灌注筒和防溢管,插入一根连接钢筋后抹平,混凝土终凝前再进行一次抹平收面,涂刷养护剂或进行保湿养护,表面要平整压光并覆盖养护,不得出现裂纹。灌注孔及观察孔封堵如图 8.35 所示。

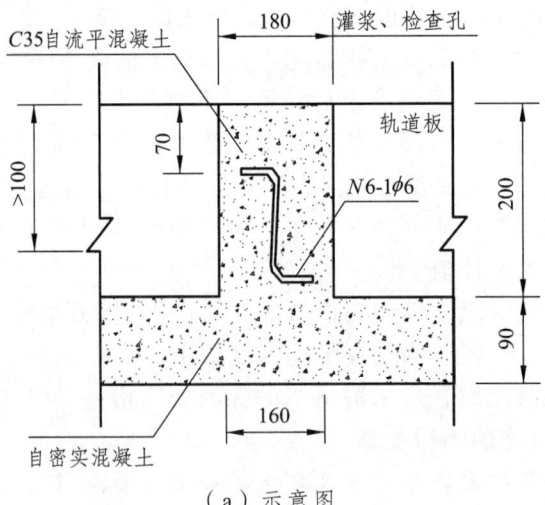

(a)示意图

（b）现场图

图 8.35　灌浆孔及观察孔封堵

5. 拆模及养护

轨道板自密实混凝土灌注完成后，应尽量减少两侧混凝土的暴露时间，应对混凝土暴露面进行紧密覆盖养护。

（1）自密实混凝土拆模后涂刷养护液，及时洒水养护，当温度低于 5 ℃时涂刷养护液并用塑料薄膜封闭养护，时间不得少于 14 天。

（2）当自密实混凝土强度达到 8.0 MPa 以上，并且其表面及棱角不因拆模而受损时，可以拆除轨道板精调压紧装置及四周模板。自密实混凝土模板拆除后，对隔离层土工布进行切除，使其四边与自密实混凝土侧面平齐，切除隔离层土工布时应防止切割伤害底座板。

（3）当自密实混凝土达到 100%的设计强度后，轨道板方可承受全部设计荷载。

（4）混凝土采用喷涂养护液养护时，应确保不漏喷，涂刷过程如图 8.36 所示。

图 8.36　涂刷养生液

8.3.6 轨道绝缘及综合接地

1. 轨道绝缘

为保证无砟轨道绝缘性满足轨道电路传输要求，轨道板内纵横向钢筋节点必须采用绝缘卡进行绝缘，自密实混凝土与底座板内钢筋不作绝缘处理。

2. 综合接地

轨道板在纵向上划分成长度不大于 100 m 的接地单元，每一个单元使用不锈钢接地钢缆与线路两侧贯通地线单点"T"形连接。每个接地单元内相邻轨道板间用纵向接地钢缆进行等电位连接。钢缆截面面积不小于 200 mm²。

隧道从进口 2 m 处开始，每间隔 100 m 设置一个"T"形连接接地端子。施工过程中，对接地端子进行严格定位，确保不出现被混凝土覆盖的现象。同时，施工时标注好接地端子的里程和高度，为下一步连接做好指示标记。

8.3.7 无砟轨道施工质量标准

（1）焊接网几何尺寸的允许偏差应符合表 8.2 的规定，并且在一张网片中纵、横向钢筋的数量应符合设计要求。

表 8.2 焊接网几何尺寸允许偏差

序号	项目	允许偏差
1	重量	±4.5%理论重量
2	开焊点数量	1%，并且任一根钢筋上开焊点不得超过该支钢筋上交叉点总数的 50%，最外边钢筋上的交叉点无开焊
3	长度和宽度	±15 mm
4	钢筋间距	±10 mm
5	伸出长度	不小于 25 mm
6	对角线差	±1%

检验数量：施工单位每批（不超过 30 t）抽检一次，每批抽检 5%（不

少于3片),监理单位平行检验抽检次数为施工单位抽检次数的10%,但至少一次。

检验方法:查看出厂证书、称重、观察和尺量。

(2)焊网绑扎安装允许偏差应符合表8.3的规定。

表8.3 钢筋绑扎安装允许偏差

序号	项目	允许偏差/mm
1	钢筋间距	±20
2	钢筋保护层厚度	+10 0

检验数量:施工单位每施工段至少抽检10处。

检验方法:观察、尺量。

(3)底座模板安装允许偏差应符合表8.4的规定。

表8.4 混凝土底座模板安装允许偏差

序号	检查项目	允许偏差/mm	检验方法
1	施工控制高程	0,−5	每5m检查1处
2	宽度	±5	每5m检查3处
3	中线位置	2	每5m检查3处
4	伸缩缝位置	5	每条伸缩缝检查1次
5	伸缩缝宽度	±2	每条伸缩缝检查1次

检验方法:施工单位测量检查。

(4)底座模板安装允许偏差应符合表8.5的规定。

表8.5 限位凹槽(凹槽)模板安装允许偏差

序号	检查项目	允许偏差/mm	检验方法
1	中线位置	2	尺量
2	顶面高程	±3	水准仪
3	长度和宽度	±3	尺量
4	相邻凹槽中心间距	±5	尺量

检验数量:施工单位全部检查。

（5）混凝土底座外形尺寸允许偏差如表8.6所示。

表8.6 混凝土底座外形尺寸允许偏差

序号	项目	允许偏差
1	顶面高程	(0，-10)
2	宽度	±10 mm
3	中线位置	3 mm
4	平整度	10/3 m
5	伸缩缝位置	10 mm
6	伸缩缝宽度	±5 mm
7	底座外侧排水坡	1%

检验数量：施工单位每块底座板检查一次。

检验方法：测量。

（6）限位凹槽（凹槽）外形尺寸允许偏差如表8.7所示。

表8.7 限位凹槽外形尺寸允许偏差

序号	检查项目	允许偏差
1	中线位置	3 mm
2	深度	±5 mm
3	平整度	2/0.5 m
4	长度和宽度	±5 mm
5	相邻凹槽中心间距	±10 mm

检验数量：施工单位每块底座板检查一个限位凹槽。

检验方法：测量。

（7）轨道板精调标准。

轨道板精调后，偏差范围要符合表8.8的要求。

8.8 轨道板铺设精调定位允许偏差

序号	检查项目	允许偏差/mm
1	高程	±0.5
2	中线	0.5
3	相邻轨道板接缝处承轨台顶面相对高差	0.5

续表

序 号	检查项目		允许偏差/mm
4	相邻轨道板接缝处承轨台顶面平面位置		0.5
5	轨道板纵向位置	曲线地段	2
		直线地段	5

检验数量：施工单位、监理单位全部检查。

检验方法：施工单位用专用仪器测量，监理单位检查记录。

（8）轨道板位置标准。

自密实混凝土灌注后，轨道板位置允许偏差应符合表8.9的要求。

表8.9 轨道板位置允许偏差

序号	检查项目		允许偏差/mm	备注
1	高程		±2	
2	中线		2	
3	相邻轨道板接缝处承轨台顶面相对高差		1	不允许连续3块以上轨道板出现同向偏差
4	相邻轨道板接缝处承轨台顶面平面位置		1	
5	轨道板纵向位置	曲线地段	5	
		直线地段	10	

检验数量：施工单位全部检查。

检验方法：依据CPⅢ点进行测量。

（9）自密实混凝土拌和物性能与硬化混凝土性能应符合表8.10要求。

表8.10 自密实混凝土拌和物性能与硬化混凝土性能要求

项 目		技术要求
拌和物性能（流动性、填充性、间隙通过性、抗离析性等）	坍落扩展度	≤680 mm
	扩展时间 T500	3～7 s
	J环障碍高差	<18 mm
	L形充填比	≥0.9
	泌水率	0
	含气量	3.0%～6.0%
	竖向膨胀率	0～1.0%

续表

项目		技术要求
硬化体性能（力学性能、耐久性能、收缩性能）	56 d 抗压强度	≥40.0 MPa
	56 d 抗折强度	≥5.0 MPa
	56 d 弹性模量	$3.00 \times 10^4 \sim 3.80 \times 10^4$ MPa
	56 d 电通量	≤1 000 C
	56 d 抗盐冻性（28次冻融循环剥落量）	≤1 000 g/m²
	56 d 干燥收缩值	≤400×10⁻⁶
有害物质含量	氯离子含量	不大胶凝材料总量的 0.10%
	碱含量	≤3.0 kg/m³
	三氧化硫含量	不大于胶凝材料总量的 4.0%

8.4 施工进度控制技术

8.4.1 施工进度控制理论

1. 进度控制的特点

（1）高风险性。

工程项目在实施过程中往往面临多方面的影响因素，例如工程过于庞大、施工周期长、施工节点较多以及施工物流不通畅等。都能直接地影响施工进度。另外，还有一些间接因素，例如各单位间的协同关系影响、物资供应的进度影响、资金链供应以及设计变更等影响，都可能对施工进度造成巨大的影响，因此施工进度计划的实施在诸多因素的影响下很难顺利进行，具有较高的风险性。

（2）多层性。

工程项目从筹划到实施一般会经历前期准备阶段、设计阶段和施工阶段 3 个阶段，每个阶段都有与之配套的进度计划，每个阶段又能划分为多个层次，各个层次的稳定进行维持着每个阶段的正常运作，因此施工进度计划具有多层性。

（3）随机性。

上文提到了工程项目实施进度的多层性,每一个层级具有其对应的项目实施进度,施工项目总进度受各层级进度影响,而施工项目的各个层级进度具有随机性,因此施工项目的总进度具有随机性。将施工项目各层级进度表示为 T_i, T_i 为随机变量,则施工项目总进度可以表示为 T, T 与 T_i 的关系为

$$T = T_1 \cup T_2 \cup T_3 \cup \cdots \cup T_n \tag{8.1}$$

因此,施工项目总进度的概率分布可由施工项目各层级进度的持续活动时间来表示,第 i 层级工作的分布频率可表示为 f_i, f_i 与 T_i 的关系为

$$f_i = T_i / T_0 \tag{8.2}$$

式中, T_0 为施工项目总进度计划值。

（4）多元性。

施工项目进度在整个施工项目实施过程中并不是独立的,而是与施工质量和施工成本相并列,三者协调统一才能保证施工项目的有序进行。在施工项目总进度的编制和实施过程中,施工项目的资金链供应与施工项目的质量要求都需要纳入考虑,尽可能保证三者同时达到预期效果,因此施工项目进度计划具有多元性。

2. 进度控制的原则

（1）工程项目进度分解原则。

一个工程项目往往需要多方统筹并执行,其中包括业主单位、设计单位、施工单位和监理单位以及政府有关部门,各单位都需要对施工项目的不同阶段进度计划进行编制,最终进行协商统筹,因此需要将施工项目总计划目标进行分解,各单位做到各司其职,完善施工项目的各方协同体系。

（2）工程项目进度分级控制原则。

上文提到了施工项目进度控制具有多层性和随机性,施工项目总进度的编制需要根据施工项目各层级工作所需的活动时长进行单独规划,旨在利用最少的施工资源达到最高的施工效率,这便是工程项目进度的分级控制原则。

（3）工程项目进度协调控制原则。

上文提到了施工项目进度控制具有多元性,一个工程项目的进度计

划往往与施工质量和施工成本有着密不可分的联系。施工项目在实施过程中,应尽可能以最短的工期、最低的施工成本达到最高的施工质量。

3. 进度控制的原理

(1) 系统控制原理。

① 施工项目计划系统。

工程项目施工能够按时完成必须依靠施工项目进度控制,不同项目有其不同的进度控制目标要求,依据项目本身独有的进度控制目标要求来制定项目进度计划系统。计划系统应层次分明,遵循工程项目分层控制原则,从整体把控到局部细分,保证施工项目计划系统的科学性和实用性。施工项目计划系统的层级关系如图 8.37 所示。

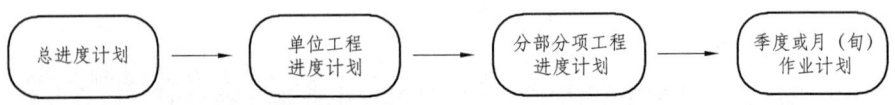

图 8.37 施工项目计划系统的层级关系

② 施工项目进度实施组织系统。

施工项目进度实施组织系统主要分为施工组织职能部门和施工组织各级负责人两个梯队,由项目经理进行统一管理,其中施工组织职能部门主要负责施工设备采购和人员调配,施工组织各级负责人主要包括项目经理、施工队长、班组长及其所属全体成员。

③ 施工项目进度控制组织系统。

项目施工依照进度计划有序进行的过程中需要一个进度检查控制系统来实时监控,各层级工作人员在固定进度节点进行检查汇报,反复将实际施工进度与计划施工进度进行对比,根据实际情况进行妥善调整,确保工程项目施工能够在规定时间内达到目标。

(2) 动态循环控制原理。

工程项目的实施具有多层性,每个层级的工作流程都是循环进行的,即制定计划→实施计划→检查→调整,然后重复进行,最终形成一个呈闭合上升态的循环控制系统,学术界称之为"进度管理戴明环",如图 8.38 所示。该系统每个环节都有严密的逻辑关系,每个循环以检查调整为结束,起到承上启下的作用,既是对上个循环工作的总结,分析实际工程进度与计划进度的偏差,找出原因并对下个循环工作进行调整,保证施工项目的有序进行。

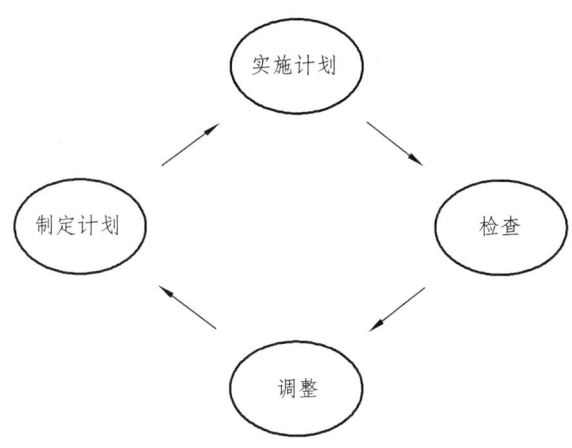

图 8.38 进度管理戴明环

进度管理戴明环操作步骤如下：

① 制定计划阶段（Plan）。

进度计划的编制不可纸上谈兵，可操作性是项目进度计划制定的首要原则，工程项目进度在编制时需考虑项目进度控制的多层性和多元性，制定项目进度计划不合理会导致进度管理戴明环只能原地转动。

② 执行计划阶段（Do）。

制定了科学的工程项目进度方案，然后开始执行，执行过程中各方工作人员需按照进度计划要求严格执行，执行过程中遇到问题及时反馈，推动进度管理戴明环持续前进。

③ 检查分析阶段（Check）。

工程项目进度控制具有高风险性、随机性、多元性和多层性，因此无论工程项目进度计划编制得多么合理，实际实施过程中仍会有各种因素导致施工进度无法按原计划进行。这就需要在每个进度节点对工程项目进行检查分析，找出阻碍施工进度具体原因，各方协调讨论出最佳解决方案，加快后期施工进度。

④ 调整计划阶段（Action）。

经过检查分析，找到进度管理戴明环转动的阻力元，进行进度方案调整，调整力度按强弱划分为微调、部分调整和重新制定项目计划，若实际施工总体进度与原计划相差不大，只需要对个别施工步骤进行微调，维持施工进度；若实际施工中的个别步骤影响施工总体进度，则需要对施工进度方案进行部分调整；若实际施工进度与计划施工进度相差甚远，各层级工作安排都具有明显的不合理之处，则考虑重新制定进度计划。

工程项目实施过程一般会在固定时间节点进行 PDCA 循环分析，根据工程实际情况调整施工进度方案，投入下一个循环工作中，在循环过程中不断提高进度计划管理能力。

（3）信息反馈原理。

在工程项目实施过程中，信息反馈是必不可少的环节，上层项目管理人员将制定的进度计划反馈给基层工作人员，基层工作人员按照进度计划进行施工，并将实际施工过程中的有关信息反馈给上层项目管理人员。上层项目管理人员对基层工作人员反馈的信息进行分析协商，最终形成进度计划调整方案。

（4）弹性原理。

工程项目由于周期较长且变数较多，编制进度计划时需要留有一定的余地。首先需要对工程项目进度进行风险分析，根据风险大小保留进度计划中的风险空间，使得整个进度计划具有一定的弹性。有些工作可以在进度计划内完成，可以留出时间给大概率无法在进度计划时间内完成的工作，维持施工进度的动态平衡，这个过程称之为施工进度的"弹性原理"。

8.4.2 基于 BIM 技术的施工进度控制理论

1. BIM 的概念

BIM（Building Information Modeling）即建筑信息模型，Building 特指该技术主要面向于建筑领域；Information 特指该技术主要特点为信息化集成技术，该技术贯穿于工程项目全生命周期，关联所有与工程项目相关的数字信息；Modeling 特指信息模型，是所有数字信息的载体和体现方式，该信息模型具有可视化、关联性、参数化和协调性等特点。

2. BIM 的特点

BIM 技术是在传统 CAD 技术的基础上发展起来的，除了能建立三维模型，还能赋予模型各种信息，包括施工进度、施工成本、材料属性等，对所有赋予信息都能进行可视化操作,使得各项工程项目信息能够简单明了地呈现于该项目建设各参与方,有助于各专业间的协调合作,本章将 BIM 技术的特点归纳为以下几点:

(1)可视化。

BIM 技术的可视化是指 BIM 技术具有模拟仿真施工全生命周期的功能,可以利用 BIM 技术建立工程项目的三维实体,并赋予该实体进度信息和成本信息,便可动态展示工程项目全生命周期的施工进展和资金流向,大大降低了工程项目的试错成本,有助于项目各参与方之间的协调讨论。

(2)关联性。

BIM 模型中的所有信息储存都是交互相关的,一旦模型中的某个参数发生改变,与其相关联的其他参数都会随之发生相应的改变,因此当遇到项目计划有变时,只需要改动相应的参数,大大减少了工作量。

(3)参数化。

BIM 技术采用参数化建模和分析,这样有利于项目工程量和成本的计算与统计,可以根据项目开展情况改变参数,实时进行讨论分析。

(4)协调性。

BIM 技术可以将不同专业信息模型进行汇总,在施工准备阶段给各个专业工程师提供一个统一的数据平台,各专业工程师就各自专业特点和利益进行协调,避免不必要的矛盾和返工。

3. 基于 BIM 技术的施工进度管理优势

BIM 技术相较于传统 CAD 技术能获取更多的项目信息,实现信息共享。利用 BIM 技术对长大隧道 CRTSⅢ型板式无砟轨道施工进度进行管理,可以充分体现 BIM 技术的共享性和高效性。共享性体现在进度管理过程中涉及的所有几何信息、物理信息、时间信息和资源配置信息都能集中储存于 BIM 数据平台中,体现在 BIM 模型上,便于项目参与各方随时提取信息进行讨论和更改;高效性体现为减少进度计划更改频率,保证进度计划编制的科学性和实用性,利用 BIM 的虚拟仿真技术可以直观展示进度计划全过程项目进展,提前发现施工过程可能遇到的问题,拟定解决方案,避免不必要的资源浪费和返工,提高进度管理工作的效率和精确度。

4. 基于 BIM 技术的施工进度管理流程

目前，BIM 技术已经广泛应用于各类工程项目中，但在 CRTSⅢ型板式无砟轨道施工中应用较少，本章结合类似工程拟定基于 BIM 技术的 CRTSⅢ型板式无砟轨道施工进度管理流程，如图 8.39 所示。

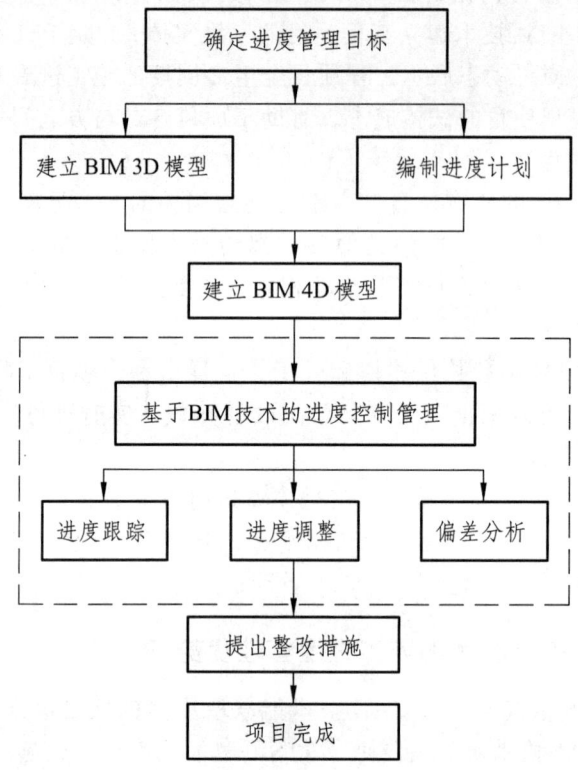

图 8.39 基于 BIM 技术的施工进度管理流程

8.4.3 隧道 CRTSⅢ型板式无砟轨道模型建立

1. 隧道模型建立

查看万安隧道标准横纵断面图纸，利用 BIM 软件 Revit 建立万安隧道三维模型，根据隧道设计中的各种隧道断面类型，建立可用于隧道建模的各类部件（隧道族库），族库包括隧道仰拱、衬砌、边墙、防水板和 PVC

管等,实现隧道的三维建模。它将整个建设项目的几何、物理、施工等全部信息融合到模型数据库中,最终得到隧道三维模型,如图 8.40 所示。

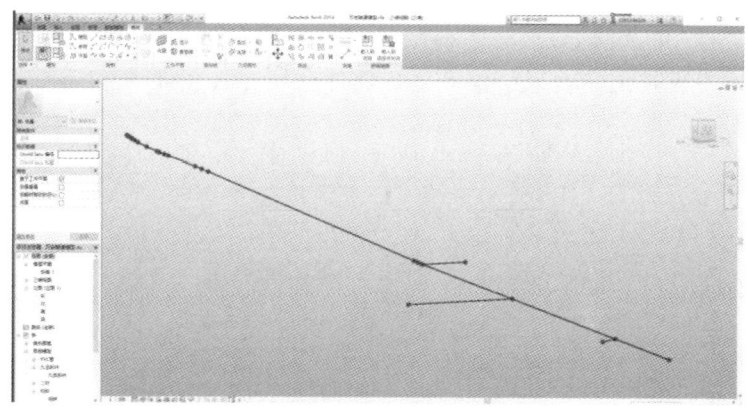

图 8.40　万安隧道三维模型

2. CRTSⅢ型板式无砟轨道结构模型建立

在万安隧道三维模型的基础上,参考 CRTSⅢ型板式无砟轨道结构图纸建立万安隧道无砟轨道族库,族库包括自密实混凝土、P5600 型无砟轨道板、钢轨、土工布、底座板和各类钢筋,组合可得 CRTSⅢ型板式无砟轨道结构模型,如图 8.41 所示。

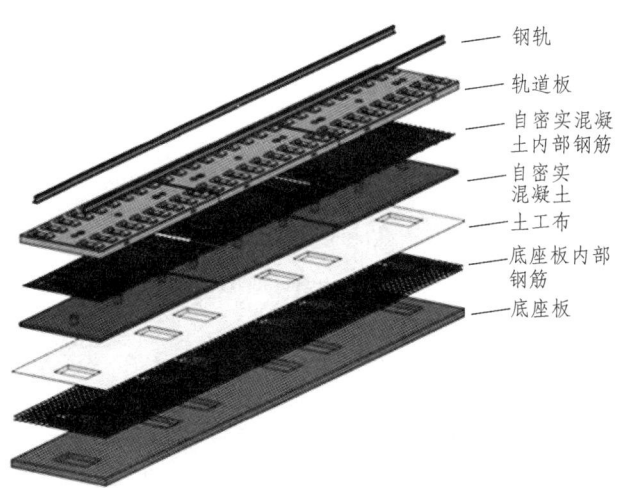

图 8.41　CRTSⅢ型板式无砟轨道分层结构模型

3. 模型组装与导入

利用 Revit 将隧道模型和 CRTSⅢ型板式无砟轨道结构模型导出为 Navisworks 可读的 nwc 格式文件,如图 8.42 所示,再将万安隧道模型和 CRTSⅢ型板式无砟轨道结构模型各部件分层导入软件 Navisworks,如图 8.43 所示。

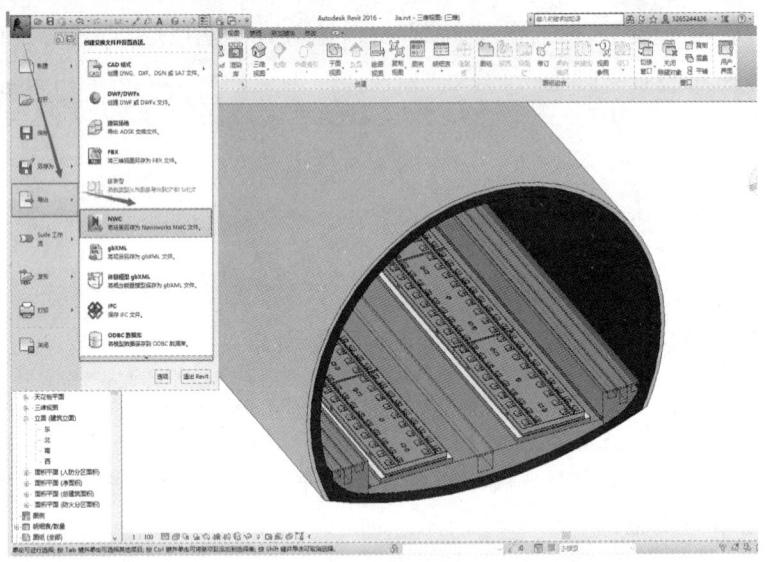

图 8.42 模型格式转换

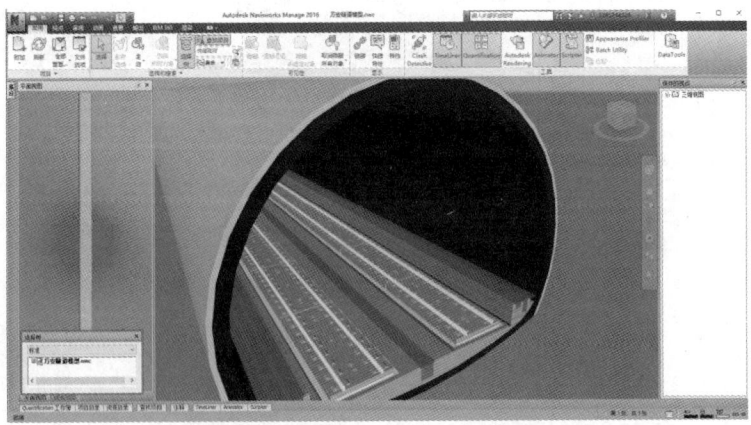

图 8.43 Navisworks 效果图

8.4.4 隧道 CRTSⅢ型板式无砟轨道施工进度计划编制

施工项目总进度的编制需要根据施工项目各层级工作所需的活动时长进行单独规划，旨在利用最少的施工资源达到最高的施工效率，因此将万安隧道轨道板施工划分为底座板施工和轨道板施工两个阶段。由于万安隧道全程总长约 13.28 km，CRTSⅢ型板式无砟轨道结构层次较为繁杂，若全部模拟，工作量过大，所以选取万安隧道进口至南元坑斜井段进行施工进度模拟，该段全长 1 982.38 m。底座板施工采用单线施工，具体施工步骤为凿毛、钢筋绑扎和铺设、模板安装与调整、混凝土灌注、模板拆除以及土工布的剪裁与铺设。轨道板采用双线施工，具体施工步骤为限位凹槽铺设、钢筋绑扎与铺设、模板安装与调整、轨道板粗铺、轨道板精调、模板安装并调整、自密实混凝土灌注及模板拆除。

1. 底座板施工进度计划

施工工序：凿毛→钢筋绑扎及铺设→模板安装并调整→混凝土浇筑→混凝土养护→检查验收→土工布剪裁铺设。

采用单线施工，流水线模式交错施工，流水作业安排如下：

（1）第 1 组施工队负责专门绑扎钢筋及铺设，从第 1 天开始作业；

（2）第 2 组施工队负责模板安装并调整，从第 2 天开始工作，进度同钢筋铺设；

（3）第 3 组施工队负责混凝土浇筑，第 3 天开始进行，进度同钢筋铺设；

（4）第 4 组施工队负责模板拆除，从第 1 批底座板混凝土达到凝固标准开始（混凝土强度度达到 50 MPa，一般灌注后 2 天能达到）；

（5）第 5 组施工队负责土工布剪裁铺设，从第 1 批混凝土模板拆除开始。左线完成，右线与左线施工步骤相同。

利用软件 Project 对底座板左右线施工进度计划进行编制，根据施工合同规定，底座板施工拟于 2018 年 7 月 1 日开始施工，8 月 19 日完成施工，各项工序工期均为 20 天，各工序施工进度与甘特图编制如图 8.44 所示。

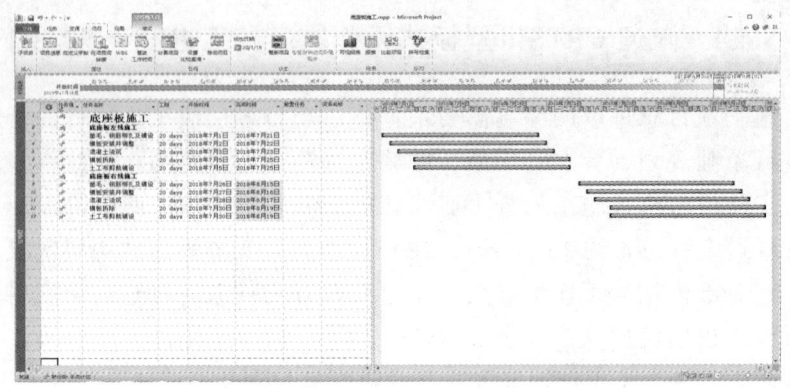

图 8.44 底座板施工进度计划编制

2. 轨道板施工进度计划

施工工序：限位凹槽钢筋铺设→钢筋网片绑扎与铺设→轨道板粗铺→轨道板精调→模板安装并调整→轨道板铺设验收→模板安装→轨道板复测→自密实混凝土灌注→灌注孔及观察孔封闭→自密实混凝土拆模养护（带模养护3天，不带模养护11天）→检查验收。

采用双向施工，流水线模式交错施工，左右线保持6个单元铺设差距，约102 m，单数日进行轨道板左线施工，双数日进行轨道板右线施工，流水作业安排如下：

（1）第6组施工队负责绑扎单线钢筋及铺设，从轨道板施工第1天开始作业；

（2）第7组施工队负责轨道板的粗铺和精调，从轨道板施工第1天开始作业，进度同钢筋铺设；

（3）第8组施工队负责模板安装与调整，从轨道板施工第2天开始作业，进度同钢筋铺设；

（4）第9组施工队负责自密实混凝土浇筑，从轨道板施工第3天开始作业，进度同钢筋铺设；

（5）第10组施工队负责模板拆除，从第1批底座板混凝土达到凝固标准开始，即自密实混凝土灌注后2天。

利用软件Project对轨道板双线施工进度计划进行编制，根据施工合同规定，底座板施工拟于2018年8月20日开始施工，9月13日完成施工，各工序工期均为20天，各工序施工进度与甘特图编制如图8.45所示。

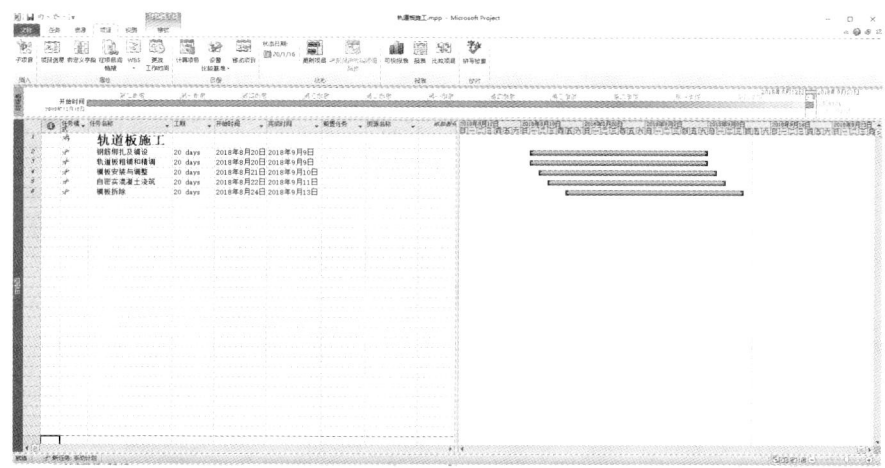

图 8.45　轨道板施工进度计划编制

8.4.5　基于 BIM 4D 的施工进度模拟

1. 编制甘特图

将底座板施工进度计划与轨道板施工进度计划进行汇总,得到 CRTS Ⅲ型板式无砟轨道施工进度计划与甘特图编制,如图 8.46 所示。

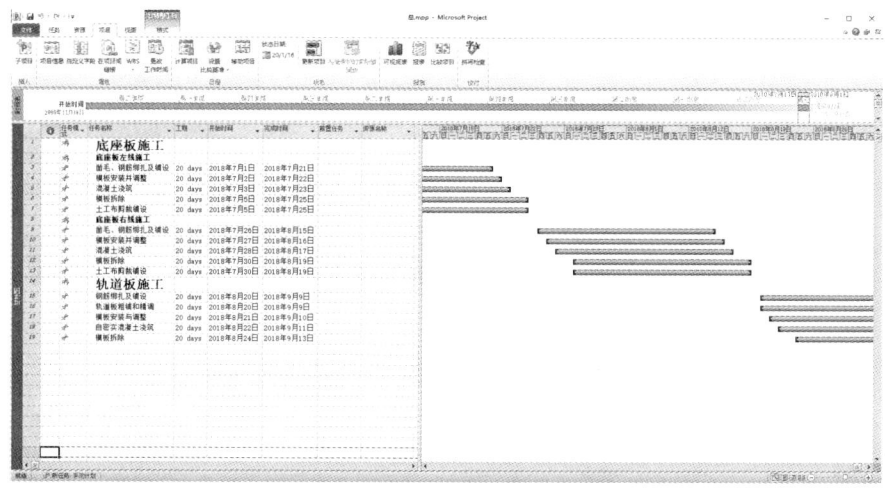

图 8.46　CRTSⅢ型板式无砟轨道施工进度计划编制

2. 进度计划导入

将 CRTSⅢ型板式无砟轨道施工进度计划与 3D 模型进行关联，方法为将 Project 编制的施工进度导入 Navisworks 的 Timeliner 模块，如图 8.47 所示。

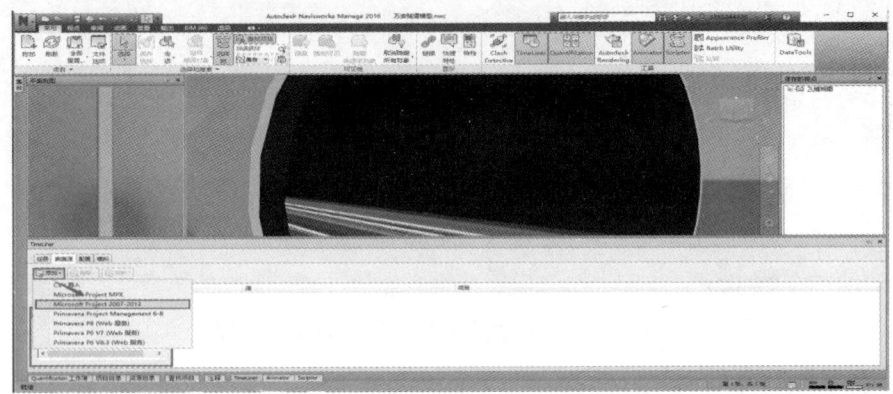

图 8.47　进度信息导入

3. 模型关联

将模型与进度计划中的任务进行关联，为每一个任务附着相对应的选择集，即将进度计划与模型进行关联，以轨道板施工阶段自密实混凝土钢筋模型与进度计划进行关联为例，关联过程为选中自密实混凝土钢筋模型，在进度计划中的钢筋绑扎与铺设任务下选择附着当前选择，完成关联，如图 8.48 所示。依照上述方法完成其他任务的模型关联，进度

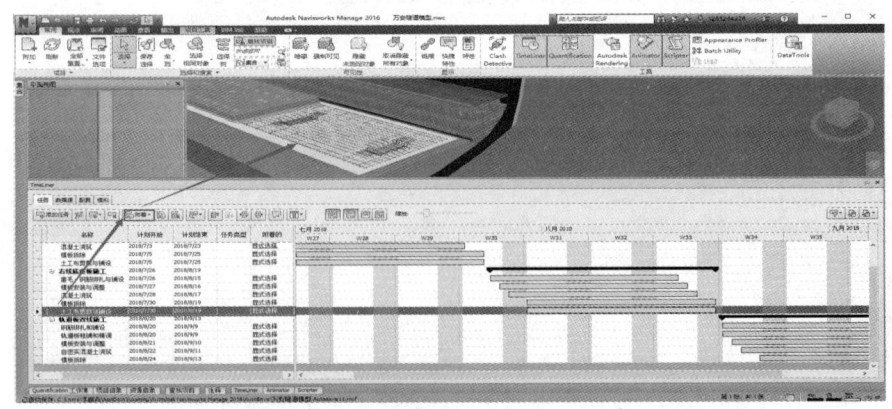

图 8.48　自密实混凝土钢筋模型关联

模拟时间取 2018 年 7 月 1 日至 2018 年 9 月 13 日,其中底座板左右线施工与轨道板施工过程模型与进度信息汇总如图 8.49 所示。

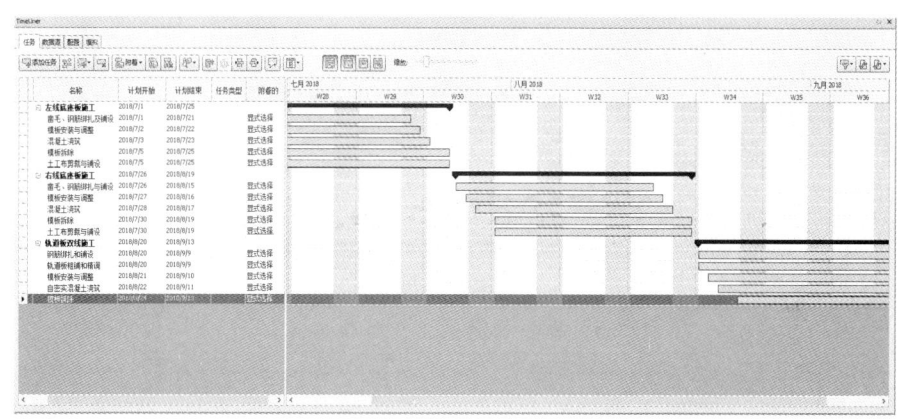

图 8.49 CRTSⅢ型板式无砟轨道施工进度计划汇总

4. 模拟动画输出

在 Navisworks 的 Timeliner 模块中点击模拟选项卡,预览动画,通过旋转视图角度调整至动画播放最佳视角,将各工序间隔时间设置为 3 秒并保存视点动画,导出 CRTSⅢ型板式无砟轨道施工进度计划模拟视频,视频中施工工序与甘特图滚动同步进行,各工序施工模拟如图 8.50 所示。

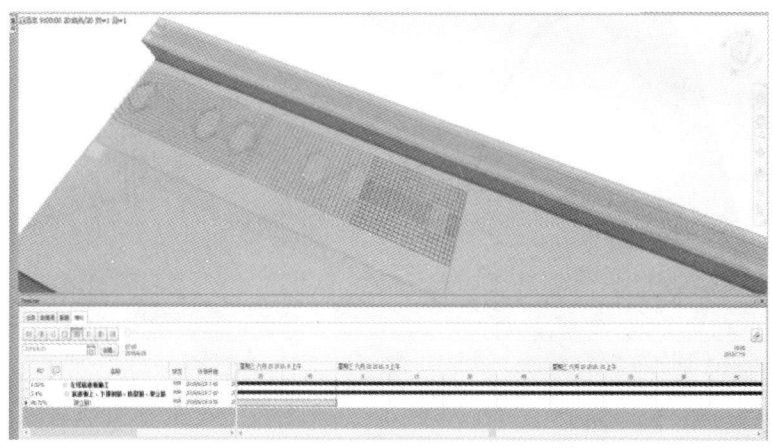

(a)底座板钢筋铺设模拟

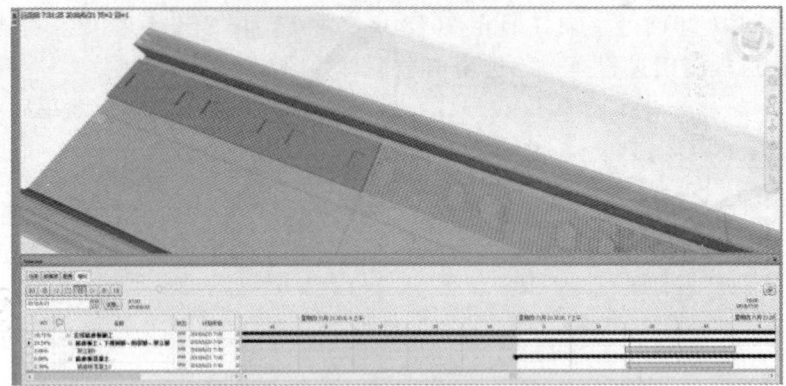

(b)底座板混凝土浇筑模拟

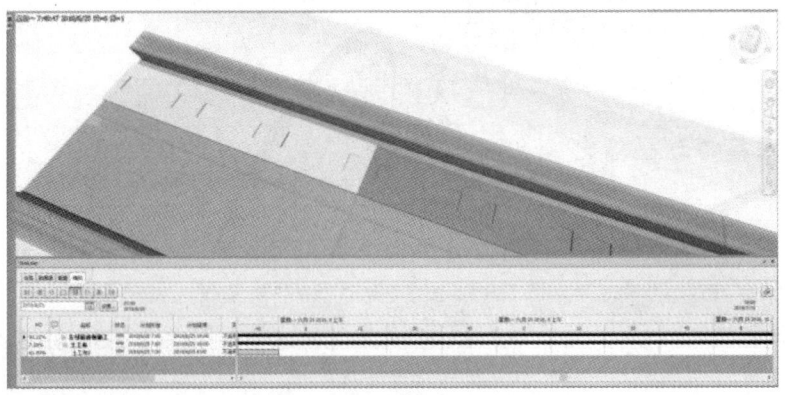

(c)土工布铺设模拟

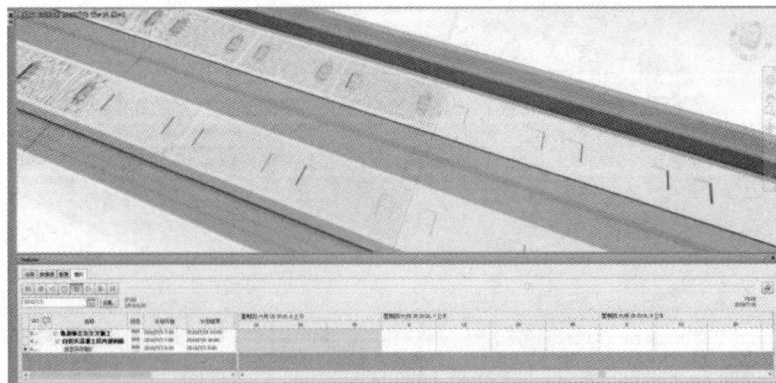

(d)自密实混凝土钢筋铺设

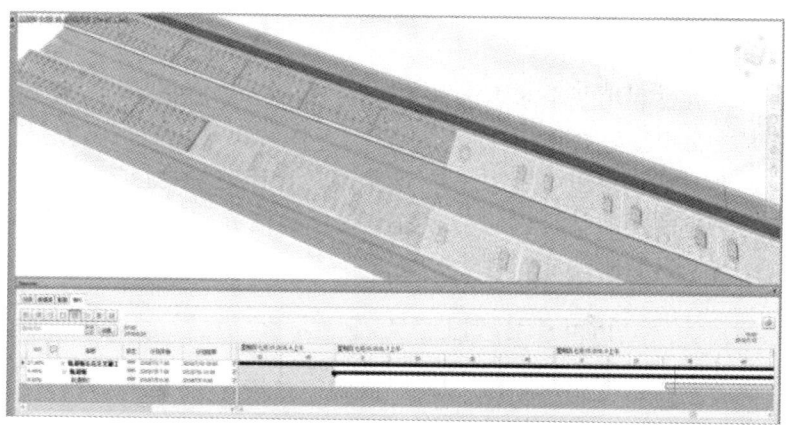

(e) P5600 无砟轨道板铺设

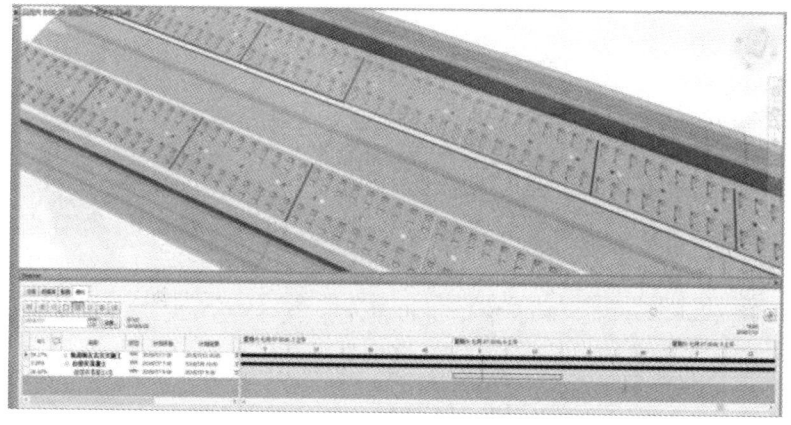

(f) 自密实混凝土灌注养护

图 8.50　各工序施工模拟

8.4.6　基于 BIM 5D 的施工进度偏差分析与调整

通过现场调研,确认万安隧道 CRTSⅢ型板式无砟轨道各阶段实际施工进度,将实际施工进度与计划进度进行偏差分析。偏差分析选用挣值法,基于 BIM 5D 模型,综合分析施工进度与成本间的相互关系,及时让工程人员了解工程实施的进展与计划的偏差程度,根据偏差程度,做出相应的调整措施。

1. 基本参数

挣值法需要利用 2 个基本参数 BCWS 和 BCWP,即计划工作预算费用和已完成工作预算费用。

计划工作预算费用（BCWS）：该费用是指计划某一时刻应当完成工作量与之对应的成本估计,一般在施工前期就能确定,在合同不更改的情况下,基本不做改动,其计算公式为

$$BCWS = 计划工作量 \times 预算单价 \tag{8.3}$$

已完成工作预算费用（BCWP）：该费用是指在某一时刻已经完成的工作量与之对应的资金总额,该资金总额由工程承包方获得,又称"挣值",其计算公式为

$$BCWP = 已完成工作量 \times 预算单价 \tag{8.4}$$

2. 评价指标

挣值法需要利用 2 个评价指标 SV 和 SPI,即进度偏差和进度绩效指标。

进度偏差（SV）：该值为已完成工作预算费用（BCWP）与计划工作预算费用（BCWS）之间的差值,反映实际施工费用与计划施工费用的绝对偏差。当 SV < 0 时,表示施工进度滞后；当 SV > 0 时,表示施工进度提前,其计算公式为

$$SV = BCWP - BCWS \tag{8.5}$$

进度绩效指标（SPI）：该值为已完成工作预算费用（BCWP）与计划工作预算费用（BCWS）的比值,反映实际施工费用与计划施工费用的相对偏差。当 SPI < 1 时,表示施工进度滞后；当 SPI > 1 时,表示施工进度提前,其计算公式为

$$SPI = BCWP/BCWS \tag{8.6}$$

3. 偏差分析

追踪万安隧道 CRTSⅢ型板式无砟轨道实际施工进度,将各项工序实际施工进度汇总编入 Navisworks 的 Timeliner 模块,并将现场调研所得 CRTSⅢ型板式无砟轨道施工各工序人工费、材料费和机械费报价清单插

入各项施工任务,得到万安隧道 CRTSⅢ型板式无砟轨道施工的 BIM 5D 模型,如图 8.51 所示。

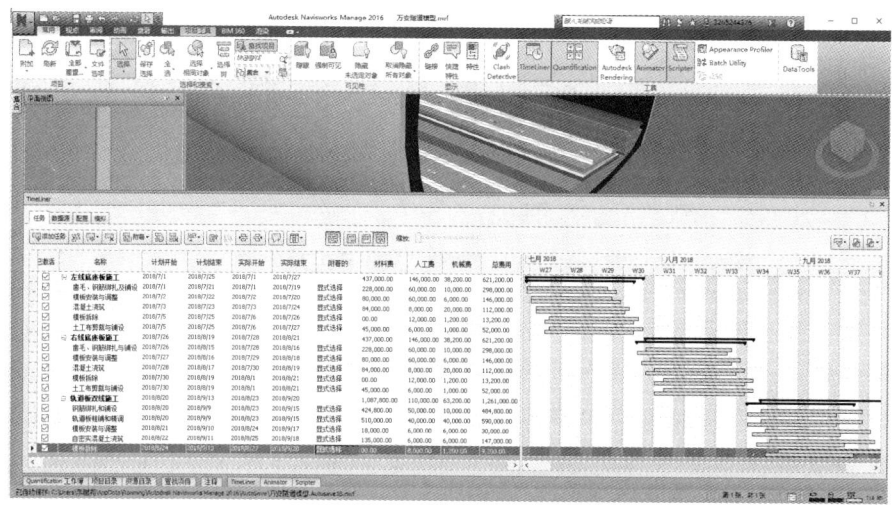

图 8.51　CRTSⅢ型板式无砟轨道施工 5D 模型

将万安隧道 CRTSⅢ型板式无砟轨道施工进度与成本统一起来,基于 BIM 5D 模型,对施工进度和成本进行综合分析,得到万安隧道施工各阶段计划工作预算费用(BCWS)和已完成工作预算费用(BCWP)。其中,底座板施工阶段和轨道板施工阶段偏差分析如图 8.52 和图 8.53 所示。

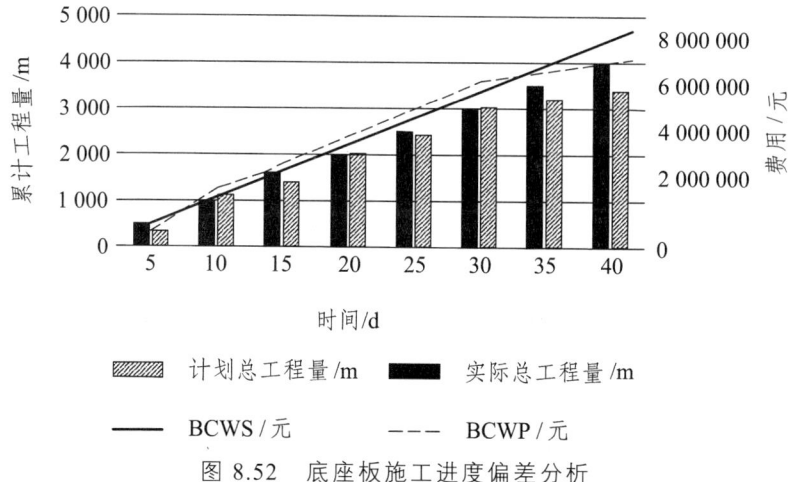

图 8.52　底座板施工进度偏差分析

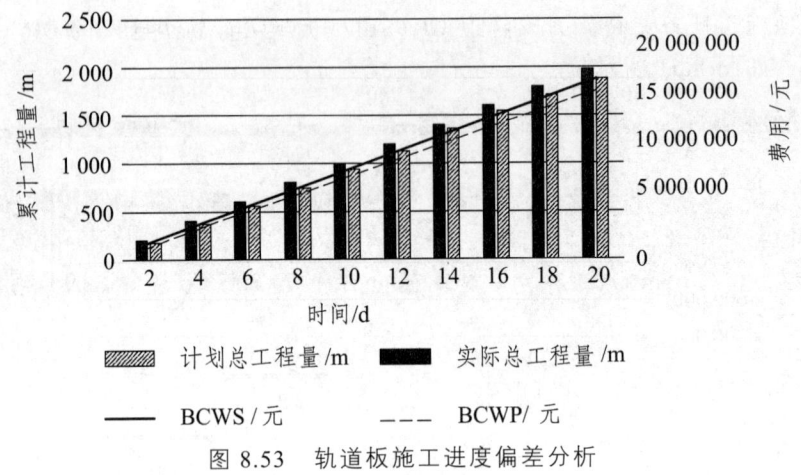

图 8.53 轨道板施工进度偏差分析

利用式（8.5）与式（8.6）可得到底座板施工阶段和轨道板施工阶段进度评价的两个指标进度偏差（SV）和进度绩效指标（SPI），两者统计结果如图 8.54 和图 8.55 所示。

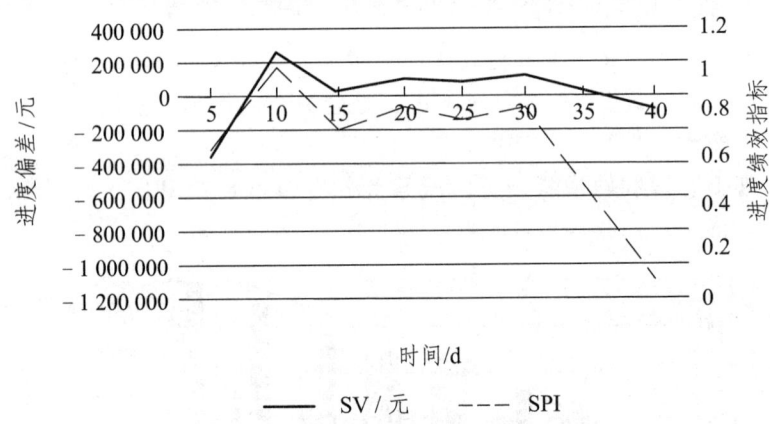

图 8.54 底座板施工进度评价指标

利用挣值法对底座板施工阶段和轨道板施工阶段进度进行偏差分析，由图 8.54 可知，对于底座板施工，当 $0<T<8$ 时，SV<0 且 SPI<1，表示该时间段内底座板施工进度滞后；当 $8<T<13$ 时，SV>0 且 SPI>1，表示该时间段内底座板施工进度提前；当 $13<T<40$ 时，SV<0 且 SPI<1，表示该时间段内底座板施工进度滞后。由图 8.54 可知，对于轨道板施工，当 $0<T<20$，SV<0 且 SPI<1，表示全段轨道板施工进度滞后。综合上

述分析可知,万安隧道 CRTSⅢ型板式无砟轨道施工进度较为滞后。

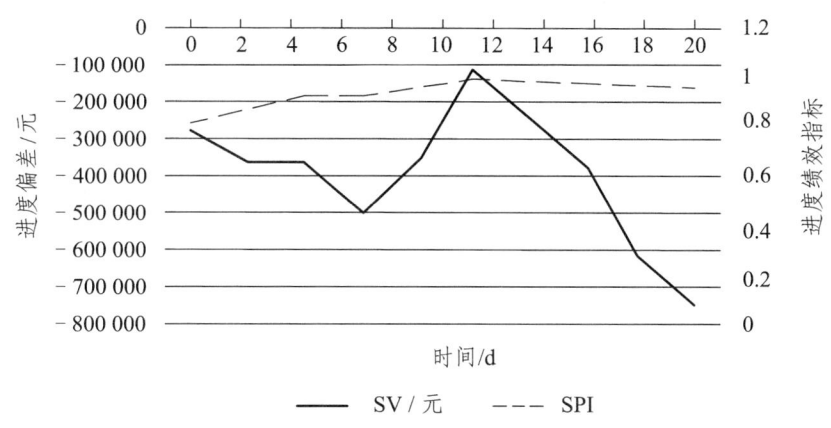

图 8.55　轨道板施工进度评价指标

4. 调整措施

(1)针对万安隧道为长大多工区隧道,施工通道空间狭小,各工序作业运用单一物流通道,施工材料物流运输不畅的特点,需要重新制定 CRTSⅢ型板式无砟轨道施工物流运输方案,从而加快施工进度。

(2)针对万安隧道 CRTSⅢ型板式无砟轨道施工工艺较为落后,施工效率较低,且时常因为施工质量问题而返工的特点,需要重新改进 CRTSⅢ型板式无砟轨道施工工艺,提高施工效率和施工质量,避免不必要的返工,从而加快施工进度。

(3)针对万安隧道 CRTSⅢ型板式无砟轨道施工因安全管理制度不够健全,面临着因安全事故而导致停工的风险,需要找出施工安全管理中仍然存在的漏洞,加以改进,规避风险,保证施工过程畅通无阻。

8.5　施工物流控制技术

8.5.1　板式无砟轨道物流重要性

无砟轨道施工物流组织的主要目的是根据施工工艺流程尽可能地连续供应施工现场所需的物资,并将施工所需的周转料吊装倒运到下一施工位置，同时要尽可能减少物流对施工作业的干扰。选择何种物流组织方式对于施工生产来说，就是要选择至少一条通畅的施工物流通道，配备一定数量的运输设备，利用起吊设备或其他辅助设施将运输设备上的物资卸放至施工现场，从而确保施工生产的有序进行。

在铁路客专建设时代，客运专线的主体工程大多为桥梁、隧道建筑，且多为高桥墩、长大隧道等，导致施工便道不贯通、物料运输条件差、部分施工便道远离线路，给无砟轨道物流组织造成了极大的困难。受施工道路不贯通的影响，施工组织困难，大型施工机械无法作业，常规机械受空间限制无法实现吊车作业，影响工效。而且，各工序作业共用单一的通道，施工空间狭小，相互影响及干扰较大。面对多品种、多数量的施工机械、物资、周转资料等在施工循环中需不断地组织倒运，板下混凝土底板涉及 CA 砂浆灌注不能形成一个畅通的施工物流组织，不但直接影响到施工进度，而且在混凝土浇筑过程中，一旦物流不畅极易对底座的质量造成严重影响。因此，合理地进行施工组织，选择切实有效的施工方法，提高物料运输设备的使用率和利用率，对于保证施工进度和工程质量具有重大的意义。

8.5.2 板式无砟轨道物流特点

CRTSⅢ型板式无砟轨道施工的特殊性，导致了板式无砟轨道物流具有如下特征。

1. 独特性

每个高速铁路项目都是在特定的地理环境中建造的，每个项目都有其独特性。这种独特性，使得每个项目的无砟轨道物流方案都是独一无二的。每次铺板工具的选择，轨道板运输的线路、方式和工具的选择都要通过严密的论证分析才能确定。

2. 汇聚型物流

所有的材料、设备最终被运送到各个工点的施工作业面，通过作业形成最终产品。因此，通常只有材料流、人员流等，却无产品流出工点的物流。

3. 物流需求量不均衡性

CRTSⅢ型板式无砟轨道底座施工过程仅存在混凝土和钢筋运输，而到铺板过程中，一方面存在轨道板运输，另一方面仍存在自密实混凝土及钢筋运输，且轨道板运输较为集中，机械设备较多。因此，在整个无砟轨道施工阶段，物流需求量是极不均衡的。

4. 物流服务二次性

CRTSⅢ型板式无砟轨道一般由板厂集中预制，现场占用大量的场地进行临时存放。并且，存放与铺设方式不同，存放只能立放，铺设为平放，因此，轨道板不能一次运输到位，存在二次倒运问题。另外，在长大隧道铺板过程中，避免龙门吊长距离运输，一般采取左线或右线底座临时存放，不能一次就位，也存在二次倒运问题。

此外，高速铁路往往投资巨大，各工序相互依托，整体性强，涉及物资种类繁多，不可预见情况始终存在，具有很大的风险性。所以，各种风险的评估和管理也是这类物流项目的关键内容。

面对巨大的工程量，在工期紧、洞内运输条件差的情况下，无砟轨道施工物流组织是关键，科学组织才能发挥人员设备的效率，否则就可能出现运输混乱，造成工序相互干扰。因此，施工组织必须以物流组织为中心，充分利用平行导坑，且根据工程量、横通道分布等特点。

8.5.3 板式无砟轨道铺设流程及物流组织原则

1. 铺设流程

底座基层处理→底座钢筋焊网加工及铺设→底座模板安装→底座板限位凹槽模板安装→底座板混凝土浇筑→底座伸缩缝设置→底座混凝土验收→隔离土工布铺设→自密实混凝土钢筋网铺设→自密实混凝土模板安装→Ⅲ型板铺设→自密实混凝土浇筑养护→模板拆卸。

2. 物流组织原则

根据工艺流程，隧道内无砟轨道施工物流组织主要包括内循环和外循环两个部分，内循环主要指模板、调节器等场内周转材料的前后倒运；

外循环主要指Ⅲ型板、钢筋的进场以及混凝土的运输和浇筑等。

物流组织原则是要尽可能地连续供应施工场所所需要的材料和物资，并将施工所需周转材料倒运至下一个施工位置，同时尽可能地减少施工机械车辆的相互干扰，保证各工序流畅作业。长大隧道内任务划分、工作界面的确定至关重要，一旦确定后期往往无法调整。如果划分不合理会延误总工期，对施工造成很大压力。

8.5.4 物流安全保证措施

为了消除安全隐患，类似无砟轨道系统这种特种大型设备作业，因为其设备种类多、数量大，所以在施工中必须严格按照有关设备安全施工工作规程进行施工，以保障现场施工的安全。

1. 现场施工机械的安全措施

（1）机械操作者须持公司的操作证上岗，严格按照《铁路机械操作规程》的各项规定施工作业，并且须在工作时间使用安全保障用品。

（2）各设备实行例保制度，由专职技术人员负责日常的维护和修复。

（3）机长作为兼职安全管理员，负责各自机械设施的运行安全问题。

（4）为确保混凝土供应的循环线路畅通，浇筑作业时必须安排专人协调指挥，道路安排专人养护。

（5）每台运输设备安排专人保养，确保物流运输正常运转。

（6）模板、散件周转箱运送至指定施工地点时，应存放在两线间的空地上，防止阻塞交通和被损坏。

（7）模板、散件周转箱运送至指定施工地点时，应存放在两线间的空地上，防止阻塞交通和被损坏。

（8）吊装作业时，要经常检查钢丝绳、吊钩、夹具等的安全状况，吊臂下严禁站人。

（9）轨道板施工区域内各种车辆应限速行驶，并严禁掉头、超车及回车。

（10）隧道内或夜间施工时，宜在物流通道上设置明显的通道宽度限界反光标志，防止发生意外。

（11）当场内沿线物流设备发生机械故障时，应及时处理；若处理时间较长时，应将故障设备拖至物流区域外，恢复物流通道的畅通。

2. 混凝土浇捣工程的安全措施

（1）浇捣前检查开关、电线、插头等是否正常工作。

（2）振动棒在工作时，操作员须穿戴绝缘手套、绝缘鞋，停止工作后要切断电源、锁好开关箱。

（3）电工负责设备的日常安全检测、拆修，无关人员不能乱动。电源需固定于平板上，电器开关置于方便操作处。

3. 施工现场用电安全措施

（1）施工现场用电需采用三相五线制配电，禁止使用三相三线制，即符合《施工现场临时用电安全技术规范》（JGJ46—2005）的有关要求。

（2）用电管理人员须持上岗证书，必须遵照操作规程操作。

（3）要加强设备管理，因为无砟轨道施工用电均为各设备自带移动电站供电，所以各机械配电箱内不得随意接电，做好用电防雷工作。

4. 钢筋工程的安全措施

钢筋切断、弯曲、成型的安全措施：① 切钢筋时要注意，活动刀片后退时向刀口送料，活动刀片推进时禁止将钢筋送进刀口。切断机切钢筋时，材料长度要大于1m，一次切断的量要符合切断机的机械性能。当切断直径较大的钢筋时，应两人配合操作，断料时要紧握钢筋，且人与钢筋要保持安全距离，避免钢筋末端摆动或钢筋蹦出伤人。② 钢筋的弯曲：在设备开始运行前应例行检查各部件，开启设备并使设备处于空载状态，运行一段时间后才可正常操作。操作者要熟练操作倒顺开关，熟悉控制盘旋转的方向。钢筋放置挡架在使用时必须确保回转方向正确，钢筋位于插头的中下部。当机械正常运行时，禁止更换销子、芯轴等。

焊接钢筋的安全措施：① 焊工须严格遵守安全技术操作规程。为保护操作人员的安全，焊接钢筋时焊机要有接地保护，焊接导线时焊钳和接导线处都需保证可靠绝缘。② 焊机长时间工作时，不得超负荷运行。③ 焊机工作时需要开放冷却液，冷却液温度不高于400 ℃，并且排液量要达标,为避免焊机冻塞,天冷时需放尽机体内存放的冷却液。④ 焊机工作时除操作员外,其他无关人员一律不得在用铁皮格挡的闪光区域内停留。为避免引发火灾,焊机工作区域内禁止易燃易爆物的堆放。⑤ 焊机工作时,如果发生冷却系统漏夜或堵塞,发出异响,变压器绝缘电阻过小导致导线破裂、漏电等情况时,应立即停止作业并找相关人员进行检修,排除机械故障和安全隐患。

5. 主要设备的安全规程

(1)模板安装机。

① 行走时需观察安装机周围,确认工作人员在安全范围,工作场地没有妨碍物品,并按警告电铃提醒。

② 安装机整机负载不得超过 8 t。

③ 施工路基超高不大于 180 mm。

④ 在距离车体中心 2 m 范围内,起吊质量不超过葫芦额定起吊质量 3 000 kg。距离车体中心大于 2 m 时,允许吊重不能超过 100 kg。在超高路段,禁止葫芦吊重超过 1 000 kg。

⑤ 操作人员要经过培训方可操作,正常工作时,禁止非操作人员到操纵台。

8.5.5 物流质量保证措施

1. 配备充足的质检人员

项目总工主管本项目的质检工作,按规定配备充足的质检人员。一个项目尽可能地同时投入多名质检人员,负责工程的质检工作,把好质检关。

2. 建立良好的技术制度和质量控制机制

(1)建立以项目总工程师为主的技术质量保证体系,应用科学的管理模式和先进的技术制度,以实事求是的态度加以落实。

(2)实行对每道工序的内部书面签认交接,明确工序责任。

3. 落实质量责任制

（1）各部门、岗位都应制定相应的质量责任制，强化个人和集体意识，把质量作为业绩评比时的一项重要考核指标。确保质量管理的每项工作在每个部门、每个人员身上具体地得到落实。

（2）强化责任意识的同时完善激励机制，充分发挥施工管理人员的积极性，以质量管控为中心，推行与质量挂钩的考核评分机制，根据质量的好坏实行赏罚和工资福利的分配。

4. 建立完善的质量检查制度

（1）施工单位必须建立、健全施工质量的检验制度，严格实行"三检"制度，做好工程的质量检查和记录，把工程质量控制贯穿于施工的全过程。

（2）不定期地进行抽检和审核，把好施工材料的进场关，施工人员的技术责任关，施工资料的保存关，发现问题及时提出，及时进行反馈、处理、整改。

（3）保证施工质量的基础是班组，在每一个操作者。因此，"自检、互检、交接检"制度是对全体操作者参加工程质量检查制度活动、"生产者负责质量"原则的重要体现。

（4）凡是工程上运用的原材料、设备等必须由供应部门提供合格证明文件，或由供应部门委托试验部门进行检验，出具合格证明。

（5）要加强对设备的检查、试验和调试运转工作。设备运到现场后，在安装前必须进行验收，并做好记录。

（6）各级检验机构必须对检验和测量的仪器、仪表和量具等定期做好使用前的检修和校验工作。

（7）负责施工的技术人员，在施工中也应经常检查施工质量。如果发现不符合要求的焊口与非特种作业进行特种作业，立刻制止并经项目决议给予处分。

（8）工程全部完成以后，必须进行一次综合性的全面质量验收才能正式交工，这就是竣工、交工验收制度。竣工验收是安装工程管理的最后阶段，是对设计、施工、生产准备工作进行检验评定的重要环节，也是对基本建设成果和投资效果的总检查。

8.5.6 轨道板存放

1. 存板场地选用

轨道板现场存放区设置在便于吊装的道路一侧,道路宽度能满足轨道板运输车行驶及吊运车辆的吊装,道路及现场存板区地质条件良好,满足存板场地的承载力要求。

为防止轨道板铺设时出现供板紧张的情况,需提前进行存板,存板数量以满足作业面轨道板铺设为宜。轨道板采用集中存放。通过前期考察,万安隧道轨道板选定存板地点如表8.11所示。

表8.11 存板场设置情况表

序号	存放位置	占地面积/m²	总存放量/块	运板距离/km	二次倒运距离/km
1	万安隧道进口钢筋存放场	3 200	700	31	1
2	南元坑斜井弃渣场	3 450	750	34	1
3	九龙坑便道侧	5 200	1 200	40	6.2
4	陈屋斜井弃渣场	5 150	1 200	55	2
5	万安隧道出口弃渣场	3 000	900	68	1.5

注:运板距离指从预制板场到临时存板场的距离,二次倒运距离指临时存板场到洞内作业面的距离。

万安隧道各洞口临时存板区如图8.56所示。

(a)万安隧道进口临时存板区

(b)南元坑斜井弃渣场存板区

（c）九龙坑斜井便道侧存板区　　　　（d）陈屋斜井存板区

（e）万安隧道出口存板区

图 8.56　万安隧道各洞口临时存板区

2. 存板技术要求

（1）存放区须设置承载力满足要求的存板台座，不能产生不均匀沉降。存放场地选择地势平坦有一定承载力的场地，场地有良好的重载进出车道，每两排间设置汽车运输专用车道，并对车道路面进行加强处理。

（2）存放支承基础须为钢筋混凝土地梁，地梁顶面铺设橡胶垫层，混凝土地梁截面尺寸为 60 cm×40 cm，每台座两地梁间隔为 3.1 m，两地梁顶面高程误差控制在±2 mm，基础顶部要高出地面 20~30 cm，基础间距及平面高程偏差分别控制在±2 mm。混凝土地梁地基承载力要求不应小于 400 kPa，实测地基承载力须报现场监理验收，对实测结果达不到要求的，原地面基础采用明挖换填、桩柱等措施进行加固。

（3）存板台座要求坚固、平整，上铺 1 cm 厚以上橡胶垫，保证轨道板存放吊装时边角不受损伤。

（4）轨道板现场存放以集中立式存放为原则，并采取防倾倒台架等防倾倒措施。为避免碰撞承轨台，相邻轨道板间用方木垫隔离，严禁相邻轨道板接触。为防止轨道板倾倒，相邻轨道板间采用专用连接装置（U型卡等）连接。

临时存放不超过 7 d 时，可以平放，堆放层数不超过 4 层，门型筋与挡肩之间的净空不小于 20 mm，并保证承垫物上下对齐，承垫物的位置符合设计图纸的要求。支撑点位置位于起吊套筒处，4 块板与木垫的位置保持在同一竖直方向上，严禁出现三点支撑现象。

（5）存板顺序必须考虑轨道板铺板顺序，并设专人负责记录轨道板的来货类型（包括曲线板左右编号等）、发货数量及存板顺序。

（6）对存放的轨道板进行定期检测，每个存板单元存完板以后，在支承基础位置上标记并测量记录其高程数据，并定期进行测量，分析每个存板单元基础变化情况，如发现同一个存板单元的基础发生不均匀沉降，则及时卸除轨道板，并对基础进行加固处理，以免轨道板发生翘曲变形。轨道板存放的前 2 天每天观测一次，如果沉降变形满足存放要求，则以后每周监测一次，连续 4 周，以后每 2 周监测一次。发现沉降变形及时转移轨道板。

8.5.7 轨道板运输

由于万安隧道 7 个轨道施工作业面的运输通道均采用斜井和洞口为主运输通道，5 处临时存板厂均位于斜井口及洞口附近，位置偏远、道路崎岖，大部分为盘山道路和临时施工便道，既有道路修建年代久远、标准较低，运输条件极度困难，向九龙坑、陈屋和万安出口存板厂运输轨道板时，每车只能运输 2 块；向进口和南元坑斜井存板厂运输轨道板时，每车能运输 3~4 块。存板前，提前精确计算每个作业面所需板型和数量，向轨板厂提请用板计划，将所需要型号的轨道板根据轨道板铺设计划，组织运送至临时存板区，然后利用单向和双向运板车将轨道板从临时存板厂运送至作业面。轨道板采用专用运板汽车（见图 8.57）运输，轨道板接触面放 20 mm 橡胶垫，用于轨道板立放，小车运输车以 2 块轨道板为一装载单元。轨道板运输机械设备配置如表 8.12 所示。

（a）

（b）

图 8.57 运板车

表 8.12 轨道板运输机械设备配置表

序号	设备名称	型号	设备数量							合计	使用位置
			万安进口工区	南元坑工区	九龙坑小里程工区	九龙坑大里程工区	陈屋斜井小里程工区	陈屋斜井大里程工区	万安出口工区		
1	轨道式龙门吊	MH-12	1							1	板厂
2	轮胎门式起重机	MH16T-9M	2	2	2	2	2	2	2	14	洞内
3	吊车	YQ-25T	1	1	1	1	1	1	1	7	临时存板厂
4	轨道板双头运输车	YBC60T	1	1	—	—	—	—	1	3	洞内
5	运板车	F-99	2	2	2	2	2	2	2	14	洞内
6	运板车	F-99	2	2	3	3	4	4	5	23	洞外

万安隧道地处山区，运输主干道为 X823 县道、X824 县道，其他均由乡村道路及施工便道等道路进入施工现场。路面宽度在 3.5~5 m，乡村道路为土路面，施工便道为泥结石路面，道路条件差，运输困难。万安隧道临时存板场如图 8.58 所示。

图 8.58 万安隧道存板位置示意图

8.5.8 自密实混凝土运输

现场根据轨道板精调数据，精确计算准备灌注混凝土的方量，选用能确保浇筑工作连续进行、运输能力与混凝土搅拌机的搅拌能力相匹配的混凝土专用运输设备运输自密实混凝土。

运输自密实混凝土过程中，对运输设备采取保温隔热措施，防止局部混凝土温度升高（夏季）或受冻（冬季），同时采取适当措施防止水分进入运输容器或蒸发。

8.5.9 钢筋网片运输

钢筋焊接网片由钢筋加工厂集中焊接制作，用运输车运到现场集中存放。施工时，用小型平板车将钢筋网片装运至各工作面，按照事先划好的段落集中存放，并下垫上盖。

8.5.10 洞内物流组织

万安隧道无砟轨道分别由进口工区、南元坑工区、九龙坑小里程工区、九龙坑大里程工区、陈屋斜井小里程工区、陈屋斜井大里程工区、出口工区七个作业面施工，具体组织措施如下：

（1）无砟轨道底座施工采用单线迂回式施工，左线底座板施工时以右线为交通道路，采用混凝土罐车配合滑槽进行混凝土施工，右线底座板施工以左线底座板为交通道路，采用混凝土罐车配合滑槽进行混凝土施工，底座板施工现场如图 8.59 所示。

（2）各作业面配置 2 台 16t 轮胎式龙门吊，其中 1 台用于吊板、铺板，1 台用于混凝土施工。轮胎式龙门吊重载行走速度约 20 m/min，行走 100 m 约需 5 min。龙门吊在洞内相对位置关系如图 8.60 所示。

（3）每 500 m 设置一处错车平台，使用 2 cm 厚钢板+工字钢铺垫中央水沟上作为洞内车辆临时错车平台。在错车处设置醒目交通标识，以保障交通顺畅。

（4）隧道内整体物流组织如图 8.61 所示。

图 8.59　底座板施工

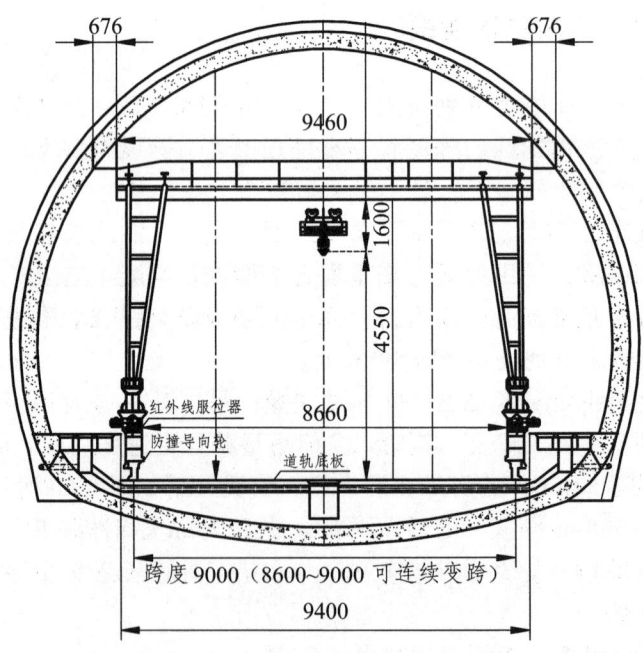

图 8.60　龙门吊在洞内相对位置关系

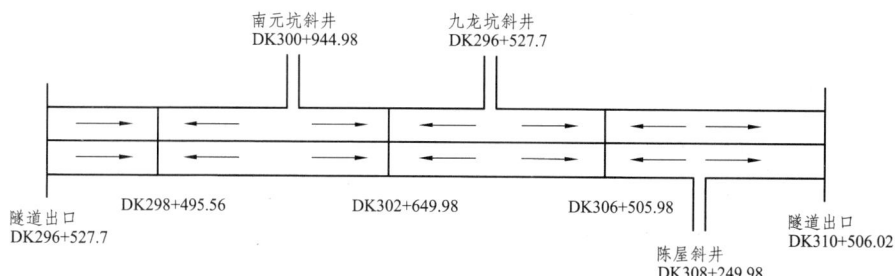

图 8.61 轨道板物流组织示意图

各工区洞内物流组织步骤基本相同，以九龙坑工区为例，如图 8.62~8.71 所示。

九龙坑小里程：

（1）以右线作为运输通道，在中间位置设置车辆调头点。将左线隔离层土工布、钢筋网施工完成，四角侧边垫 10 cm×10 cm 方木。

（2）利用运输通道将轨道板粗铺并放置在土工布、钢筋网完成的左线位置，存放左右线轨道板，共两层，将整个区间双线所有轨道板运输存放至左线。

（3）轨道板施工从内向外双线错开同时施工，错开间距为日铺板数量的 1/2。节约龙门吊走行时间及便于施工。右线隔离层及钢筋网施工完成。

（4）将左线存放的轨道板吊至右线施工。以右线作为自密实混凝土运输通道，混凝土运输到位后，使用胶轮龙门吊运输混凝土到灌板位置进行灌板。

九龙坑大里程：

（1）以右线作为运输通道，在中间位置设置车辆调头点。将左线隔离层土工布、钢筋网施工完成，四角侧边垫 10 cm×10 cm 方木。

（2）利用运输通道将轨道板粗铺并放置在土工布、钢筋网完成的左线位置，存放左右线轨道板，共两层，将整个区间双线所有轨道板运输存放至左线。

（3）轨道板施工从九龙坑大里程处向九龙坑斜井口双线同时施工。右线隔离层及钢筋网施工完成。

（4）将左线存放的轨道板吊至右线施工。以右线作为自密实混凝土运输通道，混凝土运输到位后，使用胶轮龙门吊运输混凝土到灌板位置进行灌板。

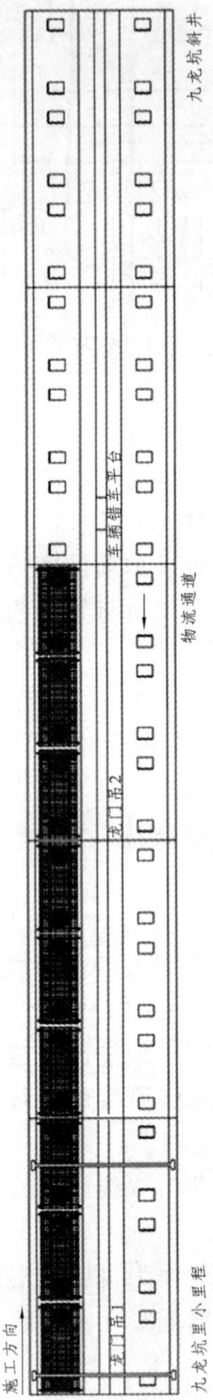

图 8.62 钢筋绑扎及垫块安装

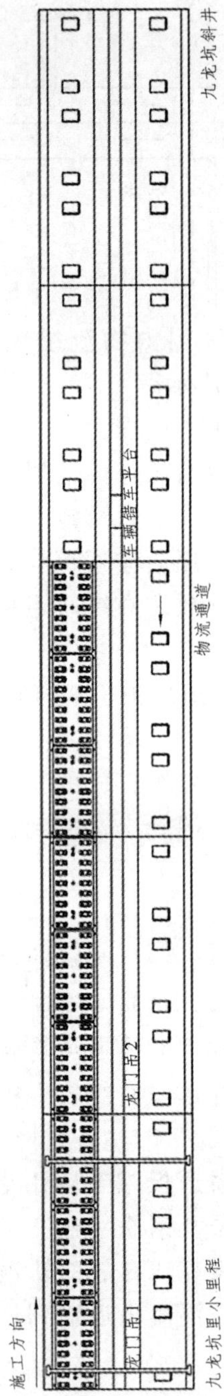

图 8.63 轨道板粗铺

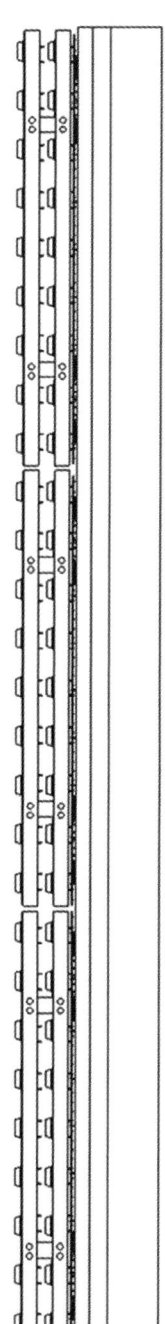

图 8.64 轨道板侧放图

图 8.65 钢筋绑扎及垫块安装

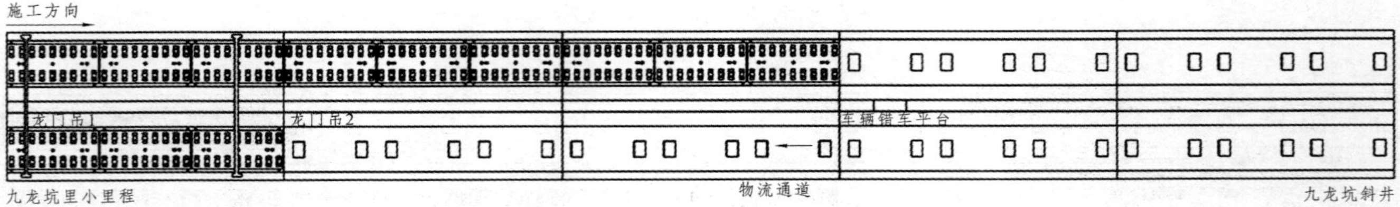

图 8.66 自密实混凝土灌注

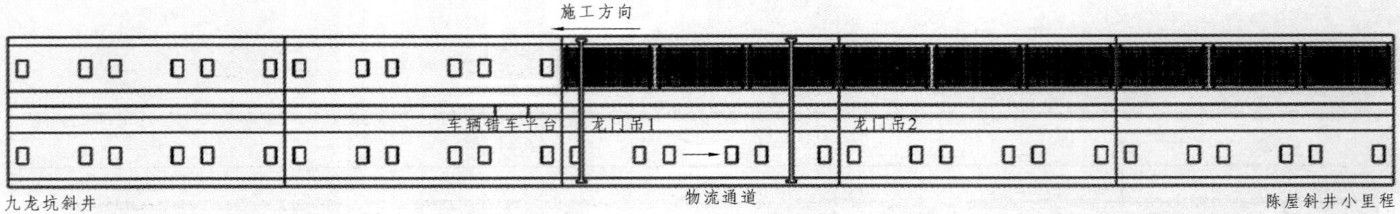

图 8.67 钢筋绑扎及垫块安装

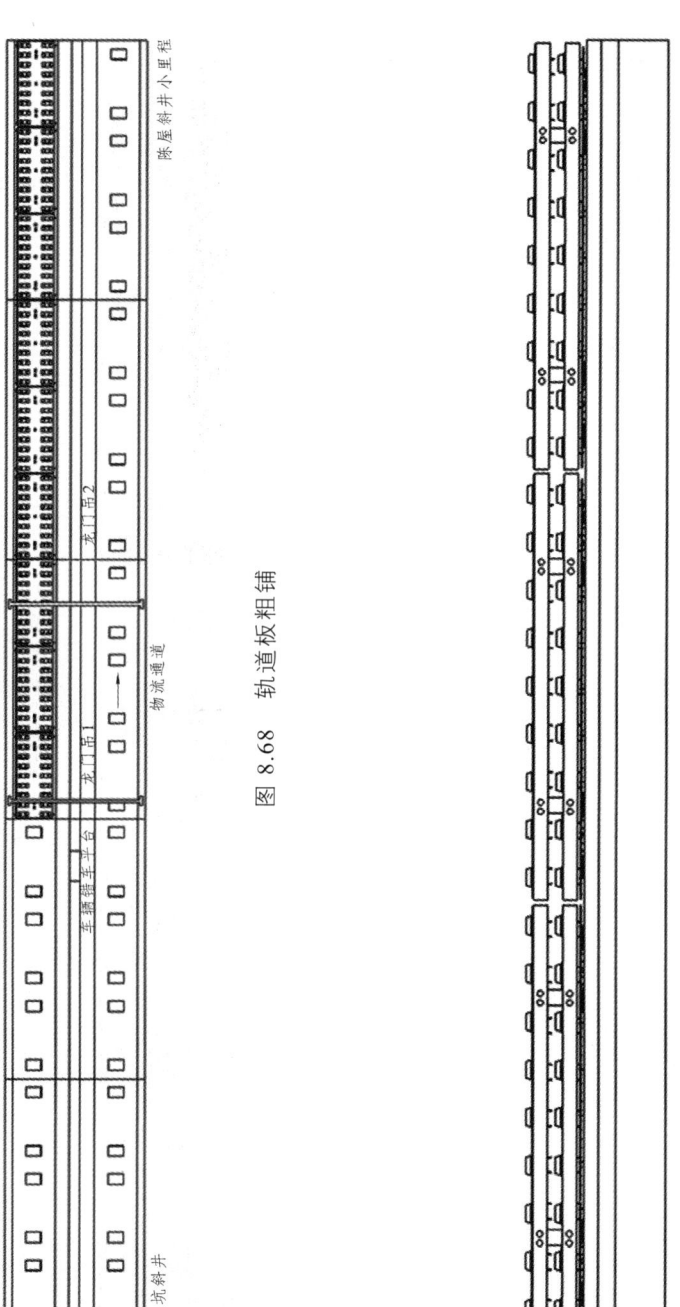

图 8.68 轨道板粗铺

图 8.69 轨道板侧放图

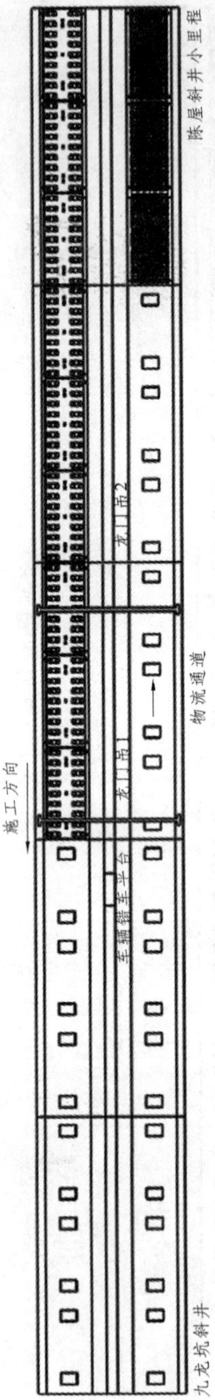

图 8.70 钢筋绑扎及垫块安装

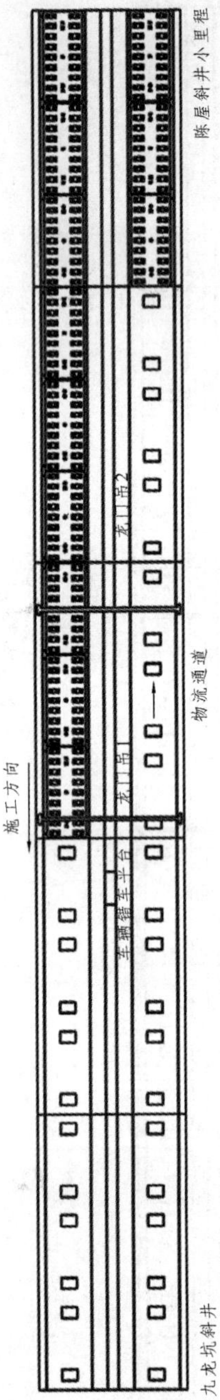

图 8.71 自密实混凝土灌注

8.6 CRTSⅢ型板式无砟轨道碰撞检查

8.6.1 碰撞分类

1. 按照碰撞方式分类

（1）硬碰撞。

两个实体间发生交叉重叠形成的碰撞，即在空间上有交集。这种类型的碰撞非常常见，是深化设计中的重点。

（2）软碰撞。

两个实体间同样是发生直接的交叉碰撞，碰撞交叉的程度在允许范围内。只有当碰撞部分的这个值大于允许值是才会被认为是产生碰撞，否则就是安全的。

（3）间隙碰撞。

两个实体之间并不存在直接接触，但是两者之间的距离小于安全距离或者不满足施工安装、保温、检修等要求，在设计上并不被允许，此类型的碰撞就被认定为间隙碰撞。

2. 按照碰撞类型分类

（1）单专业碰撞。

只存在于单一专业内部之间的碰撞，如建筑、结构、机电专业系统内的碰撞。此类型碰撞较为简单，适合本专业人员对专业模型的自检，解决专业内部冲突碰撞。

（2）多专业碰撞。

对两个或两个以上系统进行碰撞检测，由于专业系统多，碰撞产生的结果也是很复杂的，常常需要将多个模型整合到一起，对硬件要求也相对较高。

8.6.2 碰撞检测的方法

1. 基于 Revit 的碰撞检测方法

Revit 软件自带有碰撞检查的功能，可以实现对设计阶段建立的 BIM

模型进行碰撞检查的操作，并自动生成碰撞冲突报告，同时也提供了"显示"功能来准确定位模型中碰撞点的位置，以方便直接对碰撞点进行碰撞调整。另一方面，Revit 软件自身的碰撞功能在运行时消耗大量的计算机内存，模型的体量决定着进度的快慢与否，常规配置电脑在运行整个项目的碰撞检查时会很吃力，因此可以选择分区、分层、分系统的方式进行操作，这样会使得参与计算的构建数量减少，较流畅地完成操作。

通过功能栏中的"插入"选项卡中的"链接 Revit"工具可以将其他专业的独立模型与当前专业模型整合至一个项目文件中，对整合模型运行"碰撞检查"，并查找出碰撞交叉点的位置。在检查碰撞的设置对话框中，可以选择参与碰撞构件类别来源于当前项目还是来自链接的模型中，即实现"单专业碰撞"和"多专业碰撞"，也可选择参与碰撞的构件类型，排除不需要参与碰撞的构件。

每次运行完碰撞检测之后，软件会自动生成冲突报告，再在冲突报告中列出了所有碰撞点的信息，单击任意一条冲突信息，并选择"显示"，那么软件会自动查找到碰撞点位置并定位到该处，发生碰撞冲突的构件也会被高亮显示出来，方便进一步修改调整。冲突报告也可以导出为 HTML 格式的文件。冲突报告中所有的碰撞调整完毕后可再次运行碰撞检测，直至碰撞完全消除，此时刷新冲突报告，将不会再显示已经解决的冲突。如果在运行完毕冲突检测后并没有碰撞，软件则会给出"未检测到冲突"提示。

2. 基于 Navisworks 的检测方法

相比于采用 Revit 软件进行碰撞检测，使用 Navisworks 软件则对计算机硬件的要求低很多。只需常规配置的计算机即可满足使用需求。另外，Navisworks 软件操作易上手，软件界面简单，软件使用人员可在较短时间内上手使用。Navisworks 软件的弊端在于只能检查出碰撞，却不能在软件自身内对模型进行碰撞的调整，需要通过碰撞构件的 ID 编号返回至 Revit 软件中查找到碰撞点位置并修改。使用 Navisworks 软件进行碰撞检查的具体方法如下：

（1）文件附加。

在 Revit 软件中将 BIM 模型导出为 nwc 格式文件，然后使用 Navisworks 软件中的"附加"功能将模型整合到一起。

（2）碰撞设置。

使用 Navisworks 软件的 Clashdetective 模块进行碰撞条件的设置，首先选择参加碰撞的构件对象，然后设置碰撞的类型。碰撞类型可以选择硬碰撞、软碰撞以及间隙碰撞，碰撞交叉值也可以同时设定。还可以在"规则"中新建适应项目的忽略要求，提高检查效率。设置完毕后点击运行碰撞，得到碰撞冲突报告。

（3）查找碰撞点。

将 Navisworks 软件生成的碰撞冲突报告以 XML 格式导出，报告书详细列出了碰撞点的相关信息，包括构件 ID 号码、状态、图像、轴网位置等，方便设计人员快速确定碰撞点的位置信息。在 Revit 软件中通过构件 ID 查找到对应的构件位置，在 BIM 模型中对冲突进行修改调整。然后保存调整后的 Revit 文件，回到 Navisworks 中点击"刷新"之后就会使得修改后的模型实现同步。

8.6.3 碰撞检测

本书采用基于 Navisworks 的检测方法，将 Revit 所建轨道板与隧道模型运用 Revit 中的附加模块下外部工具转换为 navisworks 可读取的 nwc 格式，如图 8.72 所示。在 Navisworks 中打开模型，如图 8.73、图 8.74 所示。本书主要检测轨道板与隧道之间是否产生碰撞，那么碰撞检测的组合主要是轨道板与隧道、轨道板与轨道板。利用 Navisworks 实现碰撞检查，其操作界面如图 8.75 所示，新建碰撞检测如图 8.76 所示。

图 8.72　模型格式转换

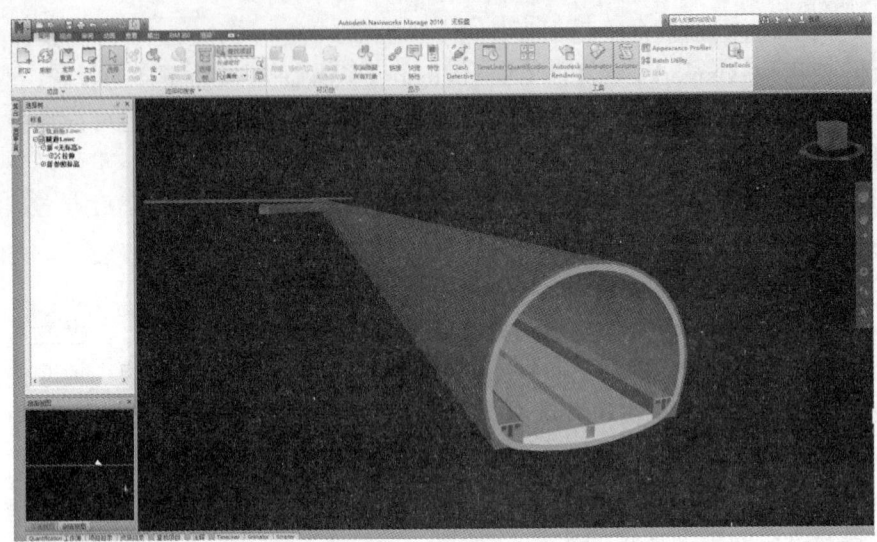

图 8.73　隧道模型

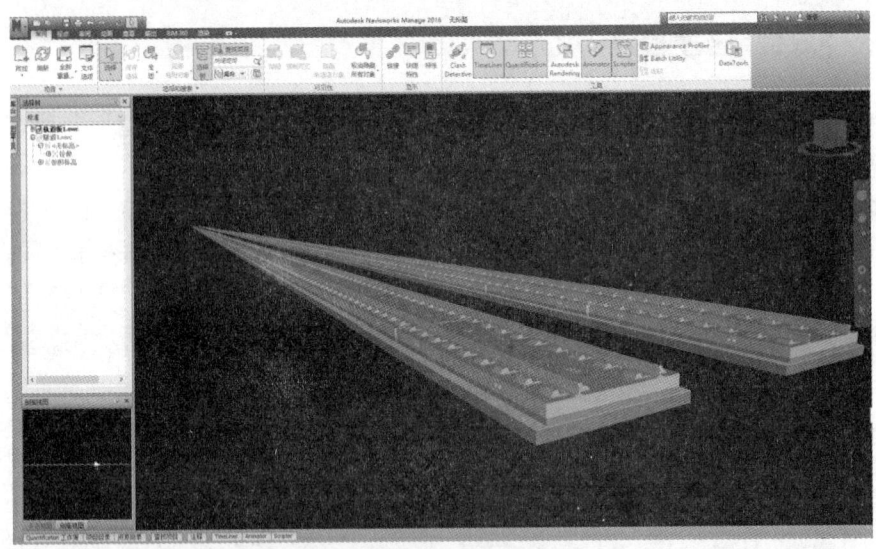

图 8.74　轨道板模型

图 8.75　碰撞检查操作界面

图 8.76 新建碰撞检测

1. 选择检测对象

使用 Navisworks 进行碰撞检查，首先设置碰撞对象和碰撞参数，定义碰撞标准，然后对空间关系自行进行检测，如图 8.77 所示。采用分专业进行检测，可以使得检测速度更快，对于检测结果更加明确。

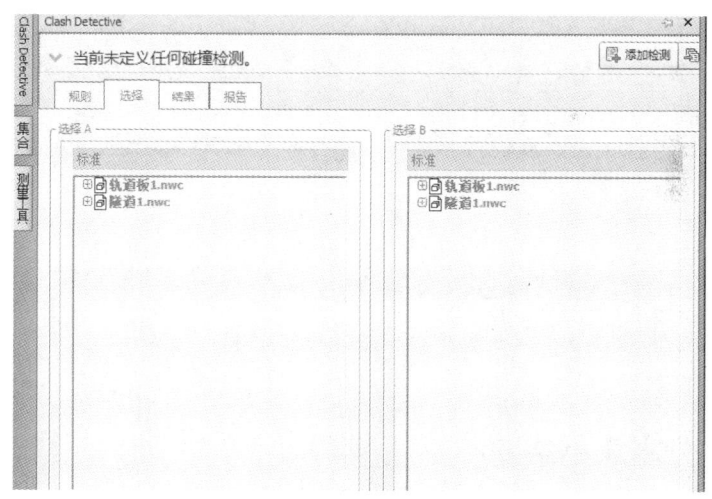

图 8.77 碰撞对象

2. 选择碰撞类型

如图 8.78 所示，类型选项中存在硬碰撞、硬碰撞（保守）、间隙碰撞以及重复项，在设置中选择类型为硬碰撞，硬碰撞是两个对象实际相交，也是在实际项目中发生较多的碰撞。

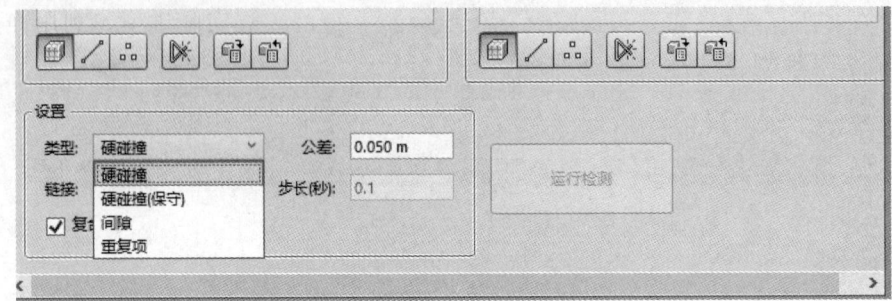

图 8.78 碰撞检测

3. 运行碰撞检测并查看结果

显示测试 1（轨道板与隧道之间的碰撞）与测试 2（轨道板与轨道板之间的碰撞）碰撞结果均为 0，即本模型轨道板与隧道之间以及轨道板与轨道板之间不存在碰撞部位，检测结果如图 8.79 所示。

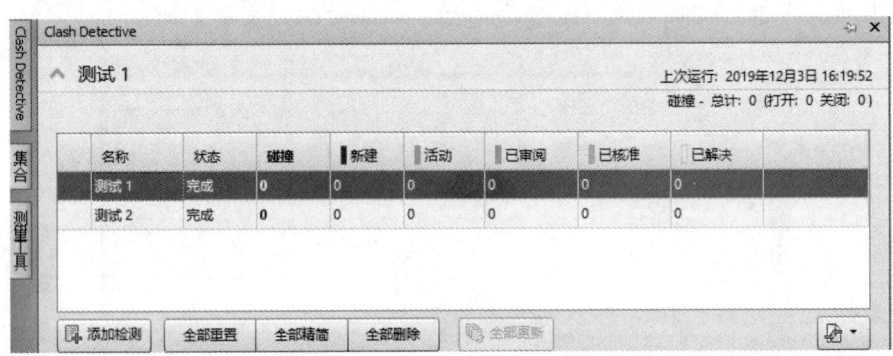

图 8.79 碰撞检测结果

8.7 本章小结

本章以昌赣客专 CGZQ-9 标万安隧道为研究对象，从进度、成本和物流 3 个方面对长大铁路隧道 CRTSⅢ型板式无砟轨道施工控制技术展开研究，主要研究成果如下：

（1）以万安隧道进口（DK296+527.72）至南元坑斜井（DK298+510.10）区段为研究对象，利用 BIM 技术对万安隧道 CRTSⅢ型板式无砟轨道施工进行三维模型建立和进度计划仿真模拟。追踪工程实际进度，利用挣值法对计划进度和实际进度进行偏差分析，分析结果为：对于底座板施工，当 $0 < T < 8$ 时，$SV < 0$ 且 $SPI < 1$，表示该时间段内底座板施工进度滞后；当 $8 < T < 13$ 时，$SV > 0$ 且 $SPI > 1$，表示该时间段内底座板施工进度提前；当 $13 < T < 40$ 时，$SV < 0$ 且 $SPI < 1$，表示该时间段内底座板施工进度滞后；对于轨道板施工，当 $0 < T < 20$，$SV < 0$ 且 $SPI < 1$，表示全段轨道板施工进度滞后。针对万安隧道 CRTSⅢ型板式无砟轨道施工整体进度较为滞后的问题，提出了以下改进措施：

① 针对万安隧道为长大多工区隧道，施工通道空间狭小，各工序作业运用单一物流通道，施工材料物流运输不畅的特点，需要重新制定 CRTSⅢ型板式无砟轨道施工物流运输方案，从而加快施工进度。

② 针对万安隧道 CRTSⅢ型板式无砟轨道施工工艺较为落后，施工效率较低，且时常因为施工质量问题而返工的特点，需要重新改进 CRTSⅢ型板式无砟轨道施工工艺，提高施工效率和施工质量，避免不必要的返工，从而加快施工进度。

③ 针对万安隧道 CRTSⅢ型板式无砟轨道施工因安全管理制度不够健全，面临着因安全事故而导致停工的风险，需要找出施工安全管理中仍然存在的漏洞，加以改进，规避风险，保证施工过程畅通无阻。

（2）制定了完善的施工物流运输方案。CRTSⅢ型轨道板采取集中预制，达到出场条件后，按计划运至临时存板场。无砟道床铺设分 5 处存板场，为满足工期要求，分段组织实施无砟道床的铺设，第一处存板场设在万安隧道进口，负责供应 DK296+527~DK298+500 施工所需轨道板；第二处存板场设在南元坑斜井弃渣场，负责供应 DK298+500~DK300+600 施工所需轨道板；第三处存板场设在九龙坑斜井便道侧，负责供应 DK300+600~DK304+460 施工所需轨道板；第四处存板场设在陈屋斜井弃渣场，负责供应 DK304+460~DK307+950 施工所需轨道板；第五处存板场设在万安隧道出口弃渣场，负责供应 DK307+950~DK310+455 施工所需轨道板。

（3）使用 Navisworks 软件的 Clashdetective 模块对已建轨道板模型进行碰撞检查，未发现碰撞点位。

参考文献

[1] 刘辉. 季节性冻土地区高速铁路设计施工技术[J]. 铁道工程学报, 2017, 34(10): 1-10.

[2] 郭荣昌. 高速铁路列控系统运营风险评估方法研究[D]. 兰州: 兰州交通大学, 2017.

[3] 郑岩. 山区铁路长大隧道施工组织设计方案的确定[J]. 铁路工程造价管理, 2015, 30(05): 17-20.

[4] 申灵君. 软弱地层大断面隧道施工方案优化与施工技术研究[D]. 长沙: 中南大学, 2012.

[5] 徐则民, 黄润秋. 深埋特长隧道及其施工地质灾害[M]. 成都: 西南交通大学出版社, 2000.

[6] EINSTEIN H H, VICK G S. Geological model for tunnel cost model [J]. ProcRapid Exeavation and Tunneling 2nd Conf, San Francisco, 1974: 1701-1720.

[7] STURK R, OLSSON L, JOHANSSON J. Risk and decision analysis for large underground projects as applied to the Stockhol m ring road tunneling[J]. Tunneling and Underground Spac Technology, 1996, 11(2): 157-164.

[8] MANUEL LUIS TENDER, JOÃO PEDRO COUTO, AIRES CAMÕES. Risk evaluation in tunneling excavation methods[J]. International Engineering Journal, 2018, 07(71): 361-369.

[9] LI S C, WU J. A multi-factor comprehensive risk assessment method of

karst tunnels and its engineering application[J]. Bulletin of Engineering Geology and the Environment, 2017.

[10] MARKUS D, MARIN G, ANDREW M C, et al. Implementation and challenges on the Doha Metro project, Qatar[J]. Proceedings of the Institution of Civil Engineers - Civil Engineering, 2018: 1-36.

[11] Peter E D, ZAHIR IRANI. A project management quality cost information system for the construction industry[J]. Information and Management, 2003, 40(7).

[12] ONDŘEJ NÝVLT, SAMUEL PRÍVARA, LUKÁŠ FERKL. Probabilistic risk assessment of highway tunnels[J]. Tunnelling and Underground Space Technology, 2011, 26(1): 71-82.

[13] MCFEATSMITH I, HARMAN K W. IMS risk evaluation system for financing and insuring tunnel projects[J]. Tunnelling and Underground Space Technology Incorporating Trenchless Technology Research, 2004, 19(4): 334-334.

[14] CHRISTOPH E, MULITZER GÜNTHER, RUDOLF F, et al. BIM pilot project Granitztal tunnel chain - Development of data structures for tunnel structure and track superstructure[J]. Geomechanics and Tunnelling, 2018, 11(4): 348-356.

[15] PEDERSEN, S K, BRONDUM, S. Fehmarnbelt fixed link: the world's longest road and rail immersed tunnel [J]. Proceedings of the Institution of Civil Engineers-civil Engineering, 2018, 5(171): 17-23.

[16] 陈炳祥, 易国华. 长大隧道快速施工管理技术应用研究[J]. 铁道工程学报, 2004(03): 32-36.

[17] 曹建平, 王荣劲, 曹大明. 长大公路隧道施工过程质量控制检测体系的建立与实践[J]. 隧道建设, 2008(01): 97-101.

[18] 史振宇. 长大隧道施工管理探讨[J]. 公路隧道, 2008(02): 55-58.

[19] 杨秀权, 平正杰. 复杂地质条件下长大隧道施工安全管理对策探讨[J]. 隧道建设, 2009, 29(S2): 7-12.

[20] 郑岩. 山区铁路长大隧道施工组织设计方案的确定[J]. 铁路工程造价管理, 2015, 30(05): 17-20.

[21] 范瑞明. 长大铁路隧道施工质量控制关键技术[J]. 石家庄铁路职业

技术学院学报, 2018, 17(04): 9-13.

[22] 李隽蓬, 谢强. 土木工程地质[M]. 成都: 西南交通大学出版社, 2001.

[23] 徐庆. 软弱土层开挖施工方法的研究[D]. 南昌: 南昌大学, 2015.

[24] DING L, ZHANG L, WU X, et al. Safety management in tunnel construction: Case study of WuHan metro construction in China[J]. Safety Science, 2014, 62: 8-15.

[25] 张宇斐. 巴杰若隧道软弱围岩大变形施工技术研究[J]. 铁道建筑技术, 2017(07): 85-89.

[26] 谢江胜. 岩溶地区大跨度公路隧道动态施工关键技术研究[D]. 上海: 同济大学, 2007.

[27] 李德刚. 浅埋湿陷性黄土段隧道开挖施工技术探讨[J]. 铁道建筑技术, 2010(S1): 29-32.

[28] 黄忠文. 弹塑性力学有限元法及ANSYS应用[M]. 武汉: 湖北科学技术出版社, 2011.

[29] 黄林青. 高层钢筋混凝土结构设计[M]. 重庆: 重庆大学出版社, 2014.

[30] 胡文君, 马红. 管道隧道开挖过程数值模拟分析[J]. 天然气与石油, 2010, 28(01): 49-53+56+11.

[31] 陈宏伟, 陈定方. Pro/E与ANSYS数据接口的研究[J]. 湖北工业大学学报, 2009, 24(02): 57-59.

[32] 周太全, 华渊, 连俊英, 等. 硬岩隧道锚喷支护施工过程非线性有限元分析[J]. 合肥工业大学学报(自然科学版), 2005(08): 897-900.

[33] 施式亮, 卢本陶. 基于可视化的事故树分析系统研究与开发[J]. 中国工程科学, 2004(11): 66-72.

[34] 陈杨. 公路隧道围岩及支护结构失稳风险分析的研究[D]. 重庆: 重庆交通大学, 2008.

[35] 周建昆, 吴坚. 岩石公路隧道塌方风险事故树分析[J]. 地下空间与工程学报, 2008, 4(06): 991-998.

[36] LIU B, WANG J. Development and application on computer-aided system of tunnel construction risk analysis and evaluation[J]. Journal of Beijing Jiaotong University, 2015, 39(1): 1-7+13.

[37] 马勇勇. 尖山隧道引水洞施工技术[J]. 中华民居(下旬刊), 2013(05): 345-346.

[38] 李世平. 石长铁路柞树湾隧道施工风险管理研究[D]. 长沙: 中南大学, 2013.

[39] 刘学增, 俞文生. 隧道稳定性评价与塌方预警[M]. 上海: 同济大学出版社, 2010.

[40] 艾春国. 浅谈隧道工程塌方的预防及处理方法[J]. 北方交通, 2007(6): 158-159.

[41] 吴俊杰. Revit族库中的3D实体模型在有限元计算前处理中的应用[J]. 广西水利水电, 2014(03): 80-82+86.

[42] 李吉林. 高速铁路CRTSⅢ型板式无砟轨道工程施工质量的管理与控制[D]. 成都: 西南交通大学, 2013.

[43] 李燕生. 复杂地质条件下彭水隧道施工技术研究[D]. 天津: 天津大学, 2006.

[44] 刘毅. Project软件在建筑工程项目进度优化管理中的应用[D]. 邯郸: 河北工程大学, 2011.

[45] 高智神. 向莆铁路赣江东新特大桥施工风险管理研究[D]. 长沙: 中南大学, 2009.

[46] 刘宏伟. 复杂地质条件下特大断面导流隧洞综合施工技术研究与分析[D]. 天津: 天津大学, 2007.

[47] 于知远. 基于GPRs网络的徐沛段路桥工程进度管理研究[D]. 北京: 华北电力大学, 2017.

[48] 董彦召. 公路大修工程质量控制与进度控制的协调[D]. 西安: 长安大学, 2011.

[49] ZHIJUN LI, KANGLIN Z. The Research, development and application of a 3D production information management system[J]. Tunnel Construction, 2013, 33(9): 757-767.

[50] 吉力此且. 特长铁路隧道斜井施工关键技术研究[D]. 成都: 西南交通大学, 2018.

[51] 王彪. CRTSⅢ型板式无砟轨道RAMS分析关键理论与技术研究[D]. 成都: 西南交通大学, 2017.

[52] 何晨琛. 基于BIM技术的建设项目进度控制方法研究[D]. 武汉:

武汉理工大学, 2013.

[53] PEGGY HO, CHARLES MATTA. Building Better: GSA's National 3D-4D-BIM Program[J]. Design Management Review, 2009, 20(1): 39-44.

[54] 李勇. 建设工程施工进度 BIM 预测方法研究[D]. 武汉: 武汉理工大学, 2014.

[55] 孙润润. 基于 BIM 的城市轨道交通项目进度管理研究[D]. 徐州:中国矿业大学, 2015.

[56] 何清华, 钱丽丽, 段运峰, 等. BIM 在国内外应用的现状及障碍研究[J]. 工程管理学报, 2012, 26(01): 12-16.

[57] 李祥进. BIM 技术在地铁项目施工管理中的应用[D]. 长春: 长春工程学院, 2017.

[58] 肖艳, 刘铭杰. BIM 技术在房建施工中的应用研究[J]. 基建管理优化, 2019, 31(04): 13-23.

[59] 朱琦. 铁路施工项目物流运作模式优化研究[D]. 合肥: 合肥工业大学, 2008.

[60] 高峰. 大系统理论及其在管理中的运用[J]. 苏州大学学报, 1986(04): 4-8.

[61] 姚亮. 作业成本法在速递物流企业成本控制中的应用研究[D]. 济南: 山东大学, 2013.

[62] 郭钰锋. 浅析双块式无砟轨道Ⅱ线施工物流运输方案[J]. 铁道建筑技术, 2010(01): 76-80.

[63] 夏润禾. 长大山岭铁路隧道群无砟轨道施工组织的研究[J]. 现代隧道技术, 2014, 51(04): 203-209.

[64] 周大兵. 双线铁路隧道内弹性支撑块式无砟轨道施工技术[J]. 黑龙江交通科技, 2015, 38(04): 131-132.

[65] 贾磊. 郑西客运专线 CRTSⅡ型双块式无砟轨道施工技术[D]. 石家庄: 石家庄铁道大学, 2016.

[66] 方波. 京沈客专特殊地段 CRTSⅢ型板式无砟轨道施工物流组织[J]. 中国铁路, 2017(05): 72-77.

[67] 高壮. 重载铁路无砟轨道施工技术及物流组织研究[J]. 价值工程, 2019, 38(02): 105-107.

[68] 熊德辉. 高速铁路 CRTSⅢ型板式无砟轨道养护维修技术研究[D]. 北京: 中国铁道科学研究院, 2014.

[69] ANDOK, SUNAGA M. Development of slab track for hokuriku shinkansen line[J]. Railway Technical Research Institute, 2001, 42(1)35-41.

[70] EISENMANN. Cross-country comparison of high-speed railway lines[J]. Eisenbahningenieur, 2006, 57(7): 6-9.

[71] 吴东梅. 浅谈高速铁路工程项目的质量管理[J]. 采矿技术, 2008(02): 89-90.

[72] 王巍. 高速铁路工程质量管理与控制研究[D]. 长沙: 中南大学, 2010.

[73] 杨栋. 高速铁路工程管理应重视质量先行[J]. 科技资讯, 2011(14): 162.

[74] 黄超. 基于计划行为理论的高铁施工人员质量行为研究[D]. 成都: 西南交通大学, 2011.

[75] 安娜. 高铁施工质量管理标准化研究[J]. 长沙铁道学院学报(社会科学版), 2012, 13(01): 218-220.

[76] 李昌宁, 戴宇, 高健. CRTSⅢ型板式无砟轨道自密实混凝土揭板试验及质量控制研究[J]. 高速铁路技术, 2015, 6(05): 30-33.

[77] 丁佐鑫. CRTSⅢ型无砟轨道揭板试验中的底座板施工工艺总结[J]. 建筑施工, 2018, 40(11): 1912-1913+1932.

[78] 贾晓彬. 高速铁路施工安全管理成熟度模糊综合评价模型构建及系统开发[D]. 长沙: 中南大学, 2012.

[79] SAMELSON N M, LEVITT R E. Owner's guidelines contractors for selecting safe [J]. Journal of Construction. Division, 1982, 108(4): 617-623.

[80] 张小余. 基于GIS的高速铁路建设生态风险评价研究[D]. 长沙: 中南大学, 2010.

[81] 李阳. 盾构隧道下穿高速铁路安全评价体系研究[D]. 成都: 西南交通大学, 2013.

[82] 徐志舜. 贵广高铁施工阶段风险管理研究[D]. 兰州: 兰州交通大学, 2013.

[83] 黄雷. 基于人员可靠性的高速铁路行车安全研究[D]. 石家庄: 石家庄铁道大学, 2015.

[84] 李静. JS 高铁项目的风险管理研究[D]. 长春: 吉林大学, 2018.

[85] 吕刚. 层次-熵值分析组合方法在水利工程施工进度风险模糊因子动态识别中的应用[J]. 水利技术监督, 2019(02): 181-184.

[86] 周豪. BIM 在城市道路设计中的应用研究[D]. 南京: 南京林业大学, 2015.

[87] 陆位忠. 总承包体制下的工程质量责任分担与监管机制设计[D]. 重庆: 重庆大学, 2014.

[88] 牛博生. BIM 技术在工程项目进度管理中的应用研究[D]. 重庆: 重庆大学, 2012.

[89] 周冠春. 轨道交通工程项目进度管理研究[D]. 天津: 天津大学, 2014.

[90] 满庆鹏. 建筑施工进度计划建模与控制方法研究[D]. 哈尔滨: 哈尔滨工业大学, 2008.

[91] 唐艺轩. 基于关键链的工程进度与成本集成管理研究[D]. 济南: 山东建筑大学, 2015.

[92] 甘露. BIM 技术在施工项目进度管理中的应用研究[D]. 大连: 大连理工大学, 2014.

[93] 康仪庄. 铁路工程项目标准化管理研究[D]. 长沙: 中南大学, 2012.

[94] 王盛楠. H 市某地铁站项目进度控制研究[D]. 长春: 吉林大学, 2014.

[95] 徐梦杰. 基于 BIM 的施工进度管理研究[D]. 徐州: 中国矿业大学, 2016.

[96] 孙润润. 基于 BIM 的城市轨道交通项目进度管理研究[D]. 徐州: 中国矿业大学, 2015.

[97] 梁艳. 基于 BIM 的实时模型在施工中的应用研究[D]. 南昌: 南昌大学, 2014.

[98] 吴晓方. 建筑施工项目安全管理成熟度模型及评价研究[D]. 重庆: 重庆大学, 2016.

[99] 冯运卿, 李雪梅, 李学伟. 基于熵权法与灰色关联分析的铁路安全综合评价[J]. 安全与环境学报, 2014, 14(02): 73-79.

[100] 蔡正. 地铁隧道盾构法施工安全风险管理研究[D]. 徐州: 中国矿业大学, 2016.

[101] 贾晓彬. 高速铁路施工安全管理成熟度模糊综合评价模型构建及系统开发[D]. 长沙: 中南大学, 2012.

[102] 史志武. 大型工程安全风险预警指标体系构建和评价模型研究[D]. 北京: 北京邮电大学, 2014.

[103] 周晓宙. 建筑施工企业项目管理的绩效评价研究[D]. 青岛:中国海洋大学, 2013.

[104] 孙伟亮. 堡镇隧道高地应力顺层偏压软岩大变形段的快速施工技术[J]. 隧道建设, 2009, 29(01): 76-81.

◎ 策划编辑／韩　林　黄庆斌
◎ 责任编辑／姜锡伟
◎ 助理编辑／韩洪黎
◎ 封面设计／何东琳设计工作室 JADE.HE DESIGN STUDIO

http://www.xnjdcbs.com

隧道工程技术丛书

基于BIM的长大砂质板岩隧道快速施工及控制爆破技术

交大e出版
微信购书|数字资源

官方天猫店
上天猫 买正版

ISBN 978-7-5643-7659-8

定价：160.00元